노영희 수필집

처음 보았을 때 너는

글방과책방

• 본 출판물은 화성특례시, 화성시문화관광재단의
〈2025화성예술지원〉사업 지원을 통해 제작되었습니다.

추천의 글

대지에서 자란 언어, 바람 타고 흐르는 글 향기

박 미 경 인천대학교 전 초빙교수 · 광운대학교 외래강사

  노영희 작가의 〈처음 보았을 때, 너는〉은 현재를 살아내는 이 시대의 날줄과 태고적부터 이어져 왔을 법한 수세대의 경험과 이야기 그리고 신념과 가치가 문학의 유전자적 형태로 기록된 씨줄이 자아내는 서정적 산문이다.

  "책은 도끼이어야 한다"라고 했던가? 노 작가의 책은 오히려 "나무"이다. 누군가는 그의 책을 읽고 도끼의 날카로움이 없다고 논평할 수 있겠으나 그의 책은 그 모든 삶의 날카로움과 거침을 견디고, 생명을 품어내고 그림자를 드리우는 생명력이 가득한, 그리고 온몸으로 받아낸 햇빛을 사르고 파동을 일으켜 번지게 만드는, 그리하여 그 빛들이 아름다운 하모니를 나르는 오케스트라로 웅장하게 퍼져나가게 하는 나무이다.

  이 책은 마치 미지의 숲에 처음 들어선 어느 어린아이가 온 숲에서 꺾은 이름 모를 꽃들과 지천에서 만난 작은 고유한 특성을 가진 생명체들과 어쩌면 태고의 아담이 소년기에 가지고 놀았을 것 같은 소박하지만 소중한, 그러나 종국에는 아리도록 그리워할 물건들로 가득 차 있다. 그리하여 독자들은 어느새 그것들을 가지고 숲속에서 함께 놀고 있는 자신을 발견하게 된다.

숲에 들어가 보지 않고 밖에서 보는 나무는 얼마나 단조로운가.

그러나 이 책의 숲으로 들어서는 순간, 마치 거대한 숲 안에 다채로운 생명체들이 조화를 이루어 서로 생명을 키우고, 뿌리들이 가스를 방출하여 자신들의 언어로 대화를 나누듯 각 이야기들은 서로 연결되어 다채롭고 큰 아우라를 이루는 메시지에 매료될 수밖에 없다.

이 글은 도덕, 윤리, 전통적 가치를 말하지 않는다. 오직 생명으로 말하고 관조와 긍정으로 서술하며 미소와 웃음과 연민과 유머와 사랑으로 노래한다.

이 글의 뿌리는 그의 고향 산천에서 아직도 자라며 털끝으로 양분을 빨아들이고 옆 생명체들과 이야기를 나누고 있다. 그리고 그들로부터 들은 이야기를 우리에게 전해주고 있는 것이다. 태곳적에 태어났을지도 모를 그 나무는 호기심 가득한 시선으로 모든 일상을 만나고 건강한 대지의 거름으로 건강하게 체험하며 신선하고 은근한 바람 속에 실어 우리에게 날려 보내주는 것이다.

그토록 서정성을 기반으로 하면서도 그 서정의 정서 자체를 주장하지 않고 그 안에 생명의 소중함, 인연의 고귀함, 긍정과 희망과 웃음의 힘을 우리에게 새삼 심어주고 물을 뿌려주고 돋아주는 힘이 있는 글이다.

이 글과의 만남이 독자의 뿌리에도 풍성한 이야기를 전달하여 순결한 웃음과 청량한 바람이 독자의 일상에도 닿길 바란다. 그리하여 독자들의 이야기도 무럭무럭 자라나길 바란다.

이 책을 덮을 때 즈음이면 어린 시절 하루종일 동무들과 놀고 귀가하는 길, 주머니 가득 딴 구슬들과 함께 동무들의 자잘한 웃음소리를 끌고 집으로 돌아가듯이 당신은 나무들이 들려준 수많은 이야기들을 끌고 일상으로 돌아가는, 그래서 훨씬 윤기 있어지고 자연의 면역력을 얻어 외로울 리 없는 자신을 발견하게 될 것이다.

저자의 글

진달래꽃 피는 봄날처럼

봄이 왔다. 언제나처럼. 뒷동산 진달래꽃은 해마다 핀다. 그래도 처음 보는 꽃이다. 연분홍빛의 꽃봉오리가 맺히면서 내 가슴은 떨리기 시작한다. 올해 처음 보는 꽃이기 때문이다.

처음 본 진달래꽃은 삭막하기만 한 산등성이를 분홍색으로 물들인다. 이제부터 난 기지개를 켜면서 긴 겨울잠에서 깨어나는 자연 속으로 나온다.
자연의 눈을 접촉해 쳐다보는 것을 좋아한다. 자연을 바라보고 나무, 풀, 꽃을 그냥 지나치지를 못한다. "날마다 보는 것인데 왜 그렇게 바라봐"하는 의아함을 표출하며 한마디씩 던진다. 자연스럽게 들꽃에 말을 건네고 향기를 맡고 "너무 이쁘다"하고는 기억한다. 이렇게 쓰인 수필이다.

세상 모든 것이 처음 보는 것이고 처음 만나는 것이다. 나도 모르게 만나고 지나치는 일상이 모두 처음이 된 것이다. 머리 위로 쏟아지는 봄볕, 포근한 바람, 날마다 피어나는 처음 보는 꽃이 봄날을 가득 채우며 최고의 시간을 주었다.

언제까지라도 연필을 들고 백지를 채울 수 있다는, 그 백지가 내게 왔을 때, 마치 농부가 대지 위에 씨앗을 뿌리듯 한 줄 한 줄 씨앗이 뿌려져 나가

고 서서히 그 문장이 뿌리를 내리는 듯한 기대와 아름다움이 차올랐다. 백지는 순수와 봄빛을 받으며 대지처럼 풍성한 문장을 키워나갔다. 격려와 염려는 단비로 흘러갔고 해마다 새로운 꽃으로 피어났다. 진달래꽃이 지고 꽃잎이 바람 속을 날아가도 나는 세상에서 제일 예쁜 꽃이다.

완전한 글을 쓰기 위한 꿈을 꾼다. 영원한 그 길을 걷고 싶다. '처음 보았을 때 너는' 수필집은 오랫동안 마음에 간직됐던 글이 모여 묶인 의미 있는 작품집이다. 생활하면서, 봉사하면서 느꼈던 주변의 감성을 담았다.

봄빛이 항상 마음에 남아있는 오늘 모든 분께 감사를 드립니다.

뚜벅뚜벅 걸어온 이 길을 영원히 걸을 수 있도록 도와주셔서 뿌듯합니다. 모든 순간과 날들을 함께해주신 분들께 진심으로 감사드립니다. 회상과 고백의 고독한 글, 과거 속을 그리워하며 기억하는 설렘, 시대를 지나친 글을 공감해 주셨습니다. 머뭇거리던 저에게 용기와 희망을 주신 분들께 '처음 보았을 때 너는'을 바칩니다.

노 영 희 드림

축하의 글

작가의 오감이 그려낸 흑백영화 같은 이야기

우 호 태 시인·영화감독

　영희와 철수, 어릴 적 귀에 익은 소꿉동무 아이들 이름이다. 작가의 이름 탓일까? 정감이 어울려 주방을 시작으로 한 발 두 발이 장롱, 창가, 뜰, 장터로 뻗어나며 어린 시절부터 중·장·노년에 이르도록 둥그런 나이테에 담긴 즐거움이 몽글몽글하다. 멈칫한 여린 글발이 어느새 수년간 쌓여 사방이 탁 트인 고갯마루에 올랐다. 그 환한 얼굴을 세상에 내민다니 축하받을 일이다.

　작가의 다정한 오감이 자연에 닿아 제 빛깔, 제멋이 생생하다. 작가의 섬세한 필력 덕택에 유년 시절, 마을 앞 도랑에 고무신 뱃놀이도 서너 번, 윤초시네 증손녀에 건네려 대추나무에도 몇 번을 올랐다. 시골집 봉당에 햇살이 따리 틀어 동짓날 입맛 돋울 무청도 바삭하다.

　히스테리려나? 쨍그랑, 접시 깨지는 소리에 이따금 세상의 틈새를 비집어대 무디어진 감각이 깨어나 필자의 흐릿한 눈길도 바로 하게 되는 자경문을 만나기도 한다.

　작가 내면의 말타래가 때론 겉절이로 때론 묵은지로 입맛을 돋우니 어찌

평하랴! 수수한 차림새의 우리네 맘인 게다. 그래, 그렇지. 무릎을 어르기도 한편으론 고개를 끄덕이니 말이다. 분주한 일상에 작가의 언론에 연재되는 글을 접하면 황구지천산자락을 배경으르 시간 속으로 여행을 떠나곤 한다.

작가의 마법으로 제맛, 제멋을 지닌 문장으로 거창하지도 유치하지도 않게 인생 뜰을 그렸다. 여성 눈길에 담아 특유의 글맵시로 사시사철과 지난 세월이 아롱아롱 돌아가 마치 거실에 닿아 다정한 한 편의 흑백영화의 감상이겠다.

나른한 오후나절, 소꿉친구 철수의 목소리가 들려온다.
영희야, 놀~자!

____ 목 차

003 추천의 글
006 저자의 글
008 축하의 글

1. 첫 번째, 그리움

018 아버지의 지게
020 운동화 끈이 풀리면
022 호미 두 개
024 가을 뭇국
026 낙엽 편지
028 외씨버선을 깁다
030 아카시아꽃 도시락
033 오래된 가족사진
036 카네이션과 청개구리
038 쓴맛
041 쌀밥
044 피리 부는 사나이
047 대나무 도마
050 기적소리

053 비는 소리가 없다
056 밥상
058 꼬리치마
060 미루나무
062 제삿밥과 달무리

2. 두 번째, 날마다 봄인걸 어쩌나

066 참는 것도 복 짓는 것입니다
068 잃어버림과 잊음의 관계
070 빨간 등대
072 포대화상(布袋和尙)
075 신록에게 묻다
078 '아야'(Aya)의 기적(奇跡)
080 매달리다
082 불언장단(不言長短)
085 항해(航海)
088 침묵의 소리(The Sound of Silence)
091 지적도(地籍圖)와 봄
094 봄이 오는 소리
096 반포지효(反哺之孝)

098	봄, 소풍가다
100	입춘대길(立春大吉)
102	아름다운 독(毒)을 품다
104	그녀의 가방
107	보리밭
110	오월과 흰 꽃
112	자벌레와 대벌레
115	파란 낙엽
118	겨울 카페에서
121	목걸이
124	그대들의 바늘과 실

3. 세 번째, 지난 날들은 비로 내린다

128	닮은 사람
130	나의 뽀글이 파마
133	그대의 로망스(Romance)
136	벌에 쏘이다
138	조화처럼
140	짚가리 둥지
142	구피하고 나하고

144 일복 많은 나
146 여행은 겨울에 떠나요
149 해조곡
152 사랑을 엮는 뜨개질
154 구석진 길가의 작은 가슴 고운 꽃
157 비가 내리면
160 바위를 오르다
163 고추잠자리 문자

4. 네 번째, 품 안의 사랑은 천천히 자랐으면

168 가을비와 낙엽을 줍다
170 다섯 잎 클로버
173 배꽃이 필 때면
176 팝콘 사랑
178 내가 만든 길 위에서
180 껌껌하지?
183 약속
186 까치의 장례식
188 버들강아지 눈 떴네
190 봄바람과 잠들다

193   처음 보았을 때 너는
196   만남은 인연(因緣)일까
199   풀진녀
202   수면 양말
204   산소와 넝쿨장미
207   세 개의 감자 송편
210   스승의 은혜(恩惠)
213   핑크 뮬리
216   꽃바구니를 만들면서
218   겨울 단풍을 읽는다

5. 다섯 번째, 길 위에 잠시 멈춰선 순간

222   풀냄새
224   행복을 담는 그릇
226   넘어졌다
228   용주사에서
230   봄꽃은 밤에 핀다
232   흙길
234   나무에 기대다
237   융건릉의 여름

240 호박꽃

242 배냇저고리

244 싹

247 돌아온 택배

250 스카프 한 장의 행복

252 새벽달

254 누구였을까

258 꽃은 다 좋아요

261 적자생존

264 먼 산

6. 여섯 번째, 반짝반짝 빛나는 기다림

268 벚꽃 그녀

270 손목시계

272 진달래꽃 술(酒)

274 망초꽃밭

276 송홧가루 날리면

278 장명루(長命縷)

281 안부(安否)

284 풍경소리

286 아름다운 마무리
288 콩깍지
291 미련(未練)
294 나비야 나비야
297 꽃잎 날리는 거리
300 나에게 속다

첫 번째
그리움

아버지의 지게

초록의 물결로 들과 산이 출렁인다. 초록의 절정이다. 뜨겁고 후텁지근한 바람이 초록을 흔들면 들판은 붓을 씻어낸 물이 물을 들이듯 서서히 옅음에서 짙음으로 물들어간다. 마음까지 물들이며 번지는 초록은 활기차고 생명력이 힘차다.

수평을 이루는 들판은 망초꽃을 피우기 시작한다. 꽃은 시작을 알리는 계절의 신호가 아닌가. 하늘하늘 논둑을 하얗게 물들이면 꽃잎은 잊혀진 기억을 조각조각 이어준다.

어둠이 내려오는 저녁이면 바깥마당에 나가서 아버지를 기다렸다. 우리 산이 있는 쪽을 바라보면 멀리서 오는 사람들이 잘 보였다. 노을이 들판을 물들이고 어둠이 내려앉으면 저 멀리에서 산이 움직이며 다가온다. 그림자처럼 앞서오는 황소와 연결된 끈이 춤을 추듯 어둠을 몰아내었다. 아침이 올 때 산 뒤부터 밝아지는 빛의 선이 산을 그렸듯 어두움도 산을 검게 선을 그으며 어두움에 잠겨갔다.

가끔씩 어둠을 거두듯 "이랴" 하는 아버지의 목소리가 나의 기다림을 마감했다. 소와 함께 마당에 지게를 부리고는 아버지는 소를 외양간으로 몰고 갔고 바깥마당에서 모깃불을 피우고 저녁을 먹었다.

지게에 가득 베어오신 풀 속에는 망초꽃이 해맑게 웃으며 우리를 반겼다. 풀 속에는 많은 꽃도 함께 왔다. 패랭이꽃, 보라색의 꿀 꽃, 오이풀꽃, 참나리꽃, 이름 모를 야생화다. 꽃향기와 풀냄새가 집안에 풀어지면 아버지가

오신 것을 알았다.

　아버지의 지게는 버팀목이고 중심일 거라는 생각을 한다. 집에서 나가실 때나 들어오실 때 항상 지게를 지고 계셨다. 지게 바소고리 안에는 무언가 들어 있었다. 그 무게를 감당하는 작대기도 항상 들고 계셨다. 키가 크신 아버지는 비틀거리며 지게를 지셨고 그때 작대기의 힘을 빌리셨다. 수도 없이 지고 날랐을 시간의 무게를 나는 조금은 안다.

　대문간에 세워진 아버지 지게에 기대어 들판을 바라보는 것이 참 좋았었다. 계절마다 변화해가는 풍경은 해마다 다를 게 없었지만 계절을 맞이하는 셀렘은 컸다. 대문간을 넘나들었던 자식들도 아버지의 지게는 서서히 지워져 갔다.

　석양을 등지고 홀가분하게 집으로 돌아오시는 모습을 보고 싶고 지금도 그리워한다. 멀리 아주 멀리 바라보던 초록과 그리움이 맞닿는 지평선에서 만날 수 있었으면 한다.

운동화 끈이 풀리면

가을이 깊어가고 있다. 계절이 바뀔 때면 하는 말이 있다. 벌써 가을이 왔나 봐. 어제만 해도 더워더워 했는데 세월 참 빠르다 하며 속절없이 흘러가는 세월에 놀라워한다.

당당하게 한계절을 잡아놓고 그 속에서 자리를 잡고 물러나기를 거절하던 무더위도 서서히 자리를 내주고 잎들은 단풍으로 화려하게 물들어 간다.

가끔씩 가는 작은 공원을 걷고 있는데 옆에서 걷던 동네 분이 운동화 끈이 풀렸다며 알려주었다. 발을 보니 양쪽 다 풀린 운동화 끈은 발등에서 흘러내리고 끌려서 밟히기 직전이었다. 쪼그리고 앉아서 끈을 다시 매고 걷고 있는데 또 끈이 풀렸다. 나름 잘 맨다고 묶었는데 이상하게 풀렸다. 사실 운동화를 잘 신지를 않는다. 발은 편하지만 세탁하기가 조금 번거로워서다. 그리고 끈을 잘 묶을 줄 모른다.

조금 더 속도를 내어 걷고 있는데 여자아이가 멈추어 서서 나에게 운동화 끈을 묶어달라며 발을 내밀었다. 좀 당황스러웠지만 새하얀 운동화는 아이만큼 예뻤다. 무심코 내 발을 보니 또 끈이 풀어져 있다. 아이와 함께 끈을 묶으면서도 왜 자꾸 끈이 풀릴까 잘못 묶어서 풀리나 중얼거렸다. 언니는 항상 손이 많이 간다니까 하며 놓고 나온 가방이며 스카프며 잊고 나온 것을 챙겨주며 하던 동생 말이 떠올랐다.

운동화 끈이 풀리면 누군가 나를 그리워하고 있다는 증거라는 것이다. 믿지 못할 말이어서 흘려들었다. 그렇다면 오늘 세 번씩이나 끈이 풀린 것은

무슨 일일까. 분명 꼭 묶었는데 스르륵 풀리는 것을 어떻게 설명해야 할까 믿어야 할까. 나를 그리워하는 사람이 있다면 누구일까. 아무리 생각에 생각을 해봐도 모르겠다.

나를 그리워해서가 아니라 내가 그리워하는 사람은 누구일까. 스스로 묻는다면 망설이지 않고 엄마라고 큰소리로 말할 것이다. 누구나의 마음에 힘을 주고 흘러간 시간을 아름답게 쓰다듬어 주시는 엄마의 힘, 돌아가신지 삼년이란 오랜 시간은 오늘이 되었다.

운동화 끈이 풀어지는 것은 운동화도 몸이 풀려 그리운 사람에게로 가려고 하는 것은 아닐까. 가을 낙엽은 바람을 따라가다가 가을이라는 여백에 몸을 기대듯 누웠다. 가을엔 무언가 섭섭해지고 쓸쓸해진다면 운동화를 신고 끈이 풀리기를 은근히 바라며 씩씩하게 걷는 것은 어떨까.

호미 두 개

　우연히 재활용 물건 속에서 가지런히 놓여있는 호미 두 개를 보았다. 지나치려다 다가가서 들여다보았다. 녹은 슬었지만 한 번도 사용한 흔적이 없는 새 호미였다. 망설일 것도 없이 얼른 들고 왔다.
　베란다에 놓아두고는 또 바쁘게 돌아다니다가 호미 생각이 났다. 그냥 밭에 갖다놓고 쓸까 하다가 그래도 한 번 닦아보자고 철 수세미로 녹을 닦아내었다. 녹이 벗겨지니 새 호미였다. 새 호미는 조금 진한 회색빛이 나는데 완전히 거무스름하다. 아마도 호미를 사다가놓고 쓰지 않아 녹이 난 듯했다.
　이왕에 우리 집으로 왔으니 너는 고생을 시키지 않아야겠다고 생각했다. 밭으로 데려가지 않고 이쁘게 화장을 시켜 집에 두기로 하고 기름을 바르고 휴지로 문지르니 반짝반짝 빛이 났다. 딸로 여기자. 봄볕에는 며느리 내보내고 가을볕에는 딸 내보내듯 아끼기로 했다.
　요즘 같은 여름이면 풀들도 시들고 밭고랑은 호미질하면 푸석대며 흙먼지가 피어오른다. 무더위 불볕더위에 땀을 흘리며 밭을 매면 숨이 막힌다. 가엾은 풀도 그렇고 호미도 그렇고 사람도 그렇고 다 힘들다. 그렇다고 손 놓고 있을 수만도 없으니 시원한 그늘이 헛것으로 보인다.
　호미는 흙속의 옛이야기를 들려주는 재주도 있고 할머니 푸념도 잘 들어준다. 흙내음을 호미가 건드려주면 뒤섞였던 생각들이 풀 사이로 빠져나간다. 글씨를 쓰듯 콕콕 두드리면 땅속 저 먼 곳까지 내 마음이 전해지는 듯

하다. 아래 흙과 위 흙이 섞이며 싹을 틔우는 생명들을 다독이며 보살핀다. 마모되어 작아졌어도 쓸모 있는 호미처럼, 글자로 따뜻한 마음이 읽힌다.

  한 쌍의 호미를 들고 지문이 닳아버린 부모님이 내게 보내는 긴 사연을 듣는다. 버리지 않고 모아두었던 기억 속의 시간이 가끔씩 지나갈 때면 보이는 모습이 애처롭다. 무언가 하고픈 말이 있을 텐데 열병처럼 들뜨기만 한다. 한없이 풀어놓을 수 있는 그 음성을 듣는다. 듣고 들어도 싫증 나지 않는 그 목소리를 오늘도 나는 듣는다. 나직한 그 소리를 가슴으로 들으려 가만가만 걸어둔다.

가을 뭇국

 가을이지만 가을 같지 않은 가을날, 갑자기 기온이 10도 이상 떨어졌다. 아직 잎들은 초록색인데 얼면 어쩌나 걱정도 되었다. 일 년 농사에 해가 되는 것은 아닐까 하는 염려와 단풍도 못보고 겨울을 맞이하는 것인가 하는 생각이 겹쳤다.
 티브이에서는 먹음직스러운 요리를 하고 있다. 돌솥에 불린 쌀과 무를 굵게 채를 썰어 굴을 넣고 뜸을 들여 양념장에 비벼 먹는 굴밥을 아주 맛깔스러운 목소리의 요리사가 감칠맛 나게 요리의 과정을 보여주고 있다. 꿀꺽 침이 넘어갔다. 어디선가 솔솔 풍겨오는 무 익는 냄새가 희미하게 가물거리며 뜨끈뜨끈하고 시원한 뭇국이 눈앞에 어른거렸다.
 이맘때쯤 추수가 시작될 때면 가을 무가 단단해지고 단맛이 난다. 들밥을 내갈 때 뭇국이 빠지지 않았다.
 커다란 반들거리는 까만 쇠솥에 불을 지피고 솥이 달아오르면 들기름을 두르고 삐쳐놓은 가을무를 볶다가 쌀뜨물을 부어서 끓으면 간장과 소금으로 간을 하고 파와 마늘을 넣고 푹 끓이다가 고춧가루를 살짝 넣어 색깔만 내고 먹을 때 매운 것을 좋아하면 고춧가루를 따로 넣어 먹는다. 부뚜막에 앉아서 매운 연기를 맡으며 뭇국이 끓는 것을 기다리면 뭇국의 김이 온 집안을 돌아다녀서 그 구수한 냄새를 지금도 기억한다.
 어느 가을 벼를 베는 날, 점심밥을 내가시는 엄마를 따라가서 논둑에 넓게 차려놓은 들밥을 먹게 되었다. 햇볕은 따갑고 하늘은 파랗고 넓은 들판

은 온통 벼들로 가득 찼다. 벼를 베는 날은 잔치하는 거나 다름이 없다. 모를 심을 때부터 벼를 거둘 때까지 동네 사람들과 함께한다. 떠들썩하고, 맛있는 반찬 해왔냐는 말부터 허리를 펴고 한두 명씩 논둑 위로 올라와 점심을 먹을 때면 동네잔치가 따로 없다. 고수레하는 소리가 들렸다.

밥상이 차려지면 내가 먹을 수 있는 것은 정해져 있었다. 파와 마늘을 넣지 않은 음식만을 먹었으므로 아무리 진수성찬이라 하더라도 비위가 상해서 먹지를 못했다. 반찬을 가려먹지 말라고 어른들이 말씀하셔도 나는 편식을 하는 아이가 되었었다.

멀찌감치 떨어져 앉아 있는데 엄마가 뭇국에 밥을 말아서 가져오셨다. 노란 양재기에 가을 하늘이 가득 담겨서인지 국그릇에서 확 풍겼던 마늘 냄새와 파 냄새가 그다지 나지 않았다. 망설이다 한 숟가락 맛을 보았는데 어찌나 맛있는지, 마늘과 파가 들어간 음식을 못 먹었는데 마늘과 파가 듬뿍 들어간 뭇국이 이렇게 맛이 있을 수가 있을까.

찬바람이 나고 추워질 때 가을 뭇국을 끓여 먹으면 기운이 나고 마음이 따뜻해진다. 한 솥 끓여서 옛날얘기하면서 나눠 먹고 싶다. 아마도 내 솜씨로는 그 맛이 안 나겠지만 엄마의 손맛을 떠올리며 맛있는 뭇국을 끓여 먹으면, 온몸이 뜨끈뜨끈해지고 입맛이 살아나고 힘이 날 것 같다.

낙엽 편지

여전히 나무는 그대로 있고 벤치에는 바람이 스쳐가고 있다. 그랬지 해마다 그대로였지, 내가 앉아 있는 곳까지 나를 찾아 준 단풍잎을 집어 들었다. 아직은 나뭇가지 저 화려한 잎들도 푸른 마음 간직하고 있을 것이다.

지난밤 내린 비에 낙엽이 차가운 바닥에 앉아 있다. 나를 떠나보내지 말고 버리지 말아 달라는 듯. 바닥에 떨어져 붙어 버린 낙엽은 이토록 아름다운데 나는 길이 되어버린 가을비가 멈추어 서기를, 울지 말기를 바랐다.

가을 이별은 해마다 나를 외롭게 했다. 살아갈수록 잊혀가는 이름들과 어른거리는 잊힌 사람들의 헤어짐이 아프다. 기다림도 아프다. 나뭇가지를 떠나며 순간 비치는 눈가의 물기가 아름답다.

한참 시간이 흐른 후 편지를 쓰기로 했다. 앉아 있는 너를 들어 올려 손글씨를 쓴다. 가만히 마음을 열어 책갈피 은행잎 같은 고백을 받아 달라고 첫 문장을 쓴다. 하소연하듯 너의 아름다운 잎새에 알록달록 내 이야기도 곱게 쓴다. 각기 다른 삶에 멈추어 섰던 그 시절도 쓴다. 처음 나무꼭대기를 바라보던 그때 너의 모습이 빛나던 내 청춘 같던 풋풋함도 쓴다. 답장이 없던 밤이면 울었던 지난날도 쓴다.

바람 불어 손을 놓아버려도 다시 와서 내 손을 잡아주길 바랐다. 흘러가는 시간이 너무 빨라도 움켜쥔 손을 펴고 나와의 손을 잡아주기를 기다렸다. 멀어져가는 바람을 따라간 낙엽을 아쉬워하면서 비상도 꿈꾸었다. 마음에 가두어 두었던 쓸쓸함을 보내주기도 했다.

나의 시간을 가만히 열어준 짙은 향의 낙엽 냄새가 좋다. 깊어진 가을처럼 우리들의 이야기에 귀 기울여 주기도 했다. 무리 지어 떨어지는 낙엽 위에 어리광을 부리며 쓴 편지를 부쳤다. 닿이 힘든 날 누구나 받아 달라고, 내 이야기 읽어달라고 마음껏 욕심을 부렸다.

가을옷을 입은 나무를 올려본다. 지난 여름이 잠깐이었다고 말해준다. 하지만 난 여름이 짧다고 생각하지 않는다. 가을을 위해서 여름은 나무의 잎의 색깔을 정해주고 색칠하는 작업을 멈추지 않았을 것이다. 잎새를 가을로 물들여주는 쉼 없는 노력과 정성으로 우리가 모르는 많은 일을 했을 것이다.

사랑하기에 보내오는 저 많은 빛깔들에게 마음을 물들인다. 아쉽고 안타까워하며 쓴 가을 편지를 꼭 받아주길 조심조심 중얼거린다. 또 가을 낙엽이 질 때면 습관처럼 울며 편지를 쓸 것이다.

외씨버선을 깁다

　광목 한 필 풀어 삶아 널면 빨랫줄에서 뽀얗게 봄볕에 바래진다. 풀을 먹이지 않은 광목은 봄바람에 펄럭인다. 다듬이질하고 밟아 매끄러워지면 환하게 목련꽃이 핀다. 목련꽃잎 광목천으로 버선을 깁는다. 엄마는 등잔불 아래 목련꽃잎을 펼치고 버선코에 덧대어 유연하게 수눅에 가위로 잘라 붙인다. 솜을 넣고 누비면 겨울 버선이 된다. 그 모양이 목련꽃이다.

　엄마는 등잔불 아래 목련꽃잎을 펼치고 닳아서 해진 뒤꿈치에 덧대어 모양을 내고 촘촘히 박아 버선을 깁는다. 고단한 하루를 야무지게 잘라내고 붙이고 다듬는다. 광목이란 풀을 먹이지 않아도 거칠어 온종일 집안 부엌일에 지친 손가락에 힘을 주어야 바느질이 곱다. 무뎌진 바늘을 머리에 쓱쓱 긁어야 광목이 꿰매진다. 부드러운 손길 바느질은 허공을 헤매다 동여매고 이어 엮어져 새벽빛 숨소리를 낸다. 수눅을 흘러내려 코에 앉으면 온전해진 한 켤레의 버선이 된다. 그 마음 정성에는 모시 적삼 살짝 들여 가슴을 열면 닳아진 구멍이 길을 내고 숭숭 바람이 드나들었을 것이다. 등잔불 새벽별에 야위어 가도 바늘은 버선을 꿰매고 해진 버선은 기워져 갔다.

　등잔불 그을음 창호지 문에 바람을 그리는 늦은 밤 엄마는 그림처럼 앉아서 버선을 깁는다. 차곡차곡 삶아 빨아 뽀얘진 구멍 난 버선들이 쌓여갔다. 밤이 깊어 새벽에 잠깐이라도 눈을 붙이지 않고 굵은 실 바느질로 한 땀 한 땀 정성을 들여 버선을 깁는다. 마음을 꽃으로 재단하여 외씨버선도 만드셨다.

삶도 이런 듯 새것이 헌것이 되지만 구비 도는 인생길 위에서 엄마는 쉼 없이 버선을 기웠다. 한 잎 꽃잎으로 허전한 마음을 메우는 것 같았다. 광목은 뻣뻣해도 온기를 품어 종일 발가락 펴지 못하고 꼬여진 버선 속 발을 말없이 동여매 주었을 것이다.

딸들은 버리면 될 것을 쌓아놓고 힘들게 버선을 깁는 엄마를 위로하지 못했다. 나일론 버선은 빨기 쉽고 예뻤지만, 광목 버선을 평생 신으셨다. 새 버선은 곱게 두고 기운 버선을 신으시는 엄마가 너무 싫은 적도 있었다.

목련꽃이 이른 봄에 피기 시작하면 우리 엄마 외씨버선은 많이도 달렸다. 튼튼하고 질긴 광목이 봄바람에 날렸다. 목련꽃잎이 쌓여갈 때마다 나는 목련꽃 필 때를 기다린다.

새색시로 곱던 엄마의 모습과 새벽잠 깨면 버선을 깁던 엄마의 모습이 떠오른다. 아마도 인생길 험한 길을 질긴 버선을 신고 걷기 위함이 아니었을까. 봄풀이 돋아난 침묵이 새벽으로 쌓여가고 등잔불 켜지듯 목련이 피면 지난 시간이 보인다.

아카시아꽃 도시락

우리는 배꽃이 하얗게 핀 배나무 아래서 도시락을 꺼내어 풀밭에 쭉 펼쳐 놓았다. 점심때 먹지 않은 도시락이 시간이 지나서인지 조금은 맛깔스러워 보이지는 않았지만 우리는 흐뭇한 표정과 상기된 얼굴로 도시락에서 나는 냄새를 맡고 있다. 밥에 반찬들을 모두 섞어 비빔밥을 만드는데 과수원 선배 언니가 참기름을 가져다주었다. 그 고소한 맛과 신선한 봄바람 속에 갇혀 우리는 너무 맛있게 밥을 먹었다. 최상의 밥상이고 세상에서 제일 맛있는 밥이었다. 그리고 약속을 하였다 "내일도 오늘처럼" "와아"

읍내 근교 농촌에서 중학교에 다니게 된 우리는 모든 것이 생소했다. 아는 사람도 없고 고향 동네 친구만이 유일한 정든 사람이었다. 아침에 버스 안에서 만나면 각자의 반으로 가서 공부를 마치고 하굣길 버스정류장에서 모두 만났다. 누군가 말했다. "우리 점심 먹지 말고 집에 가다가 먹자" 우리는 점심은 매점에서 빵을 사서 먹고 도시락은 아껴 두었다.

평일에는 각자 시간이 맞지 않아 배꽃과 아카시아꽃 핀 과수원 길에서 만나기가 어려웠지만 토요일은 약속한 장소에서 만날 수 있었다. 우리 동네에서 학교까지의 신작로 옆에는 양쪽으로 배 과수원이 쭉 중학교 담장까지 이어졌다. 배꽃이 피는 오월이면 하얗게 핀 배꽃이 피어 무어라 형언할 수 없이 아름다웠다.

배꽃이 하얗게 핀 신작로 길을 우리는 새처럼 재잘거리며 걷다가 맘에 드는 과수원으로 들어가 도시락을 먹었다. 과수원은 선배 언니가 살던가 친

구, 동네 사람이 살아서 내 집처럼 스스럼이 없었고 과수원 사람들은 우리가 도시락을 먹으러 왔다고 하면 물도 주고 과일도 주며 놀다 가라고 웃으시며 자리를 봐주셨다. 한동안 우리는 과수원 길가나 과수원에서 맛있게 도시락을 먹으며 집으로 돌아갔다. 그 저미나는 하굣길, 친구들과 장난치며 힘든 줄도 모르고 걸었던 길, 과수원 길은 봄이면 과수원 울타리에 아카시아 꽃이 만발하여 그 향기가 어린 소녀들을 사로잡고 흥얼거리며 노래를 부르게 만들었다. 빈 도시락에 아카시아 꽃을 따서 담고 길을 걸으면서 과자 먹듯이 한 개 한 개 먹는 그 싱그러운 향기는 온몸에 스며들었다. 하지만 학년이 높아 갈수록 우리는 만나기가 어려웠고 어쩌다 버스 안에서 만나도 서로 바빠 말을 하지 못하는 형편이 되었다.

겨울이면 도시락을 난로에 올려놓고 데워 먹으면 선생님께서는 더운물을 주전자에서 도시락 뚜껑에 일일이 따라주셨다. 김이 모락모락 나는 밥을 먹을 때의 행복감은 나이든 지금 제일 먹고 싶은 밥이 되었다. 도시락 바닥에 눌어붙어 누룽지가 된 밥을 서로 뺏어 먹으려 아우성을 치고 선생님께 야단을 맞아도 우린 싱글벙글 즐겁기만 했었다.

우리 자식들은 도시락의 추억이 없다. 아이들 초등학교 때 급식 제도가 생겨 학교에서 점심을 먹었기 때문이다. 그리고 간식이나 군것질을 자주 한다. 우리들의 그 맛있고 엄마의 냄새가 나는 도시락의 의미를 알게 해주고 싶지만, 현실은 그렇지가 않다. 특히 나도 도시락 싸는 일에 힘들어했으니까. 겨우 소풍 때 도시락 싸는 것도 며칠 전부터 걱정했었으니까.

 누구나 도시락을 싸야 했던 시절 엄마들의 그 따뜻함과 정성이 깃들어진 도시락을 먹고 자란 우리는 세상의 누구보다도 추억이 많고 행복했었고 재미있었던 그때가 그립다.

 도시락에 꽃도 가득 따서 담고 편지도 써서 도시락에 넣으며 기뻐하던 우리였다. 밥을 같이 먹으며 꿈을 이야기하고 포만감에 꾸벅꾸벅 졸기까지 했던 그 계절이 오면 배꽃이 아련하다. 도시락을 열면 밥 냄새와 엄마의 냄새가 김처럼 올라오는 희망과 기대감을 꾹꾹 눌러 뿐 도시락에서 성장통 같은 뿌듯한 마음을 담아내고 싶다.

 소녀 시절이 이렇게 행복으로 다가오는 것은 도시락에서 나는 딸그락 소리가 아닐까 한다. 지금은 들을 수 없는 그 소리가 어렴풋이 들리는 듯한 날은 가슴이 설레고 풋풋한 생동감이 일렁인다. 내 마음에 영원히 간직된 도시락 이야기가 동화 속 같다.

오래된 가족사진

　사진도 나이를 먹나 보다. 나이만큼 노을빛으로 물든 아니 노을빛으로 남아 과거를 들여다보는 마음이다. 가을의 풍요롭고 포근한 누런빛 가족의 빛으로 남아있다. 가을빛 속에서 눈을 찡그리고 웃고 있는 나를 찾아내었다. 단발머리에 스웨터를 입고 있다. 사진의 속 앞에는 잔칫상이 차려져 있고 곱게 한복을 차려입은 집안의 어른분들이 서열대로 앉아 있는 사진이다. 아마 환갑잔치나 칠순 잔치 같다. 과자, 과일, 떡 등이 높게 괴어있다. 뒤쪽으로 두루마기나 한복 양복을 입은 젊은 집안네 가족들이 빼곡히 서 있다. 각기 다른 표정, 키, 옷차림이 시대의 흐름을 알려준다.

　어릴 때 어느 집에 가더라도 대청 가운데 벽에는 액자 속에 가족사진을 붙여 걸어 놓았다. 액자가 여럿인 집도 있그 한 개만 있는 집도 있었는데 그때는 액자 앞으로 가서 사진을 보는 재미가 있었다. 집주인은 액자 속의 사진을 설명하면서 은근히 자랑도 하였었다. 우리는 그냥 스쳐보았고 잘생겼네 이쁘네 이게 사진에 대한 감상이었다.

　얼마 전 동네 언니께서 언니의 가족사진을 보내주셨다. 단번에 보아도 행복한 미소가 지어지는 모습의 사진이었다. 짐작으로 언니의 칠순 생일일 거로 생각했다. 언니의 가족들은 단아한 드레스와 연미복, 한복 청바지 차림 예쁜 소품을 들고 행복하게 웃고 있었다. 특히 어린 손자, 손녀가 제 부모의 다리를 끌어안고 찍은 사진을 보는데 너무 귀여워서 한참을 웃었다. 언니 부부에게 잘 어울리는 왕과 왕비 같은 온화한 표정과 의상의 연출은 우아하고 아름다웠다. 딸과 사위 손자녀의 어울리는 배경과 자연스러운 장면들이었다. 언니의 잘살아온 삶이 녹아있어 부럽기까지 했다.

  나는 어릴 때 사진을 간직하고 있는 사람들을 부러워한 적이 있다. 아무리 오래된 앨범을 뒤적여 봐도 내 모습이 없어서다. 나도 빛바랜 사진 속의 나를 남들에게 보여주며 자랑을 하고 싶었던 때가 있었다. 하지만 우리 형제들에게 물어보아도 시큰둥했다. 모른다는 대답뿐이었다. 그래서 어려운 시절이라 사진을 찍지 못하였나보다 생각하면서 아쉬워했다. 나의 어린 시절 나는 어떻게 생겼을까 궁금하기도 하고 어떻게 성장했을까 상상도 해 보았다. 육 남매 속의 나의 모습이 공백의 시간으로 남아있어 그리움과 아쉬움으로 채워져 갔다.

  고향의 시골집은 안채에 불이 난 적이 있고 고향을 떠나 도시로 이사를 하면서 시골 살림을 모두 버리고 왔다는 말을 엄마에게 들은 적이 있다. 그때만 해도 사진 생각은 생각도 하지 않았다. 모두 없어졌다고 생각했다. 나이가 들면서 어릴 때 사진이 궁금해지기 시작한 것이다.

  큰언니의 집안 행사가 있어 참석하고 큰언니 집에서 우리 형제들이 모여 옛날이야기처럼 대화하고 있는 데 큰 형부께서 아주 허름한 앨범을 꺼내오셨다. 한 장 한 장 넘기며 우리에게 보여주면서 기억을 더듬어가셨다. 아, 그런데 거기에 내가 있었다. 아주 오래돼서 희미한 사진은 자세히 보아야 누군지 알 수 있을 정도였고 돌아가신 친척도 많았다. 옛날의 환갑잔치 사

진, 큰언니와 뒤란의 칸나꽃 속에서 찍은 사진, 사진관에서 찍은 사진도 있었다. 너무 놀라서 물었다. 언니 이사진 어디서 났어? 언제 찍은 건데? 사진 속의 나는 벌써 나이를 먹어 누렇게 퇴색되었고 앨범의 필름이 들러붙어 떼어낼 수도 없었다. 나에게도 어릴 적 사진이 있었다.

  흑백 사진은 오래된 세월의 색을 칠한다면 노을빛 같은 잔잔하게 퍼져나가는 빛을 간직한 바랜 색일 거로 생각한다. 땅거미가 내려앉아 얼굴에 빛이 내려앉아 온화해지는 나만의 역사이자 기록이 아닐까 한다. 모습과 나이는 멈춰 있지만 사진은 누렇게 변하여 넓은 들판에 땅거미가 내려앉는 색, 인생을 온순하게 살아가게 하는 색 누구도 칠하지 못하는 노을빛 색이다.

카네이션과 청개구리

　젊은 꿈이 가슴으로 몰려 스며드는 오월의 가로수길 이팝나무 향기는 버거워 숨이 차다. 산행하듯 숨이 차오르는 것은 푸름이 던져주는 선물이 가슴을 벅차게 벌렁거리게 한다. 항상 곁에 있을 거란 기대로 믿었던 가족이 순간 떠오르는 것도 오월이기 때문이리라. 가볍지만 무거운 부모님 생각에 또 카네이션을 만들기로 했다. 지금은 카네이션 꽃바구니를 선호해서인지 꽃집마다 예쁜 바구니에 앙증맞은 빨간 카네이션 꽃 화분을 넣고 예쁜 리본을 달고 화려하게 만들어 진열해 놓았다.

　한참을 기웃거리다가 엄마의 선물이 떠올랐다. 나는 엄마의 젊은 모습을 뵌 적이 없는 것 같다. 한복에 쪽을 지고 비녀를 꽂고 외출을 하셨고 집에서도 앞치마를 입고 수건을 머리에 쓰고 아궁이에서 재를 치우는 모습이 늘 맴돌았다. 친구 엄마들처럼 파마머리나 통치마를 입지도 않았으므로 촌부의 모습이 전부였다.

　오빠들은 엄마 생신 선물로 비녀를 사왔다. 나무로 깎아 만든 비녀를 선물하더니 옥비녀, 은비녀, 금비녀로 선물을 해드렸는데 엄마는 절대로 금비녀는 꽂고 다니시지를 않았다. 장롱 깊숙이 간직만 하셨다. 가끔씩 보자기를 풀어서 보시곤 하셨는데 금반지, 금비녀가 반짝거리는 금빛을 보시고는 다시 싸서 장롱에 두셨다.

　먹먹하고 슬픈 마음으로 어버이날 하루를 보냈다. 어릴 때 학교에서 습자지로 만든 카네이션 꽃을 가슴에 달아드리면 멋쩍어하시며 다시 떼어내

어 찬장에 넣어두셨다. 엄마의 나이가 되어 나의 가슴에도 카네이션이 달리고 똑같은 마음으로 멋쩍어 슬그머니 떼어내서 화장대 위에 올려놓는다.

  부모님에게 나는 냄새처럼 나의 기억은 그리움이거나 사소한 목소리와 시골 풍경의 익숙한 냄새이다. 잊혀지지 않는 깊숙이 배어있는 냄새, 그 냄새를 맡고 싶다. 남들보다 잘하고 싶었고 칭찬도 많이 듣고 싶었다. 그러나 부모님에게 흡족한 딸은 되지 못했다. 마지막으로 가시는 길, 영원한 이별 앞에서 잠깐만이라도 붙들고 천륜으로 맺어진 부모와 자식으로서 행복하게 보내드려야 했다.

  이젠 어버이 노래도 잊었고 어버이날도 슬그머니 사라졌다. 마음으로 감사하고 보답하는 날이 되었다. 부모님께 청개구리로 살아온 날들을 회상하며 가로수 이팝나무 향기처럼 향기로운 기억으로 간직한다.

  늘 반대로만 하는 청개구리가 있었어. 엄마의 말을 듣지 않고 모든 일을 반대로만 하는 청개구리였지. 엄마가 병들어 죽게 되자, 엄마는 청개구리가 언제나 반대로만 하는 것을 생각하고는 강가에 묻어 달라고 유언했지. 청개구리는 엄마의 말을 듣지 않은 것을 뒤늦게 후회하고 마지막 유언을 제대로 듣고자 엄마의 무덤을 강가에 만든 거야. 청개구리는 비만 오면 무덤이 떠내려갈 것 같아 슬프게 울었어.

  갑자기 전래동화 청개구리가 읽고 싶어 소리 내 읽었다.

쓴맛

 올해의 무더위가 활시위를 떠나 세월 속으로 사라졌다. 밭의 작물들도 누렇게 물들고 벼들은 탈곡을 기다리고 있다. 버석거리는 오이 넝쿨을 걷다가 늙은 오이가 달린 것이 눈에 들어왔다. 고생했네. 여태 여기에 있었네. 중얼거리며 넝쿨을 들어 올리다가 다시 놓아주고 못 본 척하고 돌아 나왔다.
 한여름, 열무김치와 늙은 오이생채를 넣고 고추장 참기름을 넣어 밥을 비벼 먹으면 입맛이 돌며 너무 맛이 있었다. 날이 너무 더워 더위를 먹었는지 힘도 없고 땀이 많이 흘렀다. 그래도 맛있는 비빔밥을 먹으면 나도 모르게 배도 부르면서 기운이 나고 기분이 좋아진다.
 원래 비빔밥을 좋아했다. 간편하고 빨리 먹고 먹기 싫은 반찬도 넣어서 비벼 먹으면 맛이 좋아졌다. 직장 다닐 때 매일 점심때면 비빔밥 멤버가 되어버린 직원끼리 큰 그릇에 이것저것 다 넣고 쓱쓱 비벼서 나눠 먹었다. 심각하게 바라보던 남자직원이 말했다. "매일 비벼 먹으니 딸만 낳았지" 밥을 먹으며 그게 무슨 말이냐고 하면 "그런 게 있어." 한다. 그 남자직원도 딸만 둘이 있다. "드시고 싶으면 이리 오셔요" 하면 "됐어"하고 횡하니 식당을 나가버렸다. 밥숟가락을 입에 문 채로 눈으로 깔깔대며 웃었다. 비빔밥을 먹는 모두는 딸만 낳은 딸 엄마들이었다. 비빔밥과 딸과 무슨 관계가 있든 말든 딸 엄마들은 늘 비벼서 밥을 맛있게 먹었다.
 저녁 반찬 걱정을 하고 있는데 생각지도 않게 동생이 늙은 오이와 상추, 풋고추를 가지고 왔다. 늙은 오이를 보니 군침이 돌았다. 동생이 돌아가자

마자 늙은 오이의 껍질을 벗기고 절이고 풋고추, 고추장, 고춧가루, 마늘 등 양념을 넣고 늙은 오이생채를 만들었다. 날씨도 더운데 너무 잘됐다 하고는 늙은 오이생채를 냉장고에 넣어놓고 저녁이 오기를 기다렸다.

먹고 싶은 것을 참고 있었던 늙은 오이성채를 냉장고에서 꺼내어 저녁 밥상을 차려놓고 식구들을 기다렸다. 맛있지 먹을 생각을 하면서. 신이 난 나는 비벼 먹으라고 했더니 싫다며 엄마나 키벼 드시라고 했다. 서운한 마음이 들면서도 밥에 늙은 오이생채만 넣고 비벼서 맛있을 거라는 기대감에 한 숟가락을 먹는 순간, 그렇게 정성을 들인 늙은 오이생채에서 쓴맛이 강하게 입안을 자극했다.

옆에서 누군가 죽어도 모를 정도로 맛있던 늙은 오이생채가 왜 이리 써졌는지 알 수는 없었지만, 마음만은 그 맛있게 먹던 생각이 떠오르며 아쉬움이 찾아왔다.

자꾸만 생각나는 그 쓴맛을 잊어갈 때쯤 추석이 다가왔다. 미리 부모님 성묘를 갔다 오는 것이 편하여 큰 오라버니 배밭으로 갔다. 마침 큰 오라버니가 내려와 계셨다. 성묘를 마치고 우리 형제가 둘러앉아 배를 깎아 먹으며 "올해는 배가 더 맛있네", 과즙도 많고 사각거리는 것이 목이 말라 물을 먹는 것보다 시원했다. 그때 돌아앉아 고개를 숙이고 계셨던 큰 오라버니가 작은 목소리로 말했다. 이제 힘에 부쳐서 과수원을 임대하기로 했으며 올해가 마지막으로 배밭에서 배를 먹는 것이라는 것이었다. 우리 형제들은 아무도 말을 못하고 각자의 추억에 설움 같은 것이 배어 나와서인지 눈물을 뚝뚝 떨어뜨렸다. 팔순의 큰 오라버니가 과수원을 가꾸기에는 무리라는 것을 우리는 모두 알기 때문이었다. 형제 중 누구라도 내가 과수원 농사를 짓겠다고 나서지도 못했다. 부모님이 일구신 그 많은 배나무와 배꽃과 배나무 그늘, 하늘을 가릴 만큼 주렁주렁 달린 커다란 배를 이제 볼 수도 없고, 올 수도 없다는 생각에 모두는 펑펑 울었다. 엄마가 돌아가신 지 어느새 7년이 화살처럼 빠르게 지나갔고 이제 고향을 잊어야 한다는 서운함만이 배나무 가지 사이를 추억이 되어 흘러 다녔다.

늙은 오이 껍질처럼 거칠어진 배나무를 끌어 앉았다. 이제 너를 못 보겠구나. 그동안 마음의 안식처 같았던 과수원이고 배나무들이었는데 갑작스러운 이별의 통보에 늘 고향 생각만을 해야 하는구나. 다리에 힘이 빠지고 가슴이 텅텅 비어갔다. 큰 오라버니는 배를 골고루 챙겨서 차에 실어주었다. 너무 속상해하지 마라. 그렇다고 고향이 어디 가겠나. 쓸쓸히 차에 오르는 동생들을 굽은 허리를 세우며 배웅을 해주었다.

돌아오는 차 안에서 눈물에 가려 멀어지는 배밭을 하염없이 바라보았다. 잘 있거라. 너희들도 건강하게 잘 자라거라. 늙은 오이의 쓴맛보다 더 쓴맛이 입안에 고여왔다.

쌀밥

텅 빈 들길을 걷는 것도 낭만이 된 것 같다. 동네의 농토 면적이 줄어들면서 들길이 많이 사라지고 건물이 들어서고 산업단지화로 공장이 들어서면서다. 아직도 추수철이면 벼 이삭에 메뚜기가 가끔 보이긴 하지만 예전의 메뚜기가 아닌 듯하다. 메뚜기도 도시화한 논에서 살기가 힘든지 어디론가 가버렸다.

철새들도 서둘러 떠났는지 적막감이 깔려있다. 모든 것은 어떤 변화를 따라서 가고 오고 차가운 바람이 들판을 지키고 있다.

추수를 끝내고 첫 수확인 햅쌀로 쌀밥을 지었다. 무쇠솥은 아니지만 전기밥솥도 밥맛이 좋다. 햅쌀밥 맛이 그리웠던 만큼 얼른 밥솥을 열고 김이 빠진 후 밥을 푸기 전 송송 구멍이 난 밥의 표면은 윤기가 흘렀다. 입맛을 되찾는 햅쌀 밥의 구수한 냄새. 논바닥에서 고향에 두고 온 목소리들이 풀려 나오면 하얀 쌀밥을 훌훌 섞어서 밥그릇에 퍼담는다.

며칠 전 해외여행을 다녀왔다. 밥심에 살아오던 나였기에 외국에서도 밥만을 찾아 먹었다. 우리나라 사람들이 운영하는 식당들이 많아 김밥을 비롯하여 볶음밥, 쌀죽 등 외국이라고 생각이 안 들 정도로 우리나라 음식들이 많았다. 쌀밥도 고슬고슬하고 끈기가 있어 내가 지은 밥보다 맛있었다.

어릴 때의 기억을 찾지 않아도 어디서나 먹을 수 있는 쌀밥이지만 나는 너무 귀하고 세상에서 제일 맛있는 음식이 쌀밥이다. 그 잊혀지지 않은 밥 냄새만으로도 포만감을 느낀다.

부엌에서 헤어나오지 못하며 밥을 짓던 엄마와 언니의 고생을 난 모르고 자랐다. 당연히 밥상이 차려지면 먹고 학교 가고 집에 오면 차려진 밥을 먹었다. 두레박으로 물을 퍼서 밥을 하고 김치를 담그고 하다 보면 엄마와 언니의 손바닥은 늘 빨갛게 부풀어 있거나 물에 불어있었다. 나는 엄마와 언니들은 손이 거칠고 주름지는 줄 알았다. 그 힘든 살림살이를 하면서도 아무에게도 고생한다는 소리를 못 듣고 늘 같은 시간에 같은 일을 한 것이다.

언젠가 엄마는 엄지손가락에 검은 물감 같은 것이 묻어 있어서 물어본 적이 있다. 면사무소에서 지문을 찍고 오셨다고 하셨다. 그런데 지문이 없어서 다시 가셔서 지문을 찍어야 한다고 하시며 엄지손가락을 정성을 들여 닦으셨다. 지문이 닳아서 없어진 것이었다.

인천공항에서 출국 준비를 다 끝내고 마지막으로 지문인식기에서 엄지손가락을 올려놓았다. 그런데 어디선가 삐 하는 소리가 났다. 다시 엄지손가락을 올렸는데도 또 삐 하는 소리가 났다. 공항직원이 다시 나오라고 손짓하였다. 무슨 일인가 하고 물었더니 지문인식이 안 된다는 것이었다. 나는 이해가 안 되었다. 요즘같이 모든 일은 전자제품이 다해주고 손으로 빨래를 하지도 않는데 이게 무슨 일인가 싶었다. 직원은 한 번만 더 해보라고 했다. 간신히 지문인식이 되어 출구를 나갔다. 관광을 끝내고 돌아오는데 또 지문인식이 안 되었다. 이번에는 직원이 안내해서 여권으로 신원을 확인하고 나올 수 있었다.

다른 관광객들은 아무런 문제 없이 출구로 나가는데 나만 남아서 여권을 확인하고 얼굴을 뚫어지게 바라보며 본인인지 확인하는데 나는 무슨 잘못을 저지른 죄인 같은 생각이 들고 왜 이런 일이 일어나는지 궁금했다. 너무 일을 많이 해서 나도 우리 엄마처럼 지문이 닳아 없어진 것이 아닌가 서글퍼졌다. 두 손을 펴서 손바닥을 자세히 보았다. 손금도 지문도 내 눈에는 보였다.

돌아오는 차 안에서 지문 이야기를 했다. 모두는 "무슨 일을 그리 많이 해서 지문이 닳았을까" 하며 핀잔을 했다. 절대로 일을 많이 해서가 아니고 다른 이유일 거라는 것이다. "그래, 열심히 산 증거일 거야"

손이 퉁퉁 붓고 허리도 펴지 못하면서 농사지어 쌀밥을 자식에게 먹이셨던 부모님이 아주 멀리서 별빛처럼 손을 흔들어주시는 것이었다. 새벽별이 맑은 서쪽 하늘에서 선명하게 내 이름도 불러주었다. 영이야 하고.

사람이 사람을 헤아릴 수 있는 것은 눈도 아니고, 지성도 아니거니와 오직 마음뿐이다. - 마크 트웨인

피리 부는 사나이

　오월이 왔다. 신록의 계절이다. 겨우내 움츠려있던 모든 식물이 제 모습을 내보이기 시작하고 꽃을 피우고 잎들은 너풀너풀 녹색으로 진하게 햇빛을 받아들이고 나뭇가지가 안 보이도록 무성한 잎으로 감추어주고 있다. 바람이 불 때면 살짝살짝 보이는 나뭇가지들은 바라보는 모든 이에게 사랑을 넘치도록 나누어준다.
　어느 날 공원을 산책할 때 담장처럼 잘 다듬어진 나무들이 하얗고 작은 꽃을 피운 것을 보았다. 조팝나무 꽃은 길게 나뭇가지가 자라면서 가지런히 차례대로 꽃을 피워 사람의 눈길을 사로잡지만 쥐똥나무 꽃은 거의 비슷하지만 나무 이름이 그래서인지 좀 특이한 이름으로 인해 만지기가 쉽지 않았다. 향기도 진하고 곱다. 이렇게 이쁜데 쥐똥나무라니, 이름은 사람이나 식물이나 잘 지어야 한다고 생각한다.
　천장 위의 쥐들이 떠오른다. 친구네 집에 가도 우리 집에서도 천장 위에 쥐들이 살고 있었다. 어느 날은 더 많은 쥐들이 우르르 달려 다니고 천장이 꺼질 듯 우당탕거렸다. 이불을 뒤집어쓰고 잠을 자려 해도 너무 시끄러워 잠을 자지 못했다. 천장을 뚫고 쥐약도 놓고 쥐덫을 놓아도 아무 소용이 없었다. 여전히 밤마다 시끄럽게 우당탕거렸다. 천장에서의 쥐소리는 어떤 때는 저들끼리 전쟁을 하는지 찍찍거리며 천장이 들썩들썩했다. 쥐들도 이사를 다니는지 한동안은 조용하다가 다시 와서 와르르 몰려다니고 야단법석을 떨다가는 갔다. 혹시 저러다 천장이 찢어져서 쥐들이 떨어질 것 같은 공

포심에 떨기도 했다. 쥐를 천장에서 몰아내기 위하여 별의별 작전을 다 세우고 할 수 있는 일은 다해도 없어지지 않으면 천장을 뜯어내고 쥐구멍을 막고 천장을 다시 만들고 벽지를 발랐다. 한동안 조용하다가 또 쥐들은 천장을 점령하고 농촌의 고요하고 조용한 정적을 깨뜨렸다.

그때는 쥐들이 왜 그리 많았는지 모르겠다. 쥐똥도 어두운 곳에 쌓여있고 새끼도 많이 낳아서 감추어둔 것도 보았다. 농촌이라 먹을 것이 많아서 모여든 것 같기도 하고, 어쨌든 같이 살고 있긴 하지만 혐오스러운 쥐다. 학교에 쥐꼬리를 가져오라고 할 정도면 온 동네가 바글바글 쥐가 살고 있었던 것은 아닐까 짐작해본다.

쥐가 머무르기 시작한 것이 농사짓고 그 농작물을 저장하면서 인간과 숙적으로 돌변한 것이라고 하는데 닭, 병아리도 잡아먹는다니 얼마나 억척스러운 동물인가. 확실히 싫은 것이 생긴 모습이다. 특히 긴 꼬리가 보이면 기절할 정도로 싫었다.

사람이 먹을 수 있는 것은 다 먹어치우고 이빨은 자라고 자라서 날마다 갈아내야 하니 먹이뿐만이 아니고 갉아서 전깃줄이나 나뭇가지를 잘라놓기도 했다. 쥐가 지나간 자리는 항상 무엇인가가 남아있어 그 정체를 알 수 있었다. 지저분하고 냄새가 나고 털이 날리고 아, 정말 싫었다.

알베르 카뮈의 '페스트'에서 쥐가 인간에게 치명적인 목숨을 앗아가는 과정을 읽었을 때 페스트가 얼마나 무서운 병인지 알았고 그 결과 유럽에서 크게 유행하여 인구 2억 명 정도가 목숨을 잃었다고 한다. 혈관 내에 피가 응고되어 부패하고 신체 말단이 괴사하면서 실제로 피부와 근육이 검은색으로 변하여 흑사병이라고 한다지만 우리나라에서 발병한 적은 없다고 하니 얼마나 다행인가 싶다.

천장에서 쥐들의 잔치가 벌어지면 '피리 부는 사나이' 동화가 생각났다. 오랜 옛날에 독일의 하멜이라는 조그만 도시에서 있었던 쥐에 대한 동화다. 도시에 쥐가 난동을 피워 시장님이 쥐를 없애주는 사람에게 상금을 주기로 했는데 어느 피리를 잘 부는 사람이 피리를 불어 쥐를 강으로 끌고 가서 강물 속에 쥐를 모두 빠뜨렸지만 시장은 약속을 어기고 상금을 주지 않자 피리를 불어 아이들을 모두 데리고 가서 아이들을 동굴 속에 가두었다는 서양 고전 동화였다.

천장에서 쥐들의 소동을 듣고만 있어야 하는 나는 나도 피리를 잘 불어서 저 쥐들을 모두 강물이나 바닷물에 빠트리고 조용한 나날을 맞이하고 싶었다.

쥐에 대해 곱지 못한 생각을 하다보면 '쥐똥나무'의 향기가 가만히 있는 나를, 오월의 싱그러운 잔잔한 물결처럼 살아가는 나에게 피리를 불어야 하나 말아야 하나 하는 우스운 추억 속으로 밀어 넣는다.

대나무 도마

생각지도 않은 선물을 받았다. 대나무르 만든 튼튼하고 매끄러우면서 모양도 맘에 드는 칼도마였다. 얼떨결에 받았는데 아마도 그분은 여행을 가셨다가 기념품으로 사오신 것 같았다. 놀라운 것은 그분과는 친분도 없고 가끔씩 마주치는 정도였기 때문이다. 대나무로 도마를 만든다는 것이 지금도 생소하다.

대나무 도마는 포장지도 그대로인 채 즈방 한쪽에 잘 놓여있다. 나도 누군가에게 선물해야 하나 하는 생각도 들었으나 나에게 온 도마가 또 다른 사람에게 간다는 것은 선물한 사람에 대한 예의가 아닌 것 같았다. 가볍고 모양도 예쁘고 다시 보니 만든이의 마음이 배어있고 정성이 깃들어 있는 고급진 도마인 것 같았다.

옛날 부엌의 도마는 크고 투박하고 통나무를 잘라다놓은 것 같은 잘 다듬어지지 않은 나무토막 같았다. 부엌 한그석에 고정으로 놓여있었고 작은 도마 역시 지금처럼 매끄럽고 번듯하지 않았다. 도마 가운데는 움푹 들어가 있고 칼자국이 선명했다.

새벽 창호지 문조차도 검게 보이는 어두컴컴한 그 시각 잠결에 들리는 도마 소리는 아득하기도 하고 잠을 깨우는 소리기도 했다. 그 소리를 들으며 다시 잠이 들었다. 늦잠을 자게 되어 또 지각을 해야 하는 일이 벌어지기 직전이면 일어나라는 엄마의 나직한 소리를 듣고는 미안해야 했던 기억. 아침밥 짓는데 도와드리지 못하고 맨날 간신히 일어나 도시락만 받아들고 학교

가기에 바빴다. 그 고달픈 부엌일이 그리워지는 건 무엇 때문일까.

도시락을 싸지 않으면 늙었다는 증거라고 어머니들이 말했지만 지금은 도시락이 무엇인지도 모르는 세대가 되었다. 식판 시대라고 하면 될까.

희미한 불빛 아래서 반듯하게 무를 썰고 배추김치를 썰고 도시락 반찬을 만드셨다. 그리고 한 번도 힘들다는 말을 들어보지 못했다. 등잔불과 남포등, 아궁이의 희미한 불빛으로 부엌일을 하는 엄마는 도시락에 밥을 꾹꾹 눌러 푸셨고 어떻게든 맛있는 도시락 반찬을 만들어 담아주셨다. 고마운 것도 모르고 도시아이들이 싸오는 식빵에 계란을 부쳐서 샌드위치처럼 만든 식빵을 먹는 것을 부러워했으니까.

중학교 가정 실습 시간에 처음 만들어본 샌드위치는 비위에 맞지 않아 먹지는 못했다. 처음 만든 마요네즈의 새콤하고 느끼하면서도 고소한 맛을 기억한다. 양배추와 양파를 써는데 눈물이 흐르고 처음으로 도마에 칼을 사용하는 것을 배웠다.

흔히 우스갯소리로 말하는 솥뚜껑 운전 수십 년이지만 아직도 서툴고 채소 썰기는 손이 벨까봐 겁이 난다. 식탁에 둘러앉아 고르지 못한 채소볶음을 맛있다고 먹어주는 식구들이 한없이 고맙다. 고른 도마소리를 낼 줄도 모르는, 한석봉 어머니의 떡 써는 솜씨는 아니더라도 비슷해야 하지 않나 하는 생각이 들기도 한다.

새벽의 도마소리를 듣지 못하는 우리 자식들이지만 그 포근하고 따뜻했

던 기억을 끄집어내어 들려주고 싶다. 함석지붕 위에 쏟아지는 빗소리 같은 도마소리와 구수하고 아궁이의 불처럼 따뜻한 된장찌개의 맛이다.

  수도 없이 이어지는 칼질에 엄마의 고운 손마디는 굵어가고 어깨는 기울어졌을 것이다. 그 시절의 도마소리와 단단하고 멋진 새 대나무 도마의 소리는 어떤 소리를 낼까. 새 대나무 도마 우에 가족의 건강을 올려놓는다.

기적소리

안개인지 구름인지 모를 흐린 하늘이 이슬비처럼 온 동네를 감싸고 도는 날, 습하고 눅눅해서 마당으로 나오면 안개 속에 펼쳐지는 들판의 벼들도 안개비에 젖어 잎새에 맺혀 빗물처럼 흘렀다.

한참을 먼 곳을 바라보며 서있다 보면 아련하게 기차 소리가 안개처럼 흘렀다 멈추었다가 사라져갔다.

기차 소리는 미동 없이 들어야 들렸다. 간신히 귀울림으로 들렸다가 안개 속으로 사라져갔다. 기차 타보는 것이 소원이었던 그때, 기차는 누가 타고 다니고 어디로 가고 기차 안은 어떻게 생겼을까. 어쩌다 아버지 마차를 타고 역 광장을 지나칠 때 처음으로 기차를 보았다. 장날이면 악착같이 마차에 올라타고 야단을 맞으면서 아버지를 쫓아갔다. 할 수 없으신 듯 나를 번쩍 들어 올려서 편한 자리에 앉혀주셨다. 다시는 쫓아오면 안 된다고 하시면서.

그렇게라도 나는 기차를 볼 수 있었다. 기차를 타보는 것은 생각조차 못했다. 기차를 타는 사람들은 누굴까. 역 앞 광장에서 역사를 호기심과 설렘으로 바라보았다. 역을 빠져나오는 사람들과 북적거리며 시간에 쫓기듯 달리는 사람들도 있었다.

기차역을 보고 온 날부터 더욱 기차가 타고 싶었다. 맑은 날에는 들리지 않는 기차 가는 소리가 비가 오거나 흐린 날에는 그 소리가 미세하게 들렸다. 자다가 일어나 앉아서 언제 기차를 탈 수 있을까 그날이 오기만을 기

다렸다.

어느 날 천안에 사시는 외삼촌 내외분께서 오셨다. 정확하지는 않지만 초등학교 3학년쯤인가 기억된다. 가시는 날 시무룩하게 "저도 가면 안 돼요" 하였다. 부모님께서는 어딜 가려고 하느냐고 안 된다고 하셨는데 외숙모님께서 내 손을 잡고 "기차 타고 싶구나, 같이 가자" 하셨다.

외숙모 내외분과 손을 꼭 잡고 기차표를 사고 개찰구를 나와 기찻길 앞에 서서 기차를 기다렸다. 기찻길을 처음 본 나는 너무 신이 났고 기차를 타는 상상에 어지럽기까지 했다. 드디어 은하철도 999 같은 검은 머리의 기차가 서서히 기적을 울리며 오고 있었다. 나는 가슴이 터질 것 같았다. 나도 기차를 타는구나.

기차 안은 초록색 비슷한 벨벳 천을 입은 의자가 마주 보고 있었고 외삼촌 외숙모 옆에 얌전히 앉아서 밖을 내다보았다. 기차가 서서히 움직이면서 역 광장이 보이고 사람들이 아주 작게 보이며 지나쳐 갔다. 꼼짝 못하고 있는 나에게 외숙모께서 "그렇게 좋으니?" 하시며 머리를 쓰다듬어 주셨다. 휙휙 사라져가는 밖의 풍경은 마치 나의 미래로 가는 짧은 영상 같았다. 어릴 때 친구와 끌고 다니던 구루마, 아버지의 마차, 오빠들의 커다란 자전거는 비교도 안 되는 빠른 속도에 속이 메슥거렸지만 참았다.

들과 산 냇가가 전부였던 농촌의 모습과는 다른 외삼촌 댁은 도시 생활을 하고 계셨다. 외사촌들과 날마다 재미있게 놀았다. 기차속도만큼 빠르게 시간은 가버리고 작은 오빠가 나를 데리러 왔다. 끌려오다시피 하며 돌아온 고향 집은 낯설게 느껴졌다.

  그 후로 기차를 타고 친구들과 여행도 다니고 그 당시 무전 여행했다는 오빠들의 여행담도 들었다. 여름방학 때 여행을 가려고 기차를 타려다 선생님께 잡혀서 길고 긴 반성의 훈계를 듣던 시절, 문득 그때가 오늘처럼 생각나게 하는 장맛비를 바라보며 저 멀리 사라져간 기적(汽笛)소리가 가슴을 울리고 여전히 나는 고향을 그리워하고 있다.

비는 소리가 없다

    누군가를 부르며 꿈에서 깼다. 창문을 열어야 비가 오는지 눈이 오는지를 아는 아파트는 소음을 삼킨다. 비바람이 창문을 두드리는 것도 그 먼 순간이 지나치는 손짓에 내 마음이 흔들리고 눈을 뜨는 기다림이란 걸 알려주는 밖과 안의 양면성이다. 양면성이란 알아도 모른 척, 몰라도 아는 척하는 창밖의 빗소리와 거실 안에서 밖을 내다보는 이중적 마음인 거다. 거기엔 그까짓 것 하는 아집이 자리 잡은 마음이 있어서다. 거센 바람과 천둥 때문에 깨어난 후에도 꿈속에서 부르던 그 이름이 생각나지 않는다. 누구란 말인가. 밤마다 꾸었던 꿈들이 이젠 저 멀리 피어오르는 나의 과거가 점점 사라져감을 느낄 때면 눈을 감는다.

    하루는 쉬지도 않고 앞으로 가기만 한다. 잊힌 얼굴들이 희미하게 떠오른다. 이름조차도 나는 잊어가고 있다가도 문득 꿈속의 그 이름을 부르던 것은 아닐까. 그렇게 애달파 하며 부르던 부서지는 목소리들. 아직 새벽이 오지 않은 창문을 열었다. 세찬 바람이 들이쳤다. 얼굴을 돌리고 문을 닫고 어두운 밖을 바라보았다. 비가 지나갔는지 가로등 불빛이 유난히 반짝인다. 물기를 머금은 불빛이 이처럼 아름다운지 몰랐다. 찬란한 젊음이 빛나는 것처럼.

    봄비가 내리고 있었다. 새싹 위로 조용히 쓰다듬으며 내리는 가는 물줄기에는 눈에 보이지 않는 기억 속의 봄 길이 보인다. 이제는 남이 되어버린 친구들과 함께했던 사람들과 재잘대며 걷던 시골길이다. 혼자 걷는 일이 없었던 길, 걷다보면 만나는 사람들이 말을 걸어오고 인사를 나누던 울퉁불퉁한 길이다. 번져가는 봄 향기는 나의 마음을 부풀게 했으며 길을 걷던 사람들은 날리는 꽃잎을 서로 받으려다 못자리에 빠지기도 했다.

 모두 마음에서 보냈다고 잊었다고 했지만, 꿈속에서 나타나 남이 되지 못하고 웃음 짓던 눈매가 떠오른다. 손을 흔들며 각자 헤어져 돌아가는 발걸음 소리는 흙과 발과 부딪히는 봄비의 소리다.

 도시의 봄비에 젖어든 습성들이 계절을 잃은 꽃들이 피어나 애처롭게 몸에 배어 쓸쓸하기 때문이다. 그것은 알 수 없는 기후의 계절 변화에 힘겨워할 뿐이다. 우리가 항상 그대로 다가와 익숙했던 계절이 봄에도 눈을 몰고 와서 놀라게 하는 것이 내 모습 같기도 하다.

 한여름 숨이 막힐 같던 날 아파트 담장에 심어진 감나무에 한 개의 감이 빨갛게 소녀의 볼처럼 익어 있었다. 날마다 지나친 그 감나무는 봄이면 연둣빛 잎이 돋고 느리게 잎을 키워나갔다. 무심히 지나다 눈에 들어온 감은 가을 감이 되어있었다. 홍시가 된 것이다. 지나가던 사람들도 잠시 발길을 멈추고 바라보며 말했다. "이게 무슨 일이래, 여름에 감이 익은 거 처음 봤어."

 불볕더위 속에서 홍시가 된 감 한 개가 나의 익어버린 얼굴과 같았다. 무엇이 너를 계절을 잊고 익었을까. 나의 얼굴은 너를 닮기 위하여 열기와 땀으로 익었을까. 여름의 가운데에서 하늘에는 이미 가을이 와 있었던 것

일까.

　한여름, 한밤중, 한세상 뭐가 또 있을까. 절정을 맞이하여 정지해 있는 상태를 표현하는 터질듯함을, 살아가며 한 번쯤은 겪는 난도 높은 꼭대기를 나는 그렇게 말하고 싶었다.

　비는 소리가 없다고 했다. 비는 소리가 없는 물방울인데 내리면서 무엇인가에 부딪혀야만 소리가 난다고 한다. 모든 물체와 맞닿아서 내는 소리는 마음 같은 것이다.

　잊고 지내던 마음에 남았을 아름다운 그 추억이 빗소리에 떠올랐다. 비 오는 날 나의 마음을 흔들어 말하고 싶어질 때 내리는 비를 바라보며, 나무·지붕·길에 부딪히는 소리를 들으며, 빗소리와 같은 속마음을 말하며 손을 마주 잡는다.

밥상

아랫목이 그리워지는 겨울이다. 바람이 차갑고 눈이 내리고 처마에 고드름이 달리면 뜨끈한 아랫목엔 뚜껑 덮은 밥그릇이 이불 속에서 늦게 오는 식구들을 기다렸다.

옛날의 겨울은 가족들이 밥상에 둘러앉아 느긋하게 밥을 먹는 계절이었다. 농촌의 밥상은 겨울을 제하고는 여러 번 차려지지만 함께 먹기가 어려웠다. 어른들께서는 새벽부터 논, 밭으로 나가셨고 학교 가는 우리도 일어나는 대로 밥상에 앉아서 먹었다. 일철이 되면 들로 밥을 내갔고 집에서도 시간에 맞추어 밥을 먹지 못했다. 여름이면 대청과 사랑방에 매일 밥상이 차려져 있었다. 학교에서 돌아오면 마루에 차려진 밥상에서 밥을 먹고는 씻고 숙제를 하거나 책을 읽다가 잠을 잤다.

부엌에는 엄마와 큰언니가 항상 있었고 바쁘게 움직이며 반찬이며 국이며 김치를 담그고 도시락을 싸주셨다. 불을 때야 음식을 만드는 그 옛날 지금 생각하면 얼마나 힘들었을까. 연기와 재티가 날리고 어두웠다. 겨울이면 춥고 여름엔 더운 부엌에서의 하루는 식구들에게 푸근하고 따뜻한 온기를 남겨주었다.

해 저무는 저녁 처마 위로 하얀 김이 올라가고 온 집안으로 퍼져나가는 밥 냄새를 마음에서 지워버린 적이 없다. 구수하고 달콤한 햅쌀밥 냄새가 지금은 전기밥솥에서 고향의 냄새를 만난다.

시간이 흘러 부엌은 입식으로 바뀌고 밥상은 식탁으로 바뀌어 항상 주방

에 자리를 잡고 밥상을 차려 들고 다니지 않아도 되었다. 손님 오시면 주안상을 차렸다. 돌상, 교자상 모두 먼 그 시절로 가버렸다.

　좌식생활에 길들여진 나는 의자에 앉아서 밥을 먹는 것보다 상을 차려서 방바닥에 펑퍼짐하게 앉아서 뭐든 먹어야 편하다. 정성스레 식구들의 밥상을 차려 들고 방 한가운데 내려놓고 밥을 먹던 모습이 떠오른다. 저녁 식사 시간을 놓친 가족을 위하여 아랫목 이불을 덮고 있던 스테인리스 주발이 정겹다. 고봉밥을 퍼서 뚜껑에 눌린 밥도 얼마나 맛있었는지, 한 해를 보내는 마음에 따스함이 전해온다.

　올 한 해를 마무리하면서 힘든 일 모두 잊고 새로운 마음으로 밥상을 차려보려 한다. 분명 집안 어딘가에 쓰지 않아 손길을 기다리고 있을 밥상을 찾아서 가족들이 좋아하는 음식을 만들어 차려놓고 덕담을 하면서 한 해를 보내고 싶다.

꼬리치마

 며칠 매섭게 춥더니 오늘은 봄처럼 따뜻하여 아스팔트 길 위로 물기가 흐른다. 추위가 있어야 겨울이지만 요즘엔 날씨도 제멋대로라 갈피를 잡을 수 없다. 세상에서 제 마음대로 할 수 있는 것은 날씨라는 생각이 든다.
 명절을 앞둔 어느 추운 겨울날 물건을 팔러 다니시는 할머니께서 아주 커다란 보따리를 이고 오셨다. 대청마루에 보따리를 간신히 내려놓으시며 보자기를 풀어 물건을 내놓으셨다. 우리 형제들도 마루로 나가서 구경하였다. 지금으로 말하면 만물상이 아닐까 한다. 주로 가정에서 사용하는 물건들인데 실, 가위, 분, 구루무, 빗, 옷감 등 여자들이 사고 싶어 하는 물건들이다. 어릴 때는 이런 물건을 보는 것도 신기했고 또 만져보는 것은 더 신기했다. 할머니께서는 보기만 하고 만지지는 못하게 하셨다. 농촌의 겨울은 이런 보따리 장사를 하시는 분들이 많이 오셨다.
 대청마루에 펼쳐진 물건들을 구경하는데 할머니께서 노란 저고릿감에 다홍색 양단 치맛감 그러니까 한복감을 나를 쳐다보시며 엄마께 사시라고 하셨다. 마지막 남은 건데 나한테 맞는 크기라는 것이다. 그러시면서 나를 세워놓고 천을 펼쳐서 대보았다. 노란 천에 나비가 수놓아져 있는 아주 곱디고운 매끄러운 옷감이었다. 나는 엄마를 애절하게 쳐다보았다. 엄마는 좀 작은 것 같다며 밀쳐 놓으셨다. 나는 얼마나 서운한지 울음이 나올 뻔했다. 얼른 옷감을 가슴에 꼭 껴안고 안방으로 들어가 문고리를 걸고 장롱에 깊숙이 숨겼다.

노란색 저고리에 다홍색 꼬리치마를 입고 명절에 세배하러 다니면 공주가 된 것 같을 거 같았다. 꼬리치마를 입고 명절부터 보름 때까지 널을 뛰면 기분 날아갈 것 같은 생각으로 잠을 설쳤다. 날마다 노란 양단 치마저고리 옷감을 방바닥에 펼쳐 놓고 빨리 만들어 달라고 졸랐다.

그해 노란 저고리에 다홍색 치마저고리를 입지를 못했다. 엄마가 너무 바쁘다시며 미루고 미루다 명절이 지나가고 말았다. 그 치마저고리를 입은 것은 철이지난 추석 때였다. 하얀 동정이 듣리고 폭넓은 꼬리치마를 입고 운동회 때 족두리까지 쓰고 고전무용을 했다. 노란 저고리와 다홍치마를 입고 한삼을 손에 끼우고 너울너울 춤을 추었었다. 한삼을 들어 올리고 꼬리치마가 밟히지 않게 조심하면서 아꼈다. 그러나 그 곱던 한복도 키가 자라면서 입지를 못하고 장롱에 곱게 모셔두게 되었다.

걸음걸이가 예뻐지는 꼬리치마가 얼마나 입고 싶었는지 모른다. 꼬리치마를 가끔씩 꺼내어 쓰개치마 흉내도 내면서 친구들과 놀던 기억이 아직도 있다. 가슴에 끈을 묶고 왼손으로 치마 끝을 잡아 올리며 걷는 그 기분은 나비가 된 느낌이었다. 땅바닥이나 마룻바닥을 살살 끌면서 사뿐사뿐 걸으면 새색시가 된 것 같고 어른이 된 것 같던 그 시절, 명절이면 노란 저고리에 다홍색 비단 치마저고리를 입고 싶다. 대청마루에 서서 노랑 저고리 다홍색 꼬리치마를 입고 토지의 서희 아씨처럼 "너는 누구냐" 고고하게 묻고 싶다.

미루나무

어느새 나무를 심는 식목일이 다가오고 있다. 옛날 식목일에는 온 학생들이 학교에 나와서 나무를 심으러 갔다. 길가나 냇가 둑 야산의 야트막한 평지에 나무를 심었다. 4월의 세찬 바람과 눈발이 날리기도 했다. 남학생들이나 선생님들께서 구덩이를 파 놓으시면 여학생들은 묘목을 구덩이에 넣고 흙으로 덮고 발로 밟고 흙을 덮었다. 여기저기로 옮겨 다니며 나무를 심다보면 추위도 잊고 땀이 났다. 흙은 축축했고 보드라웠지만 풀들도 자라 있어 풀뿌리가 엉켜있는지 삽으로 구덩이를 파기가 힘들었다. 나무를 다 심고 집으로 돌아오는 신작로에는 길가의 가로수인 미루나무가 봄을 맞이했다.

먼지를 풀풀 날리며 신작로를 걸으며 나무를 심은 자부심에 은근히 자랑도 했었다. 비록 심은 나무의 이름도 몰랐지만 내가 심은 나무는 제일 잘 자랄 것이라고 흥분되어 떠들었다. 나뿐만 아니고 모두가 나무를 심은 자부심이 대단했었다. 분명 내일이면 비가 올 것이라고 굳게 믿었다.

어느 날 서울을 가다가 차 안 스치는 창가에서 미루나무를 보았다. 분명 나는 미루나무로 확신했다. 여름이었는데 작은 잎사귀가 햇볕에 반짝였고 키가 큰 것이 우리 동네 신작로나 울타리에 심어져있던 미루나무였다. 너무 놀라서 "미루나무다"하고 기뻐서 소리를 질러대었다. 아직도 남아있다니. 어린 시절 미루나무를 오르내리던 풍경이 푸른 하늘 구름처럼 둥둥 떠 있었다. 차창에 눈을 대고 미루나무가 사라질 때까지 아쉽게 바라보았다.

미루나무는 길가나 울타리에 심어져 어린 우리들이 올라가기도 하고 꺾

어서 피리도 만들어 불었다. 나무에 물이 오르는 봄이 오면 나뭇가지를 꺾어서 비벼대면 껍질과 속대가 분리된다. 그러면 껍질을 살살 돌려 빼내어 피리를 만들었다. 새하얀 나뭇가지는 물기를 먹고 반질반질 윤이 났으며 햇빛에 반짝였다. 나무껍질은 적당히 잘라서 끝을 눌러서 껍질을 벗겨내고 피리를 불었다. 소리가 아름답다. 운 것은 아니지만 "삐삐"하는 소리가 났다. 그래도 입에 물고 다니며 피리를 불었다. 힘있게 볼이 빵빵해질 때까지 그러면서 동네를 돌아다녔다.

미루나무에 작은 눈이 트기 시작하면 나뭇가지를 잘라 물에 담갔다가 물기가 많은 땅에 꽂아놓으면 어느새 뿌리를 내리고 잎이 나서 나무로 자라났다. 그러나 날이 갈수록 약한 나무는 자라면서 썩고 벌레가 끼면서 죽어갔다. 어느 해 신작로 미루나무는 잘려서 트럭이나 마차에 실려 갔다. 왜 나무를 자르는 것인지 물어보고 싶었지만 어른들이 무서워서 아무 말도 못 했다. 실려 가는 미루나무를 멍하니 바라볼 뿐이었다.

버스가 지나가며 풀어놓은 먼지는 나뭇잎에 콩가루처럼 뿌려져 나뭇잎이 누렇게 변색했지만 비만 오면 깨끗하게 씻겨진 나뭇잎이 햇빛에 반짝이며 그늘을 만들어주던 가로수들이 차츰차츰 모습을 감추어갔다. 어린 날을 풍요롭게 해주고 마음껏 뛰놀게 해주었던 몇몇 나무 중 미루나무는 빈센트 반 고흐의 꽃 피는 아몬드나무보다 더 아름다운 모습으로 마음에 심겨 있다.

제삿밥과 달무리

　명절이 지나갔다. 명절 며칠 전부터 음식 장만 걱정이 컸는데 딸 내외도 시댁에 일이 있다고 먼저 다녀갔다. 예전과 달리 부부들이 함께 일을 하다 보니 명절이 두려운 존재가 되고 명절 스트레스를 겪는 젊은 며느리들이 많다고 하는 방송을 보게 된다. 하지만 나는 꼭 그렇지만은 않다고 생각하는 편이다. 제사를 모시고 명절에 며느리 역할을 잘하지는 못해도 그러려니 하고 산다.

　옛날 음식을 할 때는 가사노동이었다. 모든 것을 집에서 장만하고 나머지 제수는 장에서 사왔다. 콩나물 숙주나물을 기르고 떡에 묻힐 콩가루를 만들어 제사상에 올릴 모든 음식을 만들었다. 우리 집은 종갓집은 아니었지만 명절이나 제사 때면 며칠 전부터 엄마를 따라 큰집에 가서 음식 준비와 음식 만드는 것을 보았다. 정월에는 집에서 떡국떡을 만드는 것도 보았다. 어린 나는 모든 것이 흥미롭고 재미있고 먹을 것이 많으니 신이 나고 좋았다. 맨날 제사였으면 명절이었으면 좋겠다고 생각했다. 특히 동네 결혼, 초상, 환갑, 생신 등 많은 잔칫날이 있으면 구경도 하고 음식도 먹고 환갑잔치 때는 온 동네가 흥겹게 잔치 분위기에 휩싸였다. 음식 장만하고 만드는 과정이 얼마나 힘든지 맛을 내는 것도 아무나 하는 것이 아니라는 것을 생각도 못했고 잔칫날 잔칫상에서 먹으면 그만인 호강에 겨운 날이기만 했다.

　음식 준비를 거들기 시작하면서 딸의 갈등은 시작이 되었다. 먹기만 하면 되던 이 음식을 손님 대접하는 위치로 바뀌기 시작한 것이다. 모든 것이 여

자들의 차지였다는 것을 체험하게 되고 부엌을 지키고 있다가 손님이 오시면 상을 보아놓고 바쁘게 오락가락 온 집안을 돌아다니며 일을 해야 했다. 집안일이 힘겹고 어렵다는 것을 안 것이다. 왜 내가 이 일을 해야 하는지 속에서 뭔가가 올라왔다. 갖은 핑계를 대고 집에는 늦게 들어가고 아프다고 거짓말도 했다. 친구는 잔치 소리도 듣기 싫다고 했다.

  명절이나 제삿날은 아버지께서 온 집안 식구들이 제사에 참여해야 한다며 큰집으로 오라고 하셨다. 어린 나는 아침부터 엄마 손을 잡고 큰집으로 갔고 온종일 여기저기 다니며 제사 음식 만드는 것을 보았다. 자연스럽게 음식을 배우게 되어 몸에 밴 것이라 생각한다. 그리고 마음속으로 제사가 끝나면 내가 제일 먹고 싶은 사탕 옥춘을 점찍어 두었다. 그러다 잠이 들어 식구들은 다 집으로 돌아가고 나만 남아 울며불며 집으로 온 적이 있다. 무서움도 모르고 오직 집에 가는 생각만 하다가 돌다리를 건너다 빠지기도 하고 눈물로 범벅이 된 얼굴로 희미하게 떠있는 달을 올려다보면 하얀 달 테두리가 희미하게 온 동네를 비추고 나무 그림자가 길게 자라서 나를 따라오는 것 같고 옛날이야기에 나오는 도깨비가 나타날 것 같은 무서움에 간신히 집에 오면 대문은 활짝 열려 있고 대청마루에 올라서며 더 크게 울면 "영이야 이제 오냐, 얼른 들어와라" 엄마는 방문을 열어주셨다. 아무 말도 못하고 엄마 이불 속으로 들어가 잠을 잤다. 맛있는 제삿밥도 못 먹고 옥춘도 못 먹었지만, 큰어머니께서 광목보자기에 옥춘과 곶감 밤을 싸 놓으셨다가 주셨다.

　좋지도 나쁘지도 않은 명절 기억 때문인지 나는 딸들에게 음식에 대한 스트레스를 주지 않기로 했다. 모든 걸 혼자 하는 습관이 되어 맛이 있든 없든 격식이 들어가는 음식은 옛날을 떠올려 가며 조리하고 전 부치고 명절 음식 몇 가지는 할 수 있기에 명절이 되면 마음 편하게 음식을 준비하게 된 것 같다.

　성균관의례정립위원회에서 '함께하는 설 차례 간소화' 안을 발표하였다. 차례상 간소화 원칙을 강조하며 전을 올리지 않아도 된다고 했다. 제사 음식을 준비하면서 느끼는 것은 제사상 형식보다는 조상님들께서 즐겨 드시던 음식을 제사상에 올리는 것이 좋지 않을까 생각해 본다. 제사 음식이 번거롭기는 하지만 명절 때나 먹는 음식이니만큼 힘들다고 생각하지 말고 조상님들을 떠올리면서 밥도 짓고 음식도 만드는 다복한 이야기와 덕담으로 명절을 맞이해야 하지 않을까. 덕분에 친척도 만나고 가족 간의 정도 간직하며 옛날 무쇠솥에서 끓는 탕과 하얀 쌀밥 냄새가 내 마음을 고향으로 이끈다.

두 번째

날마다 봄인걸 어쩌나

참는 것도 복 짓는 것입니다

　가게 문을 열고 들어온 어정쩡한 여스님의 복장을 한 여인이 합장하고 서 있다. 순간 의심이 밀려와 모른 척하고 있는데 누군가 "나무아미타불"이 무어냐고 비아냥거리는 투로 물었다. 조금 심하다는 생각에 스님을 쳐다보았다. 허름한 승복에 회색 털모자를 쓰고 손에는 목탁과 시주가방이 들려있다. 그냥 미안한 생각이 들어 시주하려고 하는데 쩌렁쩌렁한 목소리가 가게 안을 울렸다. "부처님을 존칭하여 하는 염불입니다" 여자라는 생각이 들지 않을 정도로 굵은 톤의 목소리다. 차렷자세에 두 손을 모으고 눈을 지그시 감고 있다. 외모와는 전혀 다른 무언가가 몸 전체에서 흘러나왔다.

　하루에 한 번쯤은 스님이 다녀간다고 사장님은 힘들다고 하였다. 손님들 앞에 서서 "시주하여 복 받으세요" 하고 있으면 손님은 난감한 표정을 지으며 지갑을 열어 시주하는 손님도 있고 외면하는 손님도 있다고 했다. 스님은 시주를 안 하는 손님 앞에서 꼼짝하지 않고 서서 시주할 때를 기다리면, 이럴 때는 너무 난처하다고 했다. 저지할 수도 없고 모른 척할 수도 없고 정말 어찌할 바를 모르겠다고 했다. 손님들은 이야기가 끊기고 침묵이 흐를 때가 많다고 한다.

　그저 절에 가면 옛날에는 쑥스러워 부처님 앞에 절도 올리지 못하다가 지금은 조금 뻔뻔해져서 절 삼배를 한다. 이 정도의 나에게 불교란 멀고 먼 길을 가는, 가지 않아도 가야 하는 길을 가는 종교인들의 길로만 보여진다. 절 안의 풍경소리와 적막감이 좋았다. 북적거리지 않아 좋고 목탁 소리가 좋

고 낭랑한 염불 소리가 좋을 뿐이다.

늦은 밤 상가를 돌면서 시주를 강요하는 스님을 보면 어쩐지 마음이 편치 않다. 그런 모습에 적당하게 이해하고 있지만 그래도 스님의 모습이 아니란 생각이 가슴에 깔려있다.

불신이 깔린 내 마음에 여스님이 마음에 닿을 리 없다. 어서 나가주기만 바라고 있는데 우렁찬 목소리가 내 가슴을 친 것이다. "용서하고 사세요." "참으세요. 그러면 좋은 인연이 됩니다." '참는 것도 복짓는 것입니다."

참는 것처럼 힘든 것이 있을까. 화가 치민다 하여 화병이라고 하고 모든 것이 다 참아서 생기는 병이 아닌가. 현대인이라면 참는 것이란 손해 본다고 받아들이기 쉽다.

참는 것에 대해 중심점은 없지만 한계를 느끼면 난 잊는다. 잊어버리면 모든 게 편안하다. 마음의 평화는 자신이 만든다고 생각한다.

이렇게 스치듯 만나 스님의 말씀을 듣는 것도 내 인연이 닿아서일 거다. 지나가도 되는 가게를 문을 열고 들어와 좋은 말 남기고 가는 것도 아무나 하는 것이 아니니만큼 좋은 말은 마음에 담아두고 조금씩 꺼내어 쓴다면 마음이 잘 다스려질 거라 믿는다.

아카시아 꽃 피어 향기롭고 길가의 연등이 색색이 예쁘다.

조금 있으면 '부처님 오신 날'인데 가까운 절에 가서 나도 연등을 달고 스님의 말씀처럼 용서도 빌고 복도 빌어야겠다.

잃어버림과 잊음의 관계

잊는다는 것은 쉽다고 생각한 적이 있다. 생일, 경조사, 제사 등을 잊었을 때 누군가 알려주면 재빠르게 대처하면 되었다. 대수롭지 않게 생각하고 행동하였다. 약속을 잊으면 사과하고 다음으로 미루면 되었다. 일상에 크나큰 부담을 준다거나 남에게 상처를 준다고 여기지 않았다. 특히 무언가 잃어버렸을 때도 그렇다. 눈에 보이지 않는다고 여겨질 땐 무조건 잊는 것이 제일 나은 방법이라고 결론지은 계기가 있었다.

김장철이었는데 동네 어르신께서 김장을 도와줄 수 있느냐고 물어오셨다. 내가 도와주면 고맙겠다고 하셨다. 아침 일찍 어르신 댁에 도착하니 벌써 배추를 가족들과 씻고 있었고 김장 준비는 끝난 듯했다. 배추가 물이 빠지기를 기다리면서 수돗가 주변에 앉아서 커피를 마시면서 자제분들께 나를 소개해 주셨다. 사남매를 두셨는데 김장을 해서 나눠주신다고 하셨다.

거실에서 배춧속을 넣으면서 재미있는 대화도 나누고 점심도 푸짐하게 먹고 오후가 되어서야 김장은 끝이 났다. 며느님들이 재빠르게 뒷마무리도 잘하여서 놀러간 그것처럼 즐겁게 힘든지도 모르고 많은 김장을 마무리 지었다. 어르신께서는 농사지으신 채소를 골고루 챙겨주시고 대파까지 뽑아주셨다.

대파도 화분에 잘 심어놓고 씻으려고 하다가 손목에 있어야 할 팔찌가 없어진 걸 알았다. 항상 있었던 주변의 모든 것이 없어졌을 때 허전하고 미련이 남는가보다. 자꾸만 팔찌가 생각났다.

얼마 후 길에서 어르신을 만났는데 어쩔 수 없이 팔찌를 잃어버렸다는 말을 하고 말았다. 어르신께는 꼼꼼히 찾아보았는데 없다시며 되레 미안해 하셨다.

어느 날, 침대 밑을 청소하려고 침대보를 올리는 순간 무언가 눈에 띄었다. 저게 뭐지 하면서 손을 디밀어 잡아보니 팔찌였다. 어떻게 여기에 팔찌가, 순간 팔찌를 찾던 일과 어르신이 떠올랐다. 이 일을 어떡하나. 벌써 나는 팔찌는 잃어버렸다는 생각을 잊었고 다시 팔찌를 사야겠다고 생각한 터였다. 그렇다면 나는 팔찌를 하지 않고 김장을 담그러 간 것이고 계속 다른 곳만 찾다가 어르신께 불편한 마음을 전달한 것이다.

몇 년이 지난 지금도 그때의 일이 떠오르곤 한다. 잃어버리면 찾아보고 없으면 잊는다. 스스로의 다짐이다. 점점 잃어버리기 쉬운 나이므로. 그리고 잊기도 쉬운 나이므로.

빨간 등대

 와, 바다다. 처음 본 것처럼 외쳤다. 앞서서 하얗게 밀려오는 파도와 멀리 이쪽으로 오는 짙푸른 파도를 보았다. 첫사랑을 만난 듯 떨리는 마음으로 속삭이듯 안녕하였다. 하늘은 맑았고 더웠다.
 해안가로 접어들면서 앞이 확 트이며 바다가 보였다. 하얀 모래사장과 사람들 소나무 숲을 지나쳤다. 더 멀리 가고 싶은 마음이 순간 파도로 밀려왔다. 첫 번째 바다를 지나쳤다. 가자. 더 멋진 바다로.
 풍풍하고 커다란 삼발이 같은 테트라포드 블록 방파제 길 끝에 빨간 등대는 서있다. 여름임을 알려주는 듯 열기를 품은 콘크리트 길은 뜨거웠다.
 빨간 등대는 햇빛에 눈이 부셔 검게 보였다. 파란 바다 위에 배처럼 떠보였던 등대는 무겁고 튼튼했다. 거친 파도와 바람에 끄떡하지 않을 것이다.
 밤바다를 보았다. 밤하늘 저 멀리 달이 뜨기 시작하고 반짝이는 별들이 내려와 철썩철썩 몸을 씻으며 머물렀다. 잠들지 못하는 바다와 나는 서로 바라보기만 했다. 등대는 길고 긴 빛을 천천히 내려 바다를 쓰다듬었다. 고단한 하루를 잠재우듯.
 밤 낚시꾼들이 침묵을 깨고 소리쳤다. 대어를 낚은 모양이다. 푸드덕 날갯짓 소리가 들렸다. 우체통 같은 빨간 등대는 칠흑 같은 바다에 빠르게 번개 같은 길고 긴 빛줄기를 신호처럼 보냈다. 잠깐잠깐 생기를 찾는 바다.
 지금은 등대지기도 없고 파란 불빛을 뿜어내며 바다를 지키고 배를 지키고 있는 등대지만, 바다 하면 떠올린 것은 하얀 등대였다. 등대 위로 갈매

기가 날고 비릿한 바닷바람이 지나가는, 눈을 감으면 보이는 바다의 풍경은 얼마나 낭만적이고 멋있었나. 누군가를 기다리고 그리워하는 등대, 밤이면 환하게 바다를 밝히고 누군가의 길잡이가 되어주던 등대다. 하얀 등대는 맑고 푸른 하늘 아래 빨간색으로 태어나 짙푸른 바다의 상징이 되었다. 바다가 보고 싶었던 어린 시절 바다는 꿈이었고 등대는 빛이었다. 마음이 쓸쓸하다거나 힘들다고 느낄 때 제일 눈에 밟히는 것은 바다다. 그래서 사람들은 바다를 보면 "바다다" 하고 소리 높여 바다를 친구 이름처럼 부르나보다.

방파제 아래에서는 밀려갔다 밀려오는 파도 소리가 크게 울렸다. 사람들도 서늘해진 빨간 등대와 밤바다를 떠나기 시작했다.

모든 잎이 꽃이 되는 가을은 두 번째 봄이다. -알베르 카뮈

잎이 꽃이 되는 깊은 가을 다시 올께. 가을이 깊으면 내 마음도 깊어지겠지. 안녕, 안녕.

포대화상(布袋和尙)

　13년 전 지인으로부터 불상을 선물 받았다. 그 지인은 친구의 여행 선물로 받은 것을 내가 불교에 관심이 있다며 나한테 주었다. 지인이 볼 때 불교에 관심이 있어 보일 뿐 불교에 대해 무지한 나는 처음 보는 불상의 이름도 모르고 보살인지 부처님인지 분간도 못하면서 고마운 마음 가득 담아 기쁘게 받았다.

　그날부터 불상을 부처님으로 불렀다. 단지 나에겐 향나무로 조각한 향나무 향기가 나는 부처님에 불과했고 대충 보아도 정성이 많이 들어간 향나무의 나뭇결이 아주 섬세하게 드러난 붉은색이 특이한 부처님이었다.

　배는 퉁퉁하고 얼굴은 인자하여 늘 웃음이 흘러 넘쳐났다. 긴 눈꼬리에선 세상의 행복이 내 것인 양 의기양양했고 지팡이로 중심을 잡고 앉아있는 모습이 의연하고 편안해 보였다.

　마땅히 둘 곳이 없어 책장 위에 얹어놓고 가끔 소파에 앉아 책장을 올려다보면 부처님은 흘러나온 웃음을 나에게 선사하곤 하였다. 어깨에 짊어진 자루에서는 맛있는 음식이 들어있는 것 같고 자루는 무엇인가 가득 채워져 줄어들 줄을 몰랐다.

　그렇게 일 년쯤 지나자 나는 그 부처님께 무엇인가 못할 짓을 하고 있다는 자책을 느끼기 시작하였다. 부처님을 소유한다는 자체가 욕심인 것 같고 마음 또한 선하지도 못하면서 부처님 앞에서 죄를 짓는 마음이 많아 늘 마음이 편치 않았다. 착하지 못한 나를 바라보며 호통을 치시는 것 같고 몽둥

이로 얻어맞는 느낌이 들 때가 많았다. 부처님을 바라보다 눈길이 마주치면 죄인 같은 그 어찔함, 마음에 부처가 되지 못함인지 그 웃음이 늘 꾸짖는 목소리로 가슴을 찔렀다. 선물을 받을 때는 기쁘기만 하였는데 시간이 지나면서 부처님을 집안에 모셔둔다는 것이 부담스러워졌다. 누군가에 의하여 감시를 받는 그런 느낌이 나를 불편하게 하기 시작한 것이다. 때로는 나를 왜 집안에 가두어 두고 모시지도 않느냐고 질책을 당하는 것 같기도 하였다.

어느 날 문득 언젠가 가서 연등을 달았던 사찰이 생각이 났다. 대웅전 뒤에 작은 부처님이 옹기종기 모셔 있어 다정한 느낌이 들던 사찰이다. 그곳에 우리 부처님을 모셔두고 오자.

진달래꽃 분홍빛 여기저기 산을 물들이고 연둣빛 잎들이 하늘거리던 날, 부처님을 가슴에 꼬옥 안고 산길을 따라 올라갔다. 사찰 뒤 뜰에 부처님을 모셔놓고 용서를 빌었다.

넓고 푸른 오월 하늘처럼 편한 자리에 모셔놓겠으니 절을 찾는 사람들에게 불룩한 배에 가득 찬 행복과 기쁨과 평온함을 나눠주시고 목탁 소리, 염불 소리 가득한 사찰 안 행복한 웃음 가득 채워주시고 그 속에서 행복하게 지내십시오. 부처님께 못다 한 정성과 미안한 마음 남겨두고 가니 잘 지내십시오.

사찰을 내려오는 발걸음이 가벼웠다. 훨훨 날아갈 것 같았고 시원섭섭했다. 부처님이 앉아계셨던 자리가 텅 비어 있어도 아무렇지도 않던 어느 날 부처님 생각이 났다. 내가 너무했다는 생각이 들자 걱정이 되기 시작했다. 지붕도 없는 뜰에 두고 훌쩍 온 것도 마음에 걸리고 비와 눈을 맞으며 고생하실 부처님이 보고 싶기도 하고 얄팍했던 내 마음이 너무 미워졌다.

한 달 뒤쯤 어렵게 시간을 내어 허겁지겁 산길을 올라 사찰 뒤로 돌아가 부처님을 찾았다. 아무리 찾아도 보이질 않았다. 순간 눈물이 펑펑 쏟아졌다. 울면서 법당 안도 들어가 보고 여기저기 찾아보아도 없었다. 다시 모셔와 잘 모시고 싶었는데 마음이 허전해지면서 주저앉아 후회했다.

요즘엔 시간적 여유가 생겨 사찰을 가게 되면 절 입구에 모셔진 부처님, 알아보니 포대화상, 포대스님이라고 한다, 포대스님을 뵙게 되면 씩씩하게 웃으며 불룩한 배를 쓰다듬는다.

분명 나의 부처님은 어디에 계시든 뚱뚱한 배와 자루에 든 복을 나눠주시고 행복을 주실 것이다.

집안에 모셔두면 웃음을 주고 복의 상징이 된다고 하는데 나는 몰라서 들어온 복을 차버린 거나 다름없다. 아마도 잘 모셔두었더라면 재벌이 되지 않았을까.

신록에게 묻다

　나는 드라마 보는 것이 유일한 휴식이고 내 의식을 재점검하는 시간이고 나름의 세상살이의 정의로움과 시대의 흐름을 판단하는 통로이다.
　요즘엔 주말 드라마에 꽂혀서 주말만을 기다린다. 내용이야 뭐 막장 드라마거나 역사 드라마 등이지만 막장 드라마를 선호하는 것은 아닌데 채널마다 막장 드라마만 하는 것도 아니다. 다음 장면은 외우듯 뻔하지만, 연기하는 주인공들의 역할에 빠져드는 그래서 분노도 하고 웃기도 한다. 그러면 그렇지 하면서 기다리며 본다. 막장 드라마라고 해서 아주 못 볼 내용도 아니라 드라마가 끝나면 잊어버리는 것이 정석이다.
　어제도 주말 드라마를 보면서 에이, 저건 아닌데 이렇게 해야지 하면서 훈수도 들다가 스치는 대화에 집중이 되었다. 부잣집 사모님이 명문대를 나와서 유학을 마치고도 일을 하지 않고 집안일에 전념하는데 어느 날 사모님을 잡지사에서 인터뷰하는데 전문적인 일을 왜 하지 않느냐는 질문에 "나 일하고 있어요" 하니 여기자가 의외의 표정을 지으며 바라보았다. 도서관에서 아이들 책 읽어주는 봉사를 하는데 보람 있다고 말한다. 그 순간 나의 요즘 생활이 지나갔다. 아이들에게 책을 읽어주고 어르신들에게 책을 읽어주는 일을 나도 하고 있기 때문이다. 그렇다고 주말 드라마 사모님처럼 당당하게 나의 일을 소개한 적은 없다. 조금은 주눅이 들어서 숨기는 편이다. 그런데 주말 라마의 대본에 연기하는 사모님의 표정과 목소리에서 우리나라 최고의 직업을 떠올리게 하였다.

우리나라 인구의 수명이 늘어나 100세를 향하여 가고 은퇴 후하는 일을 찾는 분들을 많이 보았다. 경제력 여유가 있는 분들은 골프를 치러 다니거나 여행을 하면서 시간을 보내지만, 반면 그렇지 않은 분들도 많아 경제활동을 하시려 하는 분들도 보았다. 이런저런 입장을 고려해보더라도 직장이나 본업에 쫓겨 여유 있는 생활을 못하다가 갑자기 시간적 여유가 생기다보니 우왕좌왕 무얼 하여 시간을 보낼까 고심들 하신다.

100세를 넘기신 교수님께서 강의를 다니시면서 행복을 전달하고 계시고 교수님 표정과 목소리에는 활력이 넘치셨다. 말씀하실 때도 자신감이 넘치시고 강단이 있어 보이셨다. 평생을 학생들을 가르치시던 그 모습은 어디론가 사라지고 아주 편안해 보이시고 다정하신 할아버지셨다.

나도 오랫동안 일을 하였다. 하지만 오래 하고 싶은 마음 없어 집에서 살림하는 분들을 부러워하였다. 나도 그렇게 살아보려 오십대에 모든 걸 정리하고 일을 그만두었다. 수많았던 시간들은 한순간에 내 경력 속으로 사라지고 할머니가 되었다. 남들처럼 할 일이 없으니 시간을 보내는 그것을 힘들어하진 않았다. 내가 꿈꾸던 독서와 습작을 마음 놓고 할 수 있어서였다. 자기가 할 수 있다는 일을 하는 행복을 누리게 되었다. 어느 날 도서관에서 책 읽어주는 봉사를 할 수 있겠냐는 제의를 받았다. 아무 생각 없이 수락하였다. 그러나 그냥 대답한 것에 대한 대가가 당장 떨어졌다. 경험이 없던 나는 이 엄청난 일이 쉬운 일이라 판단한 자체가 잘못되었다는 것을 깨닫게 되었다. 많

은 교육, 보수교육, 멘토 양성과정, 책읽기에 필요한 교육은 정말 열심히 경청하고 교육을 받았다. 첫 독서나눔이 파견 활동하던 날이 떠오르면 얼굴이 붉어진다. 많은 사람 앞에서 일을 해보지 않았고 겨우 문학동우회에서 시 낭송 한 편에 온몸을 떨면서 낭송을 하면 너무 창피하고 자신 없어 주저앉고 싶은 심정이었다. 첫 수업은 어르신들의 주간보호센터와 장애우학교였다. 집중하여 바라보시는 어르신들과 사회복지사들의 시선이 나의 온몸을 굳게 만들고 등 뒤로 진땀이 흘렀다. 하지만 그건 나의 소심한 생각뿐이고 나이가 드신 학생분들은 자연스러운 모습인 것이었는데 경직되고 자신감이 없어서였다. 수업을 마치고 감사하다고 인사를 받으면 정말 송구스럽다. 많이 책도 읽어야 하고 책 선정도 적정선을 넘기면 안 되기 때문이다.

 독서나눔이를 벌써 6년째 하고 있다. 처음에는 두렵고 부끄러웠지만, 지금은 어르신도 뵙고 싶고 장애우 학생들도 보고 싶어 기다려진다. 부족하고 어설퍼도 즐거워해주시고 반가워해주시는데 면목이 없지만, 드라마의 대사처럼 "나 일하고 있어요" 하고 당당하게 말은 못하지만 나름 보람을 느끼고 도서관 직원들의 도움에 항상 감사한다. 독서가 우리 인생과 삶에 많은 영향을 미치는 것을 고려한다면 오랫동안 이어졌으면 한다.

 오월의 신록이 무르익어 너풀너풀 잎들이 바람에 흔들리는 것을 바라보면서 세월은 참 빠르구나, 시간의 흐름 속에서 저 푸르른 아름답고 찬란한 신선한 잎들에 "나, 잘하고 있는 거니" 하고 묻는다.

'아야'(Aya)의 기적(奇跡)

태어나 처음 장거리 여행을 갔다. 3년 전이었다. 딸들이 튀르키예(당시에는 터키)라 했는데 카파도키아 열기구가 타고 싶다고 하더니 결심을 한 듯 휴가를 내고 드디어 비행기에 올랐다. 지루하고 귀가 아파 통증에 시달리면서도 동화의 나라에 가는 어린아이처럼 신났었다. 고대문명의 흔적과 몇천 년의 오래된 역사 속의 건물들이 도심 속에서 사람들의 마음을 사로잡았다.

안타깝게도 튀르키예 남부와 시리아 북부 국경 지역에서 지난 6일 규모 7.8의 강진이 발생해 현재까지 큰 피해를 보았다는 뉴스를 보았다. 역사 속의 고대도시가 멸망한 이유 중 하나가 지진이라고 가이드가 알려줬던 말이 떠오르며 폐허가 된 도시의 잔해를 보았다. 우리나라에서 파견된 구조대가 건물에 깔린 사람들을 구조하는 모습과 죽음과 참혹한 현장이 티브이를 통하여 보게 된 것이다.

시리아 알레포주(州)의 한 5층짜리 아파트 건물 잔해 속에서 갓 태어난 여자아이가 구조됐는데 탯줄도 끊어지지 않은 신생아라고 했고 아기의 어머니는 출산 직후 사망했다고 했다. 깊은 땅속에서 일어나는 일들을 신이 아니고서야 어찌 알겠는가. 알았다면 부모와 자식이 연결된 탯줄을 끊고 어엿한 아가씨로 성장했을 것이 아닌가. 딸 가진 엄마로서 가슴이 너무 아팠다.

구조된 아기는 건강하고 이름은 아랍어로 기적을 의미하는 '아야(Aya)'로 지었다고 했다. 부모님과 형제들 모두 잃고 혼자 살아남은 가엾은 아기를 입양하겠다는 사람들이 전 세계에서 줄을 잇고 있다는 소식도 들었다.

상점에서 기념품을 살 때마다 "한국과 터키는 형제의 나라"라며 6·25 한국전쟁 때 참전한 형제, 우정의 나라라고 친절하게 대해주었다. 덕분에 기분도 좋아지고 터키에 잘 왔다는 생각이 들기도 했다.
　간절한 마음을 담아 누구나 극한 상황에 직면하면 기적을 꿈꾼다. 마음이 약한 나는 곧 지나가면 될 일도 기적이 일어나기를 마음으로 빌기도 한다. 수많은 생명과 폐허가 된 삶의 터전을 보면서 기적이 일어나길 사람들은 기도했을 것이다.
　신의 힘으로 이루어지는 불가사의한 일이 일어나서 더는 지진이 발생하지 않기를 바랄 뿐이다. 고전 영화인 벤허. 십계, 기적, 쿼바디스 도미네 등 종교의 성스러움에 기도의 힘을 보여주면 얼마나 좋을까.
　기적 같은 일은 한국전쟁 당시 터키 참전용사였던 술레이만과 고아 소녀와의 60연만의 만남이 다큐멘터리로 방영된 적이 있다. 고아가 된 5살 소녀 아일라를 딸처럼 보살피던 터키 병사와의 헤어짐과 만남의 사연이 눈물을 흘리게 했다.
　튀르키예의 여행에서 보았던 모든 것들이 떠오르면서 기적이 일어나 지진 전처럼 평화로운 나라가 됐으면 하고 기도한다. 많은 도움이 있기를.

　"당신이 나이가 들면 손이 두 개라는 걸 발견하게 된다. 한 손은 당신 자신을 돕는 손이고, 다른 한 손은 다른 사람을 돕는 손이다." - 오드리 헵번

매달리다

　내가 좋아하는 시인의 시 "와락"을 읽다가 와락 달려드는 슬픔에 나는 울었다. 와락이 무엇인가, 나이 들면 못하는 젊음의 상징이 아닌가. 마지막 말도 못하고 끝나버린 첫사랑이 새싹처럼 땅을 밀고 올라오는 저녁 나는 그날을 기억한다. 밤안개도 없는 저녁 별빛이 길을 열어주던 봄밤, 숨차게 뛰어가서 그대를 와락 껴안지 못한 것이 아직 미련으로 마음을 아프게 한다. 어둠 속에 사라지는 뒷모습을 나는 부끄러워 돌아보지도 못했다. 이게 첫사랑이고 첫사랑의 끝이었다는 걸 이제 알았다.

　그대는 기억할까. 그날 밤을, 나를 바래다주던 그 봄밤을. 소식이 끊기고 나는 너무 슬퍼서 아무 생각도 못하고 방에서 나가지를 않았다. 얼마의 시간이 흐른 후 선배가 친하지도 않은데 말을 걸어왔다. 너 남자친구 참 잘생겼더라. 나에게는 가슴을 후벼 파는 말이 되었다. 그날 우린 헤어졌으니까. 지금까지 마음속에서만 살아서 추억하는 사람이 되고 말았으니까. 수십 년을 매달리다 떨어지는 낙엽이 되고 떨어지는 꽃잎이 되어 늙어가고 있다. 그래도 죽을 힘을 다해 매달리고 싶은 것이 있다는 건 살아있다는 것이기에 나는 기억한다. 무엇이 잘못이었는지 말없이 떠난 그대를 나는 모르는 사람으로 기억하고 싶기 때문이다.

　이건 아니라고 여러 번 생각했지만 그래도 내 몸 어디에서 힘이 생겨서 또 손을 뻗쳐 잡고 매달리던 그 많은 생각과 일들, 포도 덩굴손이 허공을 하늘거리며 매달릴 곳을 찾는 그 많은 손을 우리는 줄을 띄워주고 살며시 줄

에 그 손을 얹어주지 않았던가. 누군가는 도와주며 살아갈 생명의 길을 잡게 해주고 누군가는 그 여린 손을 중세시대의 단두대 위로 끌어올려 '헉' 잘라버린다. 이유가 있지. 다듬는다는 명분이 있지. 너무 많은 손을 단절시켜야 포도가 잘 자라고 열매가 크니까. 당연한 이 단절이 세월 속에서 당연하게 처참하지 않게 이루어지고 가을이 오면 수많은 열매가 녹슬고 낡아버린 생명 줄에 온몸을 지탱하며 또 누군가를 기다리지.

 사는 것이 돌고 도는 팔랑개비 같다고 해도 나는 그렇게 반복되는 것은 싫다 소리쳤지만 다음에도 또 다음에도 나는 가늘고 인정 없는 생명 줄에 매달리고 감는 습관으로 반복의 길을 따라가는 것이다. 몸부림치며 떨어지지 않으려고 온 힘을 다하여 매달리는 위대한 힘을 분홍빛으로 물드는 봄에 달콤하게 또 가슴이 뛰고 설레는 봄을 기다리는 것이겠지. '와락' 껴안을 봄을 사람들과 느끼고 살아가는 것이겠지. 숨이 막히도록. 꽃을 피울 것인가, 잎을 피울 것인가 자연의 섭리에 갈등하는 꽃나무들처럼 두 손에 힘을 주고 버티며 열 손가락에 힘을 주는 것이 다닐까.

 옛사랑을 소녀시절부터 이 나이가 되도록 마음속에 담아 두는 것은 아픔이다. 잊혀진 나를 떠올려주기를 바라는 것도 아픔이다. 세월의 바람 속에서 버리지 못하고 너무 꼭 잡고 매달려 있는 내 모습은 여전히 흔들리는 '자이가르닉 효과(Zeigamik Effect)'인지도 모르겠다. 착각에서 착시로 이어지는 마지막 기억에 매달려 모두에게 소리치고 있는 것이다. 봄이니까.

불언장단(不言長短)

추석 명절 바쁜 하루를 보내고 잠자리에 들려고 하는데 딸들이 양옆에 달라붙어 얼굴을 들이대며 "나 어릴 때 이뻤어? 누가 제일 예뻤어." 또 시작되었구나. 올 것이 왔구나 하고 엎드려 가만히 있었다. 그러자 손자가 머리맡에 앉아서 우리 엄마가 제일 예뻤지? 말도 잘못하는 손자의 말을 듣는 순간 벌떡 일어나 앉아서 "누가 그래" 하고 손자를 바라보았다. 물으면 뭐하나 제 엄마가 그랬겠지 또 공부는 누가 더 잘했는데 줄줄이 꿰차듯 어린 손자가 물었다. 참 별일도 아닌 일에 신경 쓰게 만드네,

나는 어릴 적 사진이 없다. 초등학교 때 누군가 뒤란 장독대 꽃밭에서 큰언니랑 찍은 사진을 큰언니 결혼 후 언니 집에 갔을 때 앨범에서 보았다. 그리고 큰언니와 동네 사진관에서 찍은 스냅사진이 있는 걸 보았다. 그 후 초등학교 졸업사진이 전부다. 그리고 집안 경조사 때 환갑, 구식 결혼사진에 희미하게 나라고 알려주면 그런가보다 했다. 세월이 흐른 후 나도 어릴 때 모습이 어땠는지, 어떻게 자랐는지 알고 싶었다. 그렇다고 없는 사진을 어떻게 하겠는가, 어느 때인가 우리 집안 친척 할아버님 회갑사진을 어렵게 보았는데 거기서 나를 보았다. 단발머리에 스웨터를 입고 있었다. 뒤쪽으로는 우리 아버지, 작은아버지의 젊은 모습이 누렇게 변해있는 사진을 보았다. 나도 갓난아기 때의 모습이 어떠하였는지 궁금하다. 동네 언니들이 너는 까탈스러워서 낯가림이 심해서 안아주고 싶어도 못 안아주었다는 말을 들었다. 입맛도 까탈스러워서 남의 집 음식을 못 먹었다. 아기 때 마차

에서 떨어져서 죽을 뻔했었고 피부는 하얗고 눈이 큰 이쁜 아기였는 말을 어렴풋이 기억한다. 그러나 옛날사진 희미한 모습은 이쁘기는커녕 빼빼 마르고 키만 큰 것 같았다.

"네 엄마도 예뻤고 공부도 잘했어. 네 이모도 마찬가지야." 손자는 우리 엄마가 더 이쁘고 공부도 잘했다고 울고불고 난리가 아니었다. 해마다 손자가 말을 하기 시작하면서 일어난 일이라서 난처해서 어찌할 바를 몰랐다. 대책을 세워야지 어린 손자의 마음을 편하게 할 것 같았다.

문득 한문 시간에 배웠던 불언장단(不言長短)이 떠올랐다. 한문은 초등학교 4학년 때 한문 시간이 없어졌고 다시 고등학교 때 한문 시간이 갑자기 생겼는데 그때 한문 공부를 하느라 고생을 많이 했다. 한문 선생님이 담임 선생님이셨는데 졸업을 앞둔 우리에게 시간이 없다 하시며 사자성어 풀이를 많이 해주셨다. 그 중 기억되는 불언장단(不言長短)이 사회생활을 하면서 처세를 잘하기 위한 나를 겸손하게 해주는 실천해야 하는 지침서 같았다.

우리나라 최초의 백과사전 격인 이수광의 《지봉유설(芝峯類說)》의 기록에 의하면 황희는 남의 장단점을 함부로 말하지 않는 이른바 '불언장단(不言長短)'을 실천하며 살게 된 계기가 있다고 하는데, 황희가 벼슬길에 오르기 전 어느 날 친구 집으로 가는 길에 들판을 지나다 잠시 쉬게 되었다. 들판에서는 농부들이 소를 몰며 논을 갈고 있었는데 그것을 보던 황희는 농부에게 말을 걸었다.

"두 마리의 소 중에 어느 놈이 더 나은가?" 농부가 바로 대답하지 않고 이내 밭 갈기를 멈추고 황희에게 당도하여 귓속말로 이르기를, "이 소가 낫습니다." "왜 귀에 대고 말하는가?" "한낱 미물이지만, 그 마음은 사람이나 마찬가지겠지요. 이 소가 낫다 하면 저 소는 못한 것이니 소에게 이를 듣게 하면 어찌 불평의 마음이 없겠습니까?"

농부의 말을 들은 황희는 깨달은 바가 있어 이후 황희는 남의 장단점을 말하지 않게 되었다고 한다.

추석이 왔다가 갔다. 송편은 외손자가 제멋대로 빚었다. 추석 전부터 송편 만들 준비를 해놓으라고 시집살이까지 시켰다. 올 추석은 외손자의 송편을 먹으며 제 엄마가 세상에서 제일 이쁘다는 말을 길고 길게 밤새워 들었다. 그리고 나도 외손자가 황희 정승처럼 남의 장단점을 함부로 말하지 않는 사려 깊고 말을 신중하게 하는 사람으로 성장하기를 바랄 것이다.

항해(航海)

나무들이 나뭇잎이 무겁단 말 한마디 없이 바람에 흔들리기도 하고 비를 맞고 사람들에게 그늘을 내주고 꼿꼿하게 서있다. 조금 뒤로 물러서서 거대한 나무를 보는 것을 좋아한다. 마을의 입구나 험한 산 아래에는 쉬어가라는 듯 거대한 나무가 꼭 있다. 거인과 같은 그 거대한 나무는 한철을 위하여 희망을 품고 살아갈 것이라 생각한다. 바다처럼.

드넓은 바다는 늘 나를 반겨준다. 하얀 모래와 파란 바닷물을 나무처럼 서서 멍하니 바라보면 잔잔한 물결로 아니면 세찬 파도로 나에게로 온다. 나의 무게에 움푹 파이는 발자국을 새겨놓고 그 발자국에 바닷물이 고이길 기다리다보면 물새들이 바다 위를 날다가 모래에 앉아 종종거리며 돌아다닌다.

이쁜 부표들이 줄에 묶여 경계의 선을 그으며 출렁거리며 쓰러졌다 일어섰다를 반복하며 떠있다. 멀리 더 멀리 바다의 끝은 둥글다. 이때부터 나는 바다에 온 것을 실감한다. 저 깊고 먼 곳은 무엇이 있을까.

배를 한 번도 타본 적 없이 자란 나는 배에 대한 동경을 많이 했다. 배를 타면 어떤 마음이 일까, 혹은 파도에 난파될 나뭇조각을 잡고 살기 위해 몸부림치는 위급한 절명의 순간일까. 공포와 누군가의 도움으로 죽기 직전 구조가 되어 생명의 소중함을 고이 간직하며 살아갈까. 아니면 둥둥 떠다니는 구름처럼 가벼운 몸이 되고 헤엄을 칠까.

타이타닉호의 호화선에서 일어난 일들이 영화화되어 개봉되었을 때 예매까지 하여 관람을 하였다. 암초에 배가 침몰하고 얼음 위에서 구조되기를 기다리며 한 사람씩 바닷속으로 빠져들어 가는 장면을 보며 죽음의 공포를 또 한 번 느꼈다.

배를 타면 어떤 마음이 나의 삶에 영향을 받을까 상상하며 처음으로 바라만 보던 배를 타보았다. 제주도를 배를 타고 가서 관광하고 배를 타고 돌아왔다. 긴 시간은 아니었지만 배 뒤로 하얗게 거품이 일며 길게 따라오는 물거품에 나 혼자 배를 타고 항해를 한다는 생각에 너무나 신기한 마음이 들며 물 위를 달리는 속도감에 자유를 느꼈다. 정신없이 두 손을 들고 소리를 질러댔다. 기뻤다. 살아오면서 쌓였던 온갖 기억이 순간 다 빠져나가는 자유를 만끽했다.

대문호 헤밍웨이의 '노인과 바다'를 읽으며 어린 마음에 자존심이란 것을 많이 생각했다. 읽는 이의 심리에 따라 다르겠지만 노인의 고기잡이 성취감과 자신이 어부의 최고라는 자부심을 결국 이루어낸다는 집념이라고 생각했다. 소설 '노인과 바다'는 독보적인 서사 기법을 구사했던 생애 마지막으로 남긴 불멸의 고전이라 생각한다. 84일째 고기 한 마리 잡지 못하고 세월을 보내는 고기잡이 노인과 소년과의 끈끈한 인간관계와 바다 위에서 큰 고기를 목숨을 걸고 잡으며 하는 독백, 많은 명언을 남겼고 인간의 한계를 극복하는 죽음과 연결된 인간의 존엄성 등 철학이 잠재한 작품이다.

그러나 우연히 다시 읽은 '노인과 바다'는 가장 길고 인간의 생애를 되돌

아보게 되는 단편소설이 아닌 장편소설이었다. '노인과 바다'는 나의 나이에 읽어야 하는 대작인 것이다.

  나도 한 척의 배를 푸른 바다에 띄운다. 푸른 물결에 모든 것을 맡기고 흔들리는 눈빛으로 잔잔한 바다를 꿈꾼다. '산티아고'가 잠 속으로 빠져들어 사자 꿈을 꾸듯 바다를 본다.

  "인간은 이기지 못하거든 그렇다고 졌다고 할 수는 없다." - '노인과 바다'

침묵의 소리(The Sound of Silence)

　침묵의 소리(The Sound of Silence)는 '싸이먼 엔 가펑클'이 1964년에 발표하였다고 한다. 우연히 듣게 된 이 곡에 심취되어 고향의 음악다방에서 멋지고 잘생긴 그리고 목소리조차도 마음을 울렁이게 했던 디제이(DJ) 오빠에게 메모지에 (The Sound of Silence)를 신청하고 꼭 듣고 싶다는 애절한 내 마음을 건네었다.
　'싸이먼 엔 가펑클'의 잔잔하고 속삭이는 듯한 노래를 듣고 있으면 마음이 가라앉고 저 노래의 뜻이 무엇인지 궁금해지는 것이었다. 다방 언니가 전해준 내 메모지를 펼쳐보는 DJ 오빠의 표정을 바라보며 꼭 듣게 해주길 바랐다.
　그저 듣기만 해도 좋았던 'The Sound of Silence'는 지금까지도 애창곡이 되었다. 문턱이 닳도록 드나들었던 그 다방이 생각나면 괜스레 얼굴이 화끈거리고 수줍어지는 것 같다. 친구들과 듣기도 했고 혼자 듣기도 하면서 다방의 분위기에 가슴 뛰는 설레임을 느끼곤 했다.
　계절을 닮은 바람결이 지나쳐갈 때처럼 점점 사그라지는 모닥불 같은 무뎌지는 마음이 꼭 서러움 같아 마음이 아파지기도 한다. 바람결에 떠도는 풍문처럼.
　어느 해 제주도 여행에서 가이드가 '제주도에는 갈대가 없다'라고 했다. 해오름 산등성을 올라가고 내려올 때 가을을 알리듯 갈대밭이 펼쳐지고 바람에 아이들이 손을 흔들어주는 듯 앙증스러운 갈대를 보며 일행은 모두 손

을 흔들며 전세버스에 탔었다.

 지금도 제주도에서 본 갈대가 떠오르면 정말 제주도에는 갈대가 없나 하는 의문이 든다. 그 많은 갈대는 갈대가 아니면 무엇인가. 억새인가 하고 분별없는 생각을 하다가 갈대가 없다면 '임금님 당나귀'는 어디에서 들을까.

 동화 '임금님 귀는 당나귀'는 임금님과의 약속을 이발사가 임금님의 귀가 어떻게 생겼는지 가슴에 담아두어 생긴 일을 잘 표현해 준 동화이다. 남의 비밀을 알고 있을 때, 아니면 누군가에게 들은 은밀하고 비밀스러운 말을 못하고 참는 고통을 시원하게 뱉어내는 과정을 이야기하는 심리적인 동화여서 많은 어린이와 어른들이 다 알고 있는 동화라고 생각한다.

 주변에 갈대와 대나무가 없어 비밀을 지켜야 하는 고통을 끝내는 누군가에게 말을 해서 돌고 돌아 다시 돌아오면 분명 말이 풍선처럼 커져서 모두는 마음의 상처를 받거나 다정했던 사람들과 사이가 벌어지는 것을 보았다.

 나는 남의 이야기를 되도록 듣지 않으려고 한다. 듣는 순간 '임금님 귀는 당나귀 귀'를 어딘가에서 외쳐야 하기 때문이다. 인과응보(因果應報)를 되새기며 남의 말을 들으면 곧 잊어버리기로 하고 잊는다. 요즘은 자연적으로 잊힌다. 깜빡깜빡하는 건망증이 있어서다.

 가을이 왔는지 아침저녁으로 서늘한 바람이 분다. 가을바람에 실려 오는 떠도는 소문이 예쁜 물결로 남아 무늬를 그려놓는 기쁘고 즐거운 풍문(風聞)을 나도 들었소 하고 웃음을 짓는 우아한 모습을 보고 싶다.

에어컨을 켜지 않아도 되는, 선풍기를 돌리지 않고 기분 좋은 이 시간을 오래 간직하고 덥다 덥다를 잊었다. 가슴에 쌓였던 더위가 물러가 가벼워진 이 순간 여름은 힘들었지만, 가을을 반기는 마음으로 안 좋았던 일들을 다 잊어버리기로 했다.

침묵의 소리에 귀 기울이면서 옛일을 추억하며 '싸이먼 엔 가펑클'의 조용하면서 속삭이는 듯한 감미로운 목소리에 떠도는 소문을 마중한다. 느림의 느긋한 시간의 소중함을 맞이하면서 침묵한다.

지적도(地籍圖)와 봄

 아무것도 하고 싶지 않고 숨만 쉬고 싶을 때가 있다. 모든 일은 손에 잡히지 않는다. 해야 할 일을 하지 않을 때 일어나는 복잡스럽고 번거로움을 경험한 적이 있을 것이다.
 "왜 내가 해야 하지?"
 어딘가로 가서 숨어있거나 사막의 모래알처럼 누워있거나 하는 흐물흐물하는 연체동물 같은 온몸의 기운이 다 빠져나가 형체만 남은 화석 같은 나날을 멍하니 내려다보는 죽은 자의 영혼이 내 주위를 맴도는 그런 날이 뿌연 영상으로 다가온다. 자주 보는 사람들도 서먹하고 무슨 말을 해야 할지 망설여지기도 한다.
 살아가는 것이 힘겹고 모래 위를 걷는 휘청거림과 이글거리는 태양이 물기를 말라가게 하는 곳이 내가 서있는 곳이라고 생각이 들 때 거기가 어디일까. 종이 위의 땅 모양, 지적도(地籍圖). 땅 번지와 까만 선으로 그러진 여러 형체의 갇혀진 모양. 숨통을 트일 만한 곳이 없는 선과 선이 이어진 곳, 소유자가 꼭 있는 곳.
 오늘은 비가 내리다가 눈이 펑펑 쏟아진다. 눈 구경을 하면 나도 하얗게 된 듯 마음이 맑아진다. 사각거리며 눈 위를 걷는 발걸음 소리도 그립다. 비가 내린 후의 눈 내림은 녹아서 흔적 없이 사라진다.
 우수(雨水)는 눈이나 얼음이 녹아서 물이 된다는, 즉 곧 날씨가 풀리고 비가 내리고 땅속의 부지런한 뿌리나 씨앗들이 땅 위로 올라올 준비를 열심히 하고 있을 것이다. 그러고 보니 우수는 빗물이구나. 모든 것을 일어나게 하고 한파와 냉기를 녹아내리게 하며 봄을 알리는 것이다.

　세월이 가둬두었던 모든 것, 일, 기억을 잊기로 해야 한다고 수없이 마음과 약속했다. 그러나 비가 내리고 겨울이 녹아내리면서 내 마음은 아직도 얼어있다. 언제 녹을지 나도 모른다. 젊은 날 종이 위에 지번을 적고 지가를 매기면서 나는 일찍이 나무를 키웠었다. 땅의 경계에 흐르는 냇물과 계곡은 맑고 고운 소리를 내었다.

　지적도 종이 위에 도시가 생기면서 많은 사람이 살고 있고 식물이 살고 수많은 자동차가 달리고 있음을 볼 때 사람의 팔자가 있듯이 땅들도 운명이 있는 건 아닌지 알 수가 없다. 논, 밭에 아파트가 세워지고 살기 좋은 마을이 멋지게 시선을 끄는 땅이 있는가 하면 도랑과 구거와 습지가 있다. 자연에도 이치에 맞게 살아가는 방식이 있는 것이다.

　지적도(地籍圖)와 지도는 차이가 있다. 나는 정확하고 지번이 확실한 지적도를 좋아한다. 종이의 평면 위에 꿈을 그릴 수 있기 때문이다. 아무리 땅값이 오르고 사람들이 몰려와 살아간다 해도 한 장의 지적도(地籍圖)만 보면 뛰어놀던 곳이 여기구나, 여기는 언덕이었어! 어렴풋이 떠오르는 추억이 있다. 백지 같던 마음에 빗물이 흘러가고 풀이 자라고 꽃이 핀다.

　마당에 모여든 햇볕이 닫힌 마음을 열어주고 서먹했던 인간관계가 새롭게 형성되면서 사이가 좋아지기 시작하는 시기도 봄이 오면서부터다. 닫아

두었던 대문을 조금씩 열어두기 시작하고 봄바람이 드나들기 시작하면서 그사이에 꽃샘추위가 왔다가 가기도 한다.

　이 모든 것들이 종이 위에 새겨진 경계가 더 튼튼해지기도 하고 허물어지기도 한다. 드높은 산이 평지가 되어 또 사람들이 살기에 아주 좋은 환경으로 함께 살았던 정들이 따라가고 따라오는 봄바람은 아닐까.

　사람이 사는 곳이면 지적도는 경계가 수도 없이 변화한다. 영원히 묶여있던 땅들도 새싹이 돋아나듯 서서히 도면이 달라진다.

　사흘째 내리고 있는 비로 경직되고 굳어 버리고 얼어버렸던 마음과 몸이 풀어져 너그러워졌다. 닫아걸었던 마음의 문도 열리고 있다.

　그랬구나. 내가 좋아하는 지적도 위를 흐르는 마음이 출렁이고 겨울에 얼었던 땅들이 눈물처럼 흐르고 있다. 마음을 열 수 있는 열쇠가 있다면 당신들의 안부를 묻기 위해 따뜻한 손으로 마음을 열어놓고 가슴속 감추어져 있던 말 못할 사연들을 큰소리로 소리치듯 풀어놓고 싶다. 우수 경칩에 대동강이 풀리듯 지적도 위에도 맑은 봄비가 마음을 적시며 봄을 기다리며 마음을 녹일 것이다.

봄이 오는 소리

어쩌면 좋아요. 또 봄이 오네요. 기다리지도 않았는데, 마중도 나가지 않았는데…. 바람이 불고 싸라기눈이 내리는 길을 걷다가 발걸음 소리를 뒤따라오는 연둣빛 소리를 들었네요. 봄날을 기다리지 않았다는 것은 거짓말이었어요. 뒤돌아보지 않았어도 얼굴에 흩어지는 엷은 미소가 마음속에 남아있어 나를 따라오는 것이니까요.

나의 사치란 봄옷을 입고 봄 길을 거닐며 지난 시간 앞에서 쿵쾅거리는 가슴이 뛰는 소리를 듣는 거예요. 가난한 사람, 외로운 사람, 고독한 사람들의 한숨이 어느새 사라지고 꽃이 피는 소리가 들리는 것처럼 봄비가 그리워지네요. 그래서 봄이 온다는 것을 알게 되나 봐요.

어느 겨울 추운 날 찻집에서 여럿이 이야기를 하다가 누군가 그랬어요. "요즘 잠을 자려고 하면 지난날 내가 잘못했던 사람들이 떠올라서 슬퍼져요. 언젠가 만나게 되면 잘못했다고 말하고 싶지만, 그것이 될까. 마음속에서만 후회하고 그때는 왜 그랬을까 할 뿐, 지금에 와서 사죄하고 용서를 바라는 것은 어려울 거예요." 뒤척이다가 잠이 들곤 한다고 했어요.

막막했던 지난날의 진실을 말하는 순간의 용기를 모두는 왜곡하는 걸 한없이 후회한 적 있어요. 가슴에 담아두고 쌓아두는 것이 현명하다는 걸 알았죠. 봄은 눈에 보이지 않아도 이미 땅속에서는 살아가는 방법을 터득한 모든 생명이 일어나 봄날을 기다리며 사람들의 마음을 두드리는 것이죠. 좋아하는 것들만 곁에 두고 잡아두고 싶어지는 간절함을 봄에 터트리는 것

이 아닐지요.

　아직 봄 길을 걷지는 못하지만 기억 속에서는 남아서 두근거리는 마음은 벌써 새싹의 푸르름 속에서 서있는 모습을 그리고 있지요. 겨울은 아직 제자리에 버티고 있고 떠나기를 바라는 봄은 아무 말 없이 따뜻한 기온을 기다리는 것이지요. 봄이 빨리 오기를, 길을 잃지 않고 찾아오기를 나는 묻고 있어요. 차가운 바람을 맞으며 이제 그간 겨울이 가주길 바라고 있네요.

　봄은 살금살금 오고 있어요. 사람들의 말 속에 온기를 품고 저 땅 밑에서 아니면 남쪽 바람에 실려 온다고 생각해요. 내 마음속에서 이리저리 돌아다니는 건드리면 터질 것 같은 봄이 오는 소리. 봄의 그리움이 가슴에 가득 고여오네요.

　꿈 같은 고운 길을 봄이 아니면 내게 부푼 꿈을 간직하고 웃는 웃음소리가 과거의 흘러간 시간 그리고 나와 봄 사이에 있었던 소중한 내가 할 수 있는 푸르름의 고운 봄 길을 이미 걷고 있나 봐요. 나의 웃음소리와 함께. 나비의 날갯짓, 꽃잎이 눈을 뜨는 작은 움직임, 새소리, 물이 녹아 흐르는 소리, 나뭇가지의 물오르는 소리….

　어제 내린 하얀 눈이 녹는 걸 보니 꽃분홍 봄옷을 입고 봄이 오는 소리를 나직이 들으며 걸어야겠네요.

반포지효(反哺之孝)

　베란다에서 빨래를 걷다가 갑자기 어두워지는 느낌이 들어 밖을 보다가 너무 놀라웠다. 검은 물체가 하늘을 가득 메우고 바람의 물결처럼 빙빙 원을 그리며 돌고 있다. 무수히 많은 까만 점들이 유리창으로 돌진하는 것 같았다. 순간 공포스러워 거실로 뛰어 들어가 거실문을 닫았다.
　밖은 여전히 검은 하늘과 검은 점들이 베란다 창가를 울음소리를 내며 맴돌았다. 너무나 많아 점 같은 것은 까마귀였다. 까마귀 무리는 어두움에 조금씩 잠겨 갔다.
　까마귀를 이렇게 가까이에서 본 적이 없는데 어디서 우리 동네로 왔을까. 언제인가 티브이에서 도심에서 까마귀가 겨울을 나고 있다는 뉴스를 시청한 적이 있다. 혹시 그때 이웃한 도시의 까마귀가 아닐까. 아니면 먹이가 많아서 왔나. 신기하기만 했다.
　새해가 꿈과 희망으로 다가왔는데 까마귀 얘기를 한다는 게 어색하기는 하지만 까마귀에 대한 전해 내려오는 시조나 유래가 있다. 까마귀 하면 안 좋은 시선으로 보는 선입견이 있었다. 불길하다던가 조금은 무서운 흉조로 알았고 속이 검다는 비유를 하기도 했다. 저녁 때 전깃줄에 빼곡히 앉아 있는 까마귀를 올려다보았다. 온몸이 새까맣고 어디 한군데 하얀 곳이 없었다.
　새롭게 알게 된 명나라의 이시진이 질병의 치료에 쓰이는 약물을 관찰·수집하고 문헌을 참고하여 저술한 의서인 본초강목(本草綱目)에는 까마귀

의 효심을 '반포지효(反哺之孝)'라고 실려 있다 한다. 까마귀가 늙은 어미에게 먹이를 먹이는 효성을 말한다. 늙어 허약한 까마귀 부모에게 자식 까마귀들이 물을 물고 와 어미 까마귀에게 입에 넣어주고 먹을 것을 잡아다 먹이고 소화가 잘되는 물고기를 먹였다고 한다. 효도하여 부모의 공을 갚는다는 것이리라.

까마귀가 동네의 전깃줄을 집으로 여겨 아침이면 어디론가 날아갔다가 날이 저물면 날아온다. 우리 동네로 이사 온 것이다. 잠시 머무는 것일지라도 까마귀의 효심을 높이 평가하고 싶다. 시끄럽고 배설물 때문에 지저분하기는 하지만 까마귀의 살아가는 평범한 그들만의 질서를 바라본다.

부모님께 효도하는 분들을 보면 눈물이 난다. 나는 왜 효도를 못했을까. 이기적이어서였을까. 구정 때는 산소를 찾아뵙고 못다 한 그동안의 이야기를 들려드려야겠다.

봄, 소풍가다

　여자 셋이 모였다. 모두 자신 있는 것은 산전수전 다 겪어서 웬만한 일은 눈 깜박도 안 한다는 자부심이 있다. 사계절 중 제일 멋진 오월에 소풍을 가기로 한 것도 여자 셋이기 때문이다.
　바람은 햇살을 받아 따뜻하고 하늘은 맑아서 싱그러운 신록이 더욱 마음을 들뜨게 하였다.
　발걸음도 춤을 추듯 가볍고 에버랜드의 멋진 풍경을 여자 셋은 여기저기 둘러보며 감탄을 하고 '페스티벌 트레인'도 탔다. '사파리월드'에서 동물들도 보았고 귀여운 판다의 밥 먹는 모습도 신기해하며 보았다. 선명한 색깔을 자랑하는 튤립 꽃을 배경으로 사진도 찍었다.
　물어물어 매화정원을 찾아가다가 잠시 쉬고 있는데 그 자리가 '챔피언 로데오' 놀이기구 앞이었다. 꼬마 동차가 같은 귀여운 놀이기구였고 관심을 끈 것은 빨리 끝나는 놀이여서 모두는 한 번 타보자고 결정을 하고 차례가 되어 예쁜 자동차의 벨트를 매었다. 빠른 템포의 음악이 흐르고 움직이기 시작하면서 정신을 놓아버렸다. 서서히 돌다가 멈추어서고 또 빠르게 반대방향으로 돌아가는 속도가 공포스러웠다. 최고의 속도로 돌아갈 때는 나도 모르게 소리를 질러댔다. 아주 짧게 끝난 시간이지만 영원 속을 달리다 내려놓은 정류장 같았다. 정신이 멍해져서 내리는 순간 발이 붕 뜬 것 같은 착각이 허당을 짚는 느낌으로 왔다. 걸음을 걷는데 어지럽고 속이 불편했다. 메스껍고 어지러웠다. 비틀거리며 매화공원을 향하여 가면서도 속이 편하

지 않아 숨을 내쉬어도 그대로였다.

  매화꽃은 지고 없지만 진한 꽃분홍색이 물결치는 꽃 잔디의 향기는 어지럽고 메스꺼움을 많이 가라앉게 해주었다. 작은 꽃이 눈길을 끌고 잘 가꾸어진 동산은 분홍빛이다. 분홍색 천을 깔아놓은 듯 마음을 사로잡았고 잔잔하게 봄바람에 흔들리는 꽃잎은 옛 기억을 떠올리게도 하고 잊게도 했다. 꽃 잔디의 분홍빛은 마음을 온통 물들이고 봄바람에 흔들리는 꽃잎은 묵었던 모든 것을 새롭게 생명의 힘을 불어넣어 주었다.

  하루는 짧았다, 여운이 길게 남아서 즐거움만이 남았다, 거의 비슷비슷한 일상이지만 그래도 오늘만큼은 행복하였다. 오랫동안 뵙지 못했던 그리운 사람도 만났고 늘 가까운 곳에 있지만 여유 있게 차 한잔 못한 지인과 긴 시간을 같이했다. 그리고 웃었다. 큰소리로 외치듯 말을 하였고 과거와 현실의 차이를 만끽하면서 각자의 시간 속으로 찾아들었다.

  저녁 햇살은 조금씩 꽃잎에 쌓여가고 세월은 젊음을 가져가지만, 마음만은 그 자리에 머물렀다. 봄꽃 잎이 거꾸로 보이기도 하는 것을 보면 놀이기구 멀미가 아닌 꽃 멀미를 지금도 하나보다.

입춘대길(立春大吉)

어제는 입춘이었다. 해마다 입춘날이 되면 그냥 기분이 좋았다. 종달새들도 노래하고 버들강아지도 피어나는 거 같았다. 화려한 벚꽃도 보고 싶어지면서 봄날이 그려지고 설레기 시작한다. 벌써 입춘이네, 이제 추위는 다 지나간 거네 하는 말들을 들을 때 아, 오늘이 입춘이구나 하며 봄의 기다림의 마음을 들키곤 했다.

새벽에 카톡하고 카톡이 왔다. 너무 이른 시간이라 한숨 더 자고 카톡을 열어보았다. 아시는 어르신께서 '입춘대길 건양다경(立春大吉 建陽多慶)' 화선지에 붓글씨로 쓰신 것을 사진으로 보내주셨다. 그때야 오늘이 입춘이구나 하고 알았다. 재빨리 출력해서 스카치테이프를 들고 나가서 현관문 가운데에 멋지게 붙여 놓았다. 뒤로 물러서서 바라보니 품위가 있고 올해는 세상의 복을 다 받은 느낌이 들었다.

아침을 먹고 티브이를 보고 있는데 또 동네 어르신께서 입춘대길 만사형통(立春大吉 萬事亨通)'이라고 쓰여 있는 노란 종이의 부적 같은 귀한 입춘대길을 주셨다. 기를 받아서 잘될 것 같은, 무엇이든 다 잘될 것 같은 마음이 들었다. 조금 망설였던 것은 노란색 종이에 붉은 글씨가 조금 어색하긴 했다.

올 한 해 무탈하여지라고 정성을 담아 주셨는데 무슨 잡생각인가 하고는 정말 고맙게 받았다. 한 장도 아니고 몇 장을 주셨는데 이걸 어디다 붙여야 하는지 알 수가 없었다. 한 장만 붙이는 건가, 이걸 다 붙이는 건가 망설이

다가 인터넷을 찾아보니 위쪽은 좁게, 아래쪽은 넓은 간격으로 모두 붙어 있었다. 팔(八)자로 붙이는 것 같았다.

'입춘대길 건양다경(立春大吉 建陽多慶)' 붙인 자리 위쪽에 노란색의 입춘대길을 팔(八)자 모양으로 붙이고는 왠지 기운이 났다. 이렇게 많은 입춘대길을 붙였으니 나쁜 것은 모두 물러갈 거라는 믿음 같은 것이 생겨났다.

원래 정초가 되면 습관적으로 동네 분들과 점집을 찾아 신수점을 보았었다. 올 한 해 무사히 잘 보내게 하는 어떤 미신 아니면 풍습 같은 것이 있어서 굿도 많이들 하셨고 굿 구경을 간 적도 있다. 예전에는 으레 집안의 행사처럼 굿도 하고 점도 보고 했던 것 같다. "엄마 이게 뭐야" 현관문을 열다가 딸이 놀란 소리로 나를 불렀다. "뭐가 이리 많아" "이렇게 많이 붙여놓으면 어떡해" "우리 집이 아닌 줄 알았잖아" 딸의 핀잔이 이어졌다. 당장 떼어버리라는 것이다. 다른 집들은 안 붙였는데 왜 엄마만 붙였는지 모르겠다며 제방으로 들어가며 방문을 꽝 닫아버렸다.

멍하니 서 있다가 밖으로 나가서 현관문을 다시 보았다. 하긴 많이도 붙이긴 했다. 그러면 어떤가 '입춘대길 건양다경(立春大吉 建陽多慶)' 초등학교 때 없어진 한자 중 내가 유일하게 읽을 줄 알고 뜻풀이를 할 수 있는 한자가 아닌가. 봄이 시작되니 크게 길하고 경사스러운 일이 많이 생기기를 기원한다는 입춘방 아닌가. 올해도 봄이 시작됨을 알았으니 좋은 일과 경사스러운 일이 많이 생겼으면 하고 기대해 본다.

아름다운 독(毒)을 품다

오랜만에 흰 꽃잎이 날리는 봄 길을 걸었다. 꽃잎은 추억처럼 힘차게 날리며 머리에 옷 위에 앉았다. 길 위에도 구두 위에도 앉았다. 길 위 하늘 바람 어디든 평범한 일상을 들뜨게 했다. 고개를 들어 바라보지 않아도 보이는 꿈속의 꽃길이었다.

"민들레다, 여기 씀바귀도 있어"하고 길 가던 사람들이 웅성거렸다. 다가가보니 민들레가 노란 꽃을 피우고 사람들을 올려다보았다. 어디서 왔는지 노란 나비도 맴돌았다. 누가 먼저랄 것 없이 이쁘다 소곤댔다.

늘 보았던 것들도 계절에 따라 마음이 움직이나보다. 꽃 피는 봄이면 더하다. 천천히 여유롭게 길을 따라 걸었다. 벌써 오월이 눈에 보였다. 나뭇잎이 무성히 자라고 풀들도 짙은 잎을 보란 듯 흔들렸다.

모내기를 위해 논들도 물을 담아두었다. 새들이 갈아놓은 논흙 위에서 부리로 무언가를 찾는지 종종대었다. 한 계절이 완성되어가는 듯 허전했던 마음을 채우며 오고 있다.

그때 논둑 위 나뭇가지 끝에 기억 속에서 보았던 나뭇잎이 보였다. 반가움에 그 잎을 따 보았다. 울타리 아래나 나무에 연하게 돋아나는 옛날에는 청둥나무 순이라고 했는데 정확하게는 가죽나무 순이라고 하는 나뭇잎이고 특이한 냄새를 풍긴다. 이런 곳에 그 나무가 있다는 생각에 흥분이 되었다. 나도 모르게 그 잎을 따기 시작했다. 어릴 때 엄마가 나물로 무쳐서 해서 밥상에 올리면 냄새난다고 안 먹었는데 갑자기 그 나물이 먹고 싶어졌

다. 조금만 따서 집에 가서 삶아서 무쳐 먹어보자 마음이 들면서 정신없이 높은 곳 낮은 곳의 순을 땄다. 지나가던 사람들이 그게 먹는 나물이냐고 물었다. 그분들도 검정비닐 봉투를 들고 있었는데 나물을 뜯은 것 같았다. 난 감해서 옛날에 먹어봤던 나물이라 했더니 갸우뚱하며 지나쳐갔다.

다음날 나물을 다듬으려고 나무순을 보니 뭔가가 이상했다. 냄새를 맡아 보았다. 가죽나무 잎 냄새가 아니었다. 순이 잘린 부분이 까맣게 변해 있었다. 인터넷으로 찾아보니 비슷한 잎새들이 많았다. 도대체 이 나물은 무엇일까. 끝까지 찾아보니 개옻나무 잎이었다. 옻나무라니 웃지도 못했다. 그 무서운 옻나무 순이라니. 어쩜 그렇게 똑같을까. 그런데 맨손으로 순을 잘랐는데 아무런 부작용이 없었다. 개옻나두 순은 독성이 강해 장기간 고생을 하거나 심하면 목숨을 잃는 경우도 있다고 했다.

버릴까 하다가 한 번 먹어나 보자고 삶았다. 좀 텁텁한 냄새가 났다. 한참을 우려내고 고추장 양념을 넣어 무쳤다. 상상외로 맛이 좋았다. 만약 나하고 맞는다면 보약의 약효를 경험할 것이라 여겼다.

독성이 있는 식물들은 향기로우며 화려하고 예쁘다 했는데 우중충한 개옻나무 순은 어찌 독이 있을까. 사람의 몸에 들어간 독이 사람을 건강하게 하는 약효가 있다는 것에 놀랍다. 개옻나무 순의 독은 순하고 착한 독인가 보다.

그녀의 가방

장마철의 날씨는 흐렸다 갰다 하는 봄 날씨보다 더 변덕스러운 것 같다. 옛날 마당에 고추며 말려야 할 곡식들을 햇볕이 나면 널어놨다가 순식간에 소나기로 흠뻑 젖어 들락날락했었다.

오늘도 일이 있어 외출해야 하는데 우산을 가져가야 하나 말아야 하나 걱정 아닌 걱정을 했다. 우산을 안 가져가면 이상하게 비가 오고 가져가면 비가 오질 않았다. 일기예보와 거의 같은 현상이 일어나서 늘 갈등을 겪다가 가방에 우산을 넣고 현관문을 닫으며 '잘하는 거야' 하며 자신을 격려했다.

비가 오고 안 오는 것은 하늘에 달린 것이고 우산 1개로 인하여 가방을 바꾸어 들고 나가야 하는 그 알지 못할 예감 때문에 시달리고 있다고 생각을 한다. 우산을 두고 가면 가방을 작은 것을 들고 나가도 아무런 불편이 없는데 우산이 가방에 있으면 가방을 뒤집어서 몽땅 꺼내놓고 다시 꺼내쓰기 좋게 넣어야 하는 번거로움과 쓰지도 않는 소지품들이 와르르 쏟아져나와 '이게 다 뭐야' 하며 놀라기도 하기 때문이다.

집을 나서자마자 뜨거운 열기가 훅 올라왔다. 바람 한 점 없고, 온 세상은 열기에 갇혀있는 것 같았다. 재빨리 가로수 밑 그늘에 숨어서 숨을 돌렸다. 어릴 때 냇가에서 미역을 감던 그 시원함에 잠겨 들어가 또 시원한 물과 물장구치던 시절이 열기 속으로 번져갔다. 그늘을 징검다리 삼아 걷고 있는데 너무 더워 어디를 가고 있는지도 잊어버렸다.

순간 가방이 생각났다. 잠시 서서 가방을 열고 물이 있을 거라 기대하며

뒤적거려보았다. 손에 잡히는 잡다한 물건들만 손에 들려 나왔다. 물건들이 이렇게 많은데 필요한 것이 없다는데 자신에 대한 실망이 스멀스멀 올라왔다. 내 가방은 아주 크고 뚱뚱했다. 크기만 크고 꼭 필요한 것은 두고 나온 나는 가방 정리를 해야 하겠다고 생각하며 땀을 흘려가며 걷다가 또 휴지나 손수건이 있을 거라 생각하고 찾아보았으나 없었다. 도대체 이 가방 안에는 무엇이 들었단 말인가. 그나마 핸드폰은 있으니 안심이 되었다. 쓸데없는 것만 들어있는 것은 아니지만 당장 써야 할 물건이 없다면 무겁고 크기만 큰 가방은 왜 들고 다니는지 한심했다. 무조건 들고 나갈 가방에 또 뭔가를 넣어두고는 아무 생각 없이 들그나와 찾고 있는 나를 본 것이다.

고속도로 어느 휴게소에서 '어린 왕자' 벽화를 보았다. 너무 반가웠다. 잊었던 친척을 만난 것처럼 다가가서 어린 왕자의 어깨에 달린 별을 우두커니 바라보았다.

'가장 중요한 것은 눈에 보이지 않아' - 어린왕자 中

'그래. 맞는 문장이지.' 유명 작가들은 오랫동안 남을 글을 남겼지. 언제 보아도 감동적이고 가슴에 남아있는 어린 왕자의 우주의 별처럼.

가장 중요한 것? 보이지 않는 것? 어깨에 둘러맨 가방 속에서 찾지 못한 시원한 물과 손수건? 얼굴이 달아올라 화끈거리고 건물 사이의 손바닥만

한 그늘도 없는 곳에서 땀을 흘리다가 슬퍼지기 시작했다. 눈물이 쏟아졌다. 사람들은 어디로 사라졌는지 보이지 않았다. 뜨거운 사막에서 모래바람을 세차게 맞으며 오아시스도 찾지 못해 물이 둥둥 떠다니는 환상 같은 것들이 어른거렸다.

도시의 골목길에서 무더위에 갇혀서 땀과 함께 눈물을 흘리며 집으로 왔다. 거실에다 가방을 던졌다. 가방이 열리며 수많은 꿈과 삶과 허무와 생의 무게가 벽에 부딪히며 산산조각이 났다.

소나기가 그치면 나도 핸드폰 한 개만 넣고 다니는 귀엽고 예쁜 크로스백을 사러 가야겠다.

보리밭

봄비가 내리기 시작했다. 맑고 투명한 빗방울이 아니었다. 내가 버린 모든 것들이 어디엔가 끼어 있다가 섞여 내리는 듯 가라앉지 않은 뜨물 같은 비였다. 저런 비에 젖으면 씻어지지 않아 개운하지 않은 마음이 가라앉는 느낌이다. 비는 언제나 깨끗하고 맑았다. 잔설이 녹듯 꽃잎들이 젖어 길 위에 누워있다.

항상 열려있는 대문을 지나 마당 끝 밭은 늘 보리를 심었다. 가을에 씨를 뿌리고 얼마 후면 잔디 같은 싹들이 파랗게 돋아났다. 보리는 억척스럽게 겨울을 아무렇지도 않게 보내고 봄이 오면 쑥쑥 자라서 파닥거리며 보리잎을 이리 뒤척 저리 뒤척였다. 철없는 우리는 보리밭 고랑 사이를 이리저리 뛰어다니며 놀았다. 파란 물이 가슴 가득 출렁였다.

햇살은 눈 부시고 밤의 별들은 영원히 빛났다. 그것들이 어디로 가버렸는지 텅 빈 가슴에서 노래처럼 남아있다. 잊어버렸던 친구들이 다시 떠오르는 것도 보리밭의 추억이다. '밤을 잊은 그대에게' 노래를 신청하고 기다리던 청소년기에 가슴 울렁이듯 보리밭도 일렁였다.

두고 온 기억처럼 부산의 자갈치 시장 뒤편에서 '보리밭 노래비'를 보았다. 뜻밖이었다. 바닷가 부둣가 파도 소리, 갈매기 소리, 뱃고동 소리 지나가는 구름 같은 곳에서 윤용하 님과 박화목 님을 뵈었다. 바닷속 물고기들은 떼를 지어 몰려 다녔다. 암울했던 시절을 모르는 물고기들은 활기차고 힘찼다. 숨 막히도록 뛰어가 숨 헐떡이며 바라본 자갈치 시장은 새로운 모습으로 맞이해주었다. 모든 것은 이렇듯 흘러 흘러 변하고 기억만이 그 자리에 있음을 알았다.

　-'보리밭' 작곡 배경-
　1952년 늦가을, 한국전쟁 중 부산 피난 시절, 남포동(자갈치 일대)의 한 술자리에서 윤용하는 시인 박화목에게 말했다.
　"박형, 발붙일 곳도 없고 황폐해진 젊은이들의 가슴에 꿈과 희망을 줄 수 있고 훈훈한 서정으로 부를 수 있는 가곡을 만드세."
　박화목은 이틀 후 '옛 생각'이라는 제목의 짧은 서정시를 지어 그에게 건넸고 며칠 후 다시 만난 자리에서 윤용하는 '보리밭'으로 제목을 바꾸어 악보를 내민다. 바로 가곡 보리밭의 탄생이었다. 가곡 보리밭은 소박한 가락과 시어로 서민적 애환을 담고 있어 독창은 물론 합창곡으로 편곡되어 오늘날까지 노인에서부터 어린아이들까지 함께 부르는 국민 애창곡으로 우리 곁에 함께 살고 있다. 「보리밭 노래비 전문」

　2009년 부산 자갈치 시장에는 '보리밭' 노래비가 세워졌고, 이를 앞둔 2009년 5월 22일 〈부산일보〉에는 "아버지의 가곡이 탄생한 부산에 노래비가 있었으면 좋겠다는 생각을 항상 했다. 그래서 늘 기도했는데 드디어 응답이 온 것 같다"라고 기뻐하는 딸 윤은희 씨의 인터뷰 기사가 실렸다

고 한다.

  여름이 문턱을 넘어오면 보리밭은 누렇게 물들기 시작한다. 파랗던 보리가 누렇게 익어갔다. 새들도 보리밭 위를 자유롭게 날며 노래를 불렀다. 깜부기를 뽑아 친구들 얼굴에 바르며 장난도 쳤다. 까슬거리는 보리 털도 그때는 아무렇지도 않았다. 집에 와서 보면 보리 털에 찔려 다리와 팔이 벌겋게 부어 올라와 있어도 아프지도 않았다.

  봄비 속으로 사라진 보리밭을 오래 생각했다. 가늘고 긴 잎새마다 오래된 시간이 물방울로 맺히고 반짝였다. 맑고 투명하고 새로웠던 봄비와 보리밭이 글썽이며 점점 다가오며 심장이 뛰는 소리가 들렸다. 잃어버린 것을 찾았을 때처럼.

오월과 흰 꽃

아파트 철망 담장을 잡고 오월을 풀어내던 빨간 넝쿨장미가 어제의 비와 바람 때문인지 소복하게 꽃잎이 담장 아래 쌓였다. 아, 벌써 넝쿨장미가 지고 있구나. 오던 길에 멈추어서서 뒤를 돌아보았다. 철망 담장은 긴 거리는 아니지만 장미의 아름다움을 마음에 담아둘 만큼의 거리는 되었다. 맞은편 가로수로 심어진 이팝꽃은 어느새 하얗게 길가를 향기롭게 하고 그늘을 만들고 한 번쯤은 나무를 올려다보며 감탄을 한다.

우연히 지인들과 대화를 하다가 "오월에 왜 흰 꽃이 많이 피는지 아세요?" 질문하였다. 모두는 "흰 꽃을 피우는 나무가 오월에 많으니 흰 꽃이 많은 게 아닌가요?" 하였다. 엉뚱한 질문이라고 생각했다. 봄이면 나무마다 다른 빛깔의 색을 띄우며 꽃을 피우는 것이라 여겼지 오월이라 흰색 꽃이 많이 핀다고 생각조차 못했다. 늘 봄을 기다리는 것은 꽃이 피고 새싹이 돋아나는 생명을 바라보며 힘을 얻는 의미가 있었다.

내가 아는 흰 꽃이란 아카시아 꽃, 시골집 뒤란에 꽃잎으로 뭉쳐진 불두화, 찔레꽃, 언제부터인가 도시의 가로수로 꽃을 피우는 이팝나무꽃 정도다. 정확하게 꽃 이름을 모르는 흰 꽃도 있지만 "이쁘다"였다.

오월에 흰 꽃이 많이 피우는 생태적인 이유가 있는데 신록이 우거지면 흰색이 눈에 잘 띄는데 벌과 나비는 색을 구별하지 못한다고 한다. 나무들은 꽃의 색소를 만드는 에너지를 아끼기 위해 그냥 흰 꽃으로 둔다는 것이다. 하얀 꽃이 아무런 에너지 없어도 피어난다는 사실에 놀랐는데 그것이

이것이구나. 흰색이 녹음의 푸른색 속에서 더 잘 보일 것이고 굳이 현란한 색으로 꽃을 피울 이유가 없을 것이 아닐까. 흰색 꽃은 단아하고 수수한 모습으로 시선을 끌어내고 짙은 향기로 곤충들을 모으며 사람의 마음을 사로잡나보다.

  자연의 조화로움에 새로운 사실을 알게 되었다. 흰 꽃은 마음을 하얗게 순수하게 물들이고 어느 때는 슬픈 느낌으로 다가온다. 과학적인 연구결과도 중요하지만 마음의 변화를 이끌어내어 순간의 행복과 즐거움이 너무 익숙해져서, 너무 지루해져도 무감각해지지 않는 오월이 좋다.

  아직은 붉은 빛이 바래지 않고 그대로인 채로 오월을 장식했던 넝쿨장미가 꽃잎을 쏟아내고 있다. 붉은 꽃잎이 길가에 쌓이고 있다. 점점 진해져만 가는 나뭇잎과 여름의 꽃들이 피어날 것이고 오월의 흰 꽃들, 꽃 색깔에도 이유가 있다는 사실과 빛깔의 소리를 마음으로 들을 수는 있는 걸까. 봄의 냄새를 내 기억에, 내 기억처럼, 내 몸 어디엔가 들어차 있을 오월의 향기를 잘 간직한다. 떨어지는 꽃잎은 이별이 아닐 거라는 쓸쓸함도 아닐 거라는 긴 여운을 남길 뿐이다.

자벌레와 대벌레

밭의 작물들의 잎들이 모두 시들었다. 뜨거운 열기에 힘을 잃고 축 늘어져 있다. 작년만 하더라도 이런 모습은 없었다. 운동화 발바닥의 열기가 온몸으로 퍼지고 얼굴은 토마토처럼 빨개지고 땀이 줄줄 흐른다. 일하는 것도 아닌데 잠깐 밭을 둘러보는데도 더워서 고춧잎이 더위에 못 이겨 시들시들한 것처럼 사람의 몸도 열기를 감당하지 못해 쓰러질 것 같다. 얼음물을 마셔가며 작물들을 살펴보는데도 뉴스에서 폭염이 지속되고 있다는, 농촌에서는 쉬라는 염려의 말들이 머릿속에서 맴돈다. 그래도 해야 할 일은 해야 하는 게 농촌의 일상이다. 무덥고 뜨거운 날씨라고 며칠 밭을 가지 않으면 그새 풀들은 신이 나서 온 밭을 뒤덮고 저들만의 세상을 만들어놓고 있다.

밭 풀이 숲을 이루었든 말든 한 바퀴 돌아 나오는데 무언가 미세하게 꿈틀거리는 게 순간 보였다. 이 더위에 무엇일까 궁금해서 다가가 보니, 정말 어릴 때 보았던 자벌레였다. "너도 부지런하구나. 이 뜨거운데 한 걸음 두 걸음 보폭을 재듯 걷다가 더위 먹는 거 아니니" 안쓰러워 말을 걸었다. 자벌레는 놀라서 잎에서 땅으로 떨어졌다. 너무 미안해서 호미로 들어 올려 풀속으로 놓아주었다. 징그럽고 싫었던 곤충들이 이제는 모든 게 무뎌져서 귀엽다, 주름진 몸에 풀색을 띤 자벌레는 다른 곤충과는 다르게 몸을 접었다 펴면서 앞을 향하여 가는 모습이 한평생 고된 삶을 이어가는 수행자 같기도 해서 더 맘이 간다.

어느 날 집 근처의 '세마대'로 동네 분들과 저녁 바람을 쐬러 갔다. 산 아

래의 후끈했던 바람과 끈적거리는 바람은 서서히 산바람으로 지친 살갗을 달래주었다.

 산은 어둠으로 슬그머니 잠겨가고 시원함 때문인지 모두는 한껏 들떠서 빠르게 산성길을 걸었다. 오랜 세월 그 자리에서 오가는 사람을 보아온 소나무도 솔향을 내어주었다. 아주 깊은 산속 같은 분위기에서 하늘을 올려보며 별자리와 초승달의 달빛을 보며 환호했다.

 몇 번 와본 기억은 추억 속에서 기웃거렸다. 약간의 변화는 그때는 있었는데 지금은 없다고. 하지만 시간만큼은 변함없이 흘렀다. 수많은 사람이 건너왔다 건너갔을 어느 나루터가 떠오르며 지금의 나를 반겨주었듯 소나무들이 나뭇가지를 흔들며 나를 반겨주는 것 같았다.

 그때 누군가 소리쳤다. "자벌레다" 우르르 달려가 자벌레라고 하는 곤충을 보았다. 산성길가 밧줄로 이어진 난간에 나뭇가지 같은 거무스름한 것이 낮에 시들어 늘어진 잎들처럼 걸쳐있었다. 아무리 자세히 보아도 자벌레는 아닌데 그분은 자벌레라며 소리를 높였다.

 그런데 그 자벌레라고 하는 나뭇가지 같은 것들은 밧줄에 많이도 붙어 있었다. 해가 지고 달이 희미한 산속이라 자세히 보이지는 않아도 형태는 또렷했다. 아무리 보아도 자벌레는 아닌데 왜 자벌레라고 하는지.

 확신이 서지 않는 나로서도 헷갈리는 마음이 있어 "저 나뭇가지 같은 벌레가 자벌레 맞나요?" 모두는 "모른다"였다.

누구일까, 무엇일까, 생각을 하고 한참이 지난 후 "맞아"하고는 가슴이 설레거나 뛰는 첫 만남처럼 마음과 가슴이 알아보듯 두근거리는 손가락으로 찾아본 그 낯선 벌레는 '대벌레'였다.

확연히 다른 몸을 가졌는데도 누군가는 '자벌레'나 '대벌레'라고 하는 것처럼 첫 번에 알아보아 주는 소중한 만남이 늘 기다려지듯 오늘도 무더위 속에서 눈을 반짝이며 다음의 만남을 상상해본다.

파란 낙엽

    길가를 지나다가 투명봉투에 파란 낙엽이 담겨 묶여있는 것을 보았다. 바삭바삭한 느낌이 왔다. 손을 대기만해도 부스러질 것만 같았다. 조금 떨어진 곳에서 아저씨가 청소하고 계셨다. 감당하기 어려울 만큼의 낙엽이 길가를 덮고 있으니 얼마나 힘이 드실까 하다가 봉투 안의 파란 낙엽에 신경이 쓰였다. 보통 낙엽은 제 색깔을 띄우고 나뭇가지를 떠나 바람을 타고 어디론가 가는데 파란 낙엽은 바로바로 바닥으로 떨어지는 것 같았다. 온통 파란 낙엽이 거리를 휩쓸며 다녔다.

    살면서 제 할 일 다했다고 여기는 사람은 없을 것이다. 뭔가 미진한 면이 있듯 아직 파란 잎이 바삭거리며 중얼거리는 것처럼 보이는 것은 가장 가슴 아픈 미래 같았다.

    쓸쓸한 바람이 낙엽을 이리저리 끌고 다닐 때는 추위가 없었다. 따뜻하지만 건조하고 쌀쌀하다는 감정적인 가을의 정취에 젖어 가을비라도 내려줬으면 했다. 아스팔트 가장자리에는 이런저런 이야기처럼 색깔을 띄운 낙엽이 쌓여있다. 잠시 동안의 휴식 같은 시간이 지나갈 즈음 획 하며 낙엽을 데리고 갔다. "어머나, 회오리바람까지 불잖아, 어디로 가니" 소리쳤다. 낙엽이 이리저리 날리면 왜 쓸쓸함이 마음을 가득 채우는 것일까. 가을이 모든 것을 낙엽으로 따뜻한 모든 빛을 나누어준다는 생각으로 나무의 일생을 바라본다. 어쩌다 나뭇잎 바람에 쓸리는 소리와 낙엽 밟는 소리에 깜짝 놀라 잠을 깨는 아침의 환함을 본다.

낙엽이 너무 이뻐서 주워온 나뭇잎에서 나무의 단단하고 힘찬 위대함을 본다. 바람에 날리는 낙엽은 절대 가볍지만은 않은 것이다. 무게가 없는 희망이 있을까. 멀리 보이는 것이 아주 가깝다고 느낄 뿐인 것이다. 우리는 낙엽의 생명이 얼마나 길고 영원한지를 모를 뿐이다.

　낙엽의 질 때는 이유가 있다고 한다. 나무들은 함께 가려고 일시에 나뭇잎을 털어내는 것일 수도 있다. 외롭지 말라고 함께 있으라고 나뭇가지를 스스로 흔들어 한철 나무와 생명을 같이했던 낙엽은 고맙다고 이별 아닌 이별을 가을에 하는 것은 아닐까.

　파란 낙엽, 아니 초록낙엽이라고 하는 것을 무심히 보다가 올해는 나뭇가지가 다 보일 정도로 바닥에 많은 잎새가 떨어져 쌓여있는 것을 보았다. 무슨 말 못할 이유가 있나보다.

　나무는 온도가 내려가면서 광합성작용을 줄이며 엽록소를 분해한다고 한다. 이후 날이 추워지면 에너지 저장을 위해 낙엽을 떨어뜨린다고 한다. 단풍보다 많은 파란 낙엽이 많이 지는 것은 기온의 급격한 변화라는 것이다. 갑자기 기온이 내려가서 엽록소가 파괴되기 전 '떨켜' 세포층이 생겨 에너지 절약을 위하여 초록 잎이 우수수 떨어진 것이라고 한다.

　여행자는 오로지 상상만으로 여행하듯 겨울을 준비하는 털실을 감아놓은 틈으로 손을 집어넣어 그 따뜻한 털실의 감촉을 느끼듯 파란 낙엽 더미에 두 손을 집어넣어 두꺼비 집을 지어보았다. 모래보다 더 미세한 온기가

몸을 덥혀주었다.

  단풍들 시간도 없이, 이별할 준비도 없이, 떨어져 쌓여있는 파란 잎새가 바람에 날리면 또 지나간 시간들이 내 맘으로 들어와 포근해지고 따뜻해진다.

  굴러가는 낙엽만 봐도 깔깔 웃었던 시절과 낙엽이 땅에 떨어지기 전에 손으로 받아 소원을 빌기 위해 낙엽을 받으려 뛰어다니던 그 시절이 다시 올 수 있을까.

겨울 카페에서

얼마 전 커피 쿠폰을 선물 받았다. 거의 쿠폰은 한 장을 보내주는 것이 많아 기한이 지나서 무효 쿠폰이 되어 삭제해야 했는데 두 잔의 쿠폰은 눈을 크게 뜨게 해주고 누구랑 마실까 머릿속으로 생각을 하기 시작했다. 한 달간의 기간이 표시되어 있어서 느긋이 생각해도 되겠지만 이러다 시간은 빨리도 흘러 사용할 수가 없었기 때문이었다.

마음이 급해지기 시작하였다. 우리 동네의 커피숍에서 마실 수 있는 쿠폰이라 나한테는 기쁘기까지 했다. 정작 떠오르는 사람이 없었다. 몇 명을 불러서 같이 마시고 싶었지만 왜 그리들 바쁜지 시간이 안 맞았다. 먼 곳의 지인을 커피 한잔으로 불러낼 수도 없었다.

그러다가 나의 인간관계가 원만하지 않음을 알았다. 누군가의 신뢰만을 바라며 그런 친분만을 선호하다보니 상대방들도 나를 멀리하는 것 같았다.

"커피 한잔 마실래요" 할 사람이 없었다. 원인은 모르겠으나 여럿이 모여서 함께하는 자리는 많았지만 단둘이 마시는 자리는 거의 없었다.

동네 분들과 모임의 자리에서 헤어질 때 다음에 커피 한잔하자 하는 형식적인 인사로 각자 흩어졌다. 그분들은 집으로 가든가 마음에 맞는 사람들과 커피를 마시러 간다는 것을 나는 몰랐다.

언제인가 영화 무료 티켓을 딸이 보내주었는데 시간적 여유가 있는 분들께 전화를 해보았지만 한 분도 없었다. 영화 티켓 2장과 팝콘, 콜라가 사라지기 직전이었다. 갑자기 '영화는 꼭 누구와 보아야 하나' 하는 생각이 스쳤

다. 그래 혼자 보는 것도 좋을 것 같았다. 영화를 같이 보자고 했을 때 바쁘다는 등 여러 가지의 사정을 말하며 거절하는 것을 많이도 겪었기 때문에 전화도 하기 싫어졌는데 혼자 보는 것도 좋다는 결론을 내린 적이 있었다. 그때 관람한 것이 '가재가 노래하는 곳'으로 꽤 유명한 소설을 영화화한 걸작이었다. 여유롭고 한가하게 편안하게 영화를 보았다. 그때 처음 혼자서 밥을 먹던가 아니면 커피를 마셔도 된다는 것을 몸소 느꼈다. 옛날처럼 여럿이 몰려다니며 쇼핑을 하고 음식을 먹는 시대가 아닌 것을 알았다는 것에 대하여 새로움을 받아들이는 나를 볼 수 있었던 것이었다.

 마침 지인의 전화를 받았다. 대화 끝에 커피를 살 테니 시간이 되면 나올 수 있느냐 물었다. 반가워하며 달려와 주었다.

 커피를 받아들고 창가로 가서 마주 앉았다. 실내는 따뜻하고 조용했다. 노트북으로 뭔가를 하는 젊은 사람들 몇 명뿐이었다. 커피 쿠폰을 받아도 이제는 어떻게 사용할 것인가를 생각하고 집과 멀리 있는 곳이면 없애버리게 됐다는 것과 '커피 한잔'할 사람이 없다는 이야기를 했다. 다행히 날아갈 뻔한 쿠폰을 사용하게 되었다는 것과 와줘서 고맙다는 말을 했다. 지인은 쿠폰을 받으면 본인도 그렇다는 것이다. 달랑 커피 한잔 마시러 외출할 준비와 시간이 왠지 안 내켜서 거절하는 것이고 그냥 집에서 책을 보던가 밀린 집안일을 하기 때문이라고 했다. 얼마 후면 구정이고 음식은 무엇을 할 것인지, 자식들이 오면 무엇을 해주고 손자에게 무엇을 선물해야 할지에 대해 심각한 듯 대화를 이어갔다. 오지도 않은 명절을 벌써 걱정을 하는지 서로 공감했다. 몸에 밴 집안 행사에 젖어 사는 것도 우리 세대에서 끝났으면 좋겠다며 목소리를 높이기도 했다. 목도리를 목에 두르고 코트를 입고 가방을 들어 올렸다.

  창밖은 차가운 바람이 불고 지나가는 사람들도 없었다. 죽은 듯 서있는 가로수가 바람에 이리저리 흔들렸다. 오랜만에 많은 말을 하다 보니 몇 시간이 지나갔다. 따뜻하고 커피 향 가득한 커피숍을 나오면서 마주 보며 웃었다.

목걸이

　어느 날 세수를 하려고 겉옷을 벗는데 뭔가 툭 하며 욕실 바닥에 떨어졌다. 에이, 또 귀걸이겠지. 귀걸이를 빼지 않고 옷을 벗다가 많이도 잃어버렸기에 당연히 귀걸이라고 생각하며 주으려고 앉았는데 귀걸이가 아니고 목걸이였다. 아마 단추에 줄이 걸려서 끊어진 거 같았다.
　진주목걸이였는데 어쩌다 한 번씩 목에 걸고는 잊어버려 그 목걸이만 하고 있기도 하다. 귀걸이도 마찬가지다. 외출할 때 생각나면 다른 귀걸이로 바꾼다. 값비싼 보석도 아니고 액세서리 수준이어서 잃어버려도 안타깝거나 아깝거나 하는 마음은 그때뿐인 보기에만 이쁜 흔한 액세서리 주얼리이다. 그래도 오랫동안 몸에 지닌 것이라 정이란 것이 들어서 한동안 마음이 허전하다.
　끊어진 목걸이는 정말 오래된 목걸이다. 끊어진 이유를 찾는다면 약해져서 끊어질 때가 되어서라고 생각했다. 언제 샀는지 기억에 없고 까마득하게 떠오르는 것은 마트의 액세서리 코너에서 산 것 아닌가 어림잡아 생각이 든다. 눈에 쏙 들어오는 디자인도 아닌데 무심결에 저렴해서 산 거는 분명한 거라 여길 뿐이다. 합금으로 동그랗게 줄이 이어지고 중간 중간에 진주라고 할 수 없는 9개의 못난이 진주가 끼워져 있는 목걸이였다.
　목걸이를 손바닥에 올려놓고 들여다보며 진작에 버렸어야 했는데 끊어질 때까지 간직하며 목에 걸고 다녔다니 나도 멋을 몰라도 한참 모르는구나 중얼거렸다. 그런데 줄은 끊어졌어도 변색한 곳도 없고 목걸이 줄은 불빛에 더 반짝거리는 것 같았다. 갈등이 시작되었다.

정이 무엇인지 정들고 몸에 지녔던 물건을 저렴하고 값진 것이 아니라고 쉽게 버리는 것은 아닌 것 같았다. 주얼리 상점을 찾아가 수리를 해보자고 생각했다.

시간을 내어 액세서리 가게에 가서 줄을 고칠 수 있느냐고 물어보았더니 아무래도 안 되겠다고 하였다. 그런데 갑자기 서운한 마음이 들면서 다른 데 가서 물어보고 안 된다고 하면 다른 목걸이를 사자 하는 마음이 들었다.

다른 매장에 가서 말도 못 꺼내고 삐쭉 서 있는데 직원이 다가와 어떻게 오셨냐고 물었다. 목걸이를 보여주며 고칠 수 있느냐고 했더니 줄이 14금이냐 아니 18금이냐고 물었다. 우물쭈물하고 있는데 사장님이 눈에 확대경 같은 걸 붙이고 살펴보더니 이 목걸이 18금인데 다른 목걸이와 바꾸실래요, 아니면 고치시겠어요 한다. 난 순간 어리벙벙해졌다. 18금이라니, 이럴 수가 있을까. 금색은 노란색이라 늘 순금은 황금색이고 흰색이 나는 것은 은이나 은 비슷한 것인 줄만 알고 있었다. 어찌 흰색이 금이란 말인가. 순금은 아니라도 너무 놀라웠다.

은근슬쩍 힘이 났다. 횡재를 한 기분이 들었다. 다른 예쁜 목걸이와 바꾸고 싶었지만, 그동안 몰라보고 홀대한 생각이 미치자 미안한 마음이 들어 수리하기로 하고 두고 나왔다.

사치를 한다던가 명품만을 고집한다던가 하지는 않지만 조금은 화려하

고 눈에 띄는 옷이나 장신구를 보면 한 번쯤은 소비심리가 발동해서 사고 싶어지는 것은 사실이다. 그렇다고 고가의 명품을 알아보지도 못하고 명품 로고도 잘 모른다. 누군가 명품으로 휘감았다는 말을 들을 때도 명품을 알아야 명품을 소장한지 알 것이 아닌가. 모든 게 다 똑같아 보이니 그게 그것이라고 생각이 든다. 명품 옷을 입고 명품 가방에 구두를 신는다고 내가 명품이 되는 것이 아니니 그럭저럭 살아가고 있다.

앙드레 지드의 '목걸이'를 보더라도 명품 목걸이로 믿었던 목걸이를 빌려 한순간의 허영심은 채웠지만 10년 동안 갖은 고생을 하지 않았던가.

가짜라고 믿었던 못난이 목걸이가 진품은 아니더라도 평범한 목걸이였음에 나는 기뻐했다. 구관이 명관이라는 말을 그냥 흘려들었는데 사람이나 물건도 유행은 지나고 예쁘지는 않더라도 오래된 주변의 친구나 물건이 나를 아껴주고 보호해 준다는 사실에 감사한다.

목걸이를 찾아와서 목에 걸고 거울을 앞에 섰다. 오랜 세월 나의 관심도 못 받고 있었던 목걸이가 어설픈 감정 평가를 받아 내 마음의 진짜 목걸이로 내 목에 걸려 있다는 것도 아이러니하다.

"어머나, 그때 빌려준 건 가짜였는데!" 거울 속에서 메아리로 울려 퍼졌다.

그대들의 바늘과 실

어느 날 울타리 저편에서 나지막하게 부르는 소리에 얼른 튀어 나갔다. 가까이 오라고 작은 소리로 불렀다. 다가가니 할머니는 "내일 소를 팔기로 했어. 새벽 네 시에 소 장수들이 오는 데 혼자 있으면 마음이 아프니 나보고 와줬으면 하는 부탁이었다.

"왜 소를 파셔요. 농사는 어떻게 지으시려고요." 할아버지가 풍을 맞아서 누군가 간병을 해야 하고 아들들이 와서 돕기로 했단다. 소를 키우기에는 너무 힘이 들고 벅차다는 것이었다. 가끔 할머니 집에 가면 외양간에서 큰 눈을 끔벅이며 서 있는 소를 보았다. 잠깐이라도 쳐다보면 반갑다고 목을 절레절레 저었다. 다가가서 목덜미를 쓸어주며 '많이 먹고 건강해라' 속삭여 주었다.

새벽에 살며시 일어나서 할머니 집으로 갔다. 집안은 불이 환하게 켜져 있었고 소 장사 몇 분이 안마당에서 소를 끌어내고 있었다. 할머니는 마루에 뒤돌아 앉아 계셨다. 어깨가 흔들렸다.

소의 눈과 마주쳤다. 겁에 질린 커다란 눈은 더욱 커져서 흰자위가 드러나고 훅훅 숨을 내쉬었다. 여러 명이 코뚜레를 잡고 안간힘을 쓰며 끌어내려 했지만, 소는 움메움메 울면서 외양간 바닥이 파일 정도로 버티고 있었다.

소리치며 우는 소의 눈을 보았다. 눈물이 흘러 털이 젖고 있었고 가기 싫어 울부짖는 슬픔을 온전히 다 보았다. 나는 뛰쳐나와 집으로 돌아오면서

울었다. 가슴이 시원해지도록 소리 내어 을었다. '잘 가' 트럭이 가는 소리가 들렸다.

규칙적인 소리는 인간의 리듬이 살아가는데 매우 주요하다는 것을 어렴풋이나마 알고 있었다. 아는 것만 보자. 어차피 아는 것만 보이는 것은 아닐까. 보이는 것만 알 수 있고 인생이란 삶은 지나간 것만 보고 알 수 있지 않은가.

가만히 바늘을 잡고 바늘귀에 실을 꿰어 한 땀 한 땀 무엇인가 꿰매다 보면 황홀감에 빠져들고 누구라도 너덜거리는 삶이 있다면 꿰매 주고 싶은 충동을 느낀다. 바늘과 실의 관계를 생각해 보면 없으면 안 되는 것이란 끊어지면 다시 이어지기가 쉽지 않다는 것이다.

그래, 사는 것은 다 똑같아. 길가의 풀잎, 가로수만 보아도 사람의 마음이란 다 그런 거더라고. 떠나왔지만 결국은 그 동네와 모든 분의 생활이 그리워지는 것은 그분들을 사랑했기 때문이라고.

정이 고인 온기가 아직도 우리 아이들의 목소리와 함께 아직도 그 동네에 남아 있을 것 같았다. 지워버리고 싶지 않은 그곳의 장면들을 늘 기억한다. 꿰매어지지 않았다 해도 매듭을 짓는 것이 무엇이라는 것을 알았다. 천과 바늘과 실 그리고 사람과의 사랑 앞에서는 모든 것이 믿음이 된다. 꿰매어지지 않은 것이 있다면 눈에 보이지 않는 다시는 돌아갈 수 없는 시간이었다. 그리고 꿰매진 것들을 떠올린다.

많은 시간이 흐른 후 바늘과 실을 들고 다시 정적이 흐르는 기억의 실뭉치를 천천히 풀어놓는다.

세 번째

지난 날들은 비로 내린다

닮은 사람

언제부터인지 지중해와 에게해를 또는 흑해를 보고 싶다는 생각을 했다. 그렇다고 무작정 가보고 싶은 것은 아니고 마음속에 잠재하고 있었나보다.

올해 초 우연히 여행 이야기가 나왔고 직장이 있는 딸들이 휴가를 내어 가보자고 한 곳이 터키였다.

터키가 가까워져 올 즈음 누군가 "흑해다" 하면서 소곤대는 소리를 들었다. 흑해? 얼른 창가로 시선을 옮기고 바닷물만 보이는 곳을 바라보았다. 구름 사이로 드러난 흑해는 내가 보아왔던 바다와 다르지 않았다. 흑해도 이렇구나 하면서 이스탄불 공항에 도착하였다.

차창 밖으로 짙푸른 바다가 길을 따라왔다. 가이드는 에게해나 지중해는 늘 잔잔해서 태풍도 비껴간다고 했다. 바다는 청색과 꼭두서니 빛으로 노을이 지고 있다. 파란색은 누구도 만들어내지 못한다고 한다. 파란색은 혼합색이 아니고 자연에서 얻어지는 색이라서 중세 부자 예술가들이 사용하였다고 한다. 울트라마린이라는 안료는 청금석이라는 보석을 갈아서 만든 물감이라 아주 비싸고 귀했다고 한다.

에게해는 짙푸른 청색에 가까웠다. 비싼 파란색으로 칠한 바다 같았다. 일시적인 착시 현상으로 바다색이 파랗다 하더라도 나는 좋았다. 신비한 파란색은 모두가 사랑하는 성스러운 색이라고 생각했다.

드디어 비 내리는 지중해를 보았다. 흐릿한 물색, 우리나라의 갯벌에 바닷물이 섞인 안개 같은 색이었다. 우산을 쓰고 지중해를 바라보았다.

3일쯤 지나던 어느 날 점심을 먹고 있는데 일행이었던 두 여인네가 다가와서 "친구랑 너무 닮아서 놀랍다"고 말한 뒤 합석을 하였다. 너무 닮아서 친구가 왔는지 알았다고 한다. 그럴 수도 있지 하는데 딸이 "그럼 사진을 찍어서 보내보셔요"한다. 우리 셋은 사진을 찍고 그분들의 친구에게로 사진을 보내고는 잊어버렸다. 터키를 떠나기 전날 그분들에게 물었다. "친구에게서 답장이 왔나요?" 했더니 안 왔단다. 속으로 웃음이 나왔다.

 중학교 때부터 나를 닮았다는 애가 있다며 친구들이 말을 했고 그 말에 정말인가 하고 그 애 반을 찾아가 그 애를 보았지만 전혀 닮지 않았다. 그후 그 애하고는 한 반이 되어 친한 친구가 되었다. 친구들이 쌍둥이 같다고 놀려대도 아무렇지도 않았다. 그때부터 나를 닮았다는 사람이 많다는 걸 알았다. 나를 닮은 상대방은 왜 나를 보러 오지 않을까. 의문이 남지만 에게해나 지중해나 비슷한 바다색이었던 것을 보면 나를 닮은 사람도 나처럼 궁금해하지 않아서다.

 흔히 자신과 많이 닮은 사람들을 도플갱어라고 일컫지만, 도플갱어를 만나는 사람은 곧 죽는다고 한다. 어쩌면 여름날 으스스한 납량특집극의 주인공 같다는 생각을 한다.

 어제도 처음 보는 분이 "어디서 많이 본 것 같아요, 혹시 00동 안 오셨나요?" 나는 웃으며 "아니오" 하고 잘라 말했다. 그분은 고개를 갸우뚱하며 지나쳐갔다.

나의 뽀글이 파마

난 일 년에 딱 두 번 파마를 한다. 한 번만 하고 싶은데 산만한 머리를 그냥 둘 수 없어 아주 오래가는 아줌마 뽀글이 파마를 한다. 솔직하자면 속임수인데 엉성하게 빠진 머릿속이 훤하게 보여서 정신사나운 뽀글이 파마를 하는 것이다. 젊어 보이고 싶은 건 나이 앞에선 어쩔 수가 없나보다. 마음에 품고 사는 젊음은 늘 싱싱하다.

뽀글이 파마라 나름대로 이름 붙인 파마는 나이를 잊게 해주는 웃음이 절로 나는 나의 스타일이다.

"엄마 파마하러 간다." "엄마 꼬불파마 하지 마요." "층층 머리 하지 마요." "그래, 알았어."

요즘 미장원이라 부르면 무식하다 말하지만 난 그 이름이 얼마나 정겨운지 모른다. 생각하면 그 미장원이 얼마나 고마운가. 내 안의 숨겨진 생각을 꼬불꼬불 말았다 피면 뽀글이 파마가 되어 단순한 나의 생각이 말없이 피어오른다. 이 미묘한 생생한 현실에서 웃을 수 있다면 누군들 뽀글이 파마를 값싸다 할 수 있을까.

한 번 말리면 평생 가는 아픈 기억도 뼈대에 감겨 잠시 고무줄에 매여 있으면 다들 아는 어려운 일들도 수월하게 풀려감을 느낀다. 꽁꽁 묶였다가 풀어지는 그 시원함을 그 누가 알랴.

머리칼 날리며 기분 좋게 돌아오는 길은 딸들의 뽀글이 파마 하지 말라는 그 말 다 날아간다. 손거울 보면 흐뭇해진다. 역시 뽀글이 파마는 나의

상징이다.

　단발머리만 하다가 첫 파마를 했을 때가 생각이 난다. 그 당시 정윤희 파마가 유행을 했는데 많은 사람이 그 파마에 홀딱 반해서 거리에서 많이 보게 되었다. 친구들이 말렸지만 용기를 내어 미장원을 가서 과감하게 정윤희 파마를 했다. 정윤희의 그 예쁜 얼굴에 무슨 파마인들 안 어울릴까. 파마를 하고 나니 다른 사람이 된 듯했다. 모범생이라고 놀림을 받던 내가 성인이나 된 듯 성숙해 보였다. 정윤희 파마 기념사진도 찍었다. 그때 파마머리가 예쁘다는 말을 안 들었다면 어떻게 되었을까. 그 이후 쭉 정윤희 파마에서 아줌마 파마만 한 거나 다름없다.

　머리를 감고 말리기만 하면 신경 쓸 일 없고 머리 만지는 재주가 없으니 꼬불거리는 게 미장원에 다녀온 것 같아서 그럭저럭 살아왔다.

　아이들이 성장하고 보는 눈이 높아지면서 엄마의 머리 스타일에 신경을 썼다. 아이들이 대학교에 다니면서 엄마 스타일을 바꿔보겠다 하여 대학가 헤어 전문점에서 파마한 적 있다. 머리만 달라진다고 얼굴이 달라지는 것도 아니었다. 동네 파마나 대학가 파마나 별로 다르지 않았다. 신경을 써가며 머리를 가꾸어야 하는데 그걸 도대체 못해서 늘 푸스스 날아가는 머리가 된 것이다. 딸들은 집에 올 때마다 엄마 머리 스타일이 왜 이래 한다. 누군가 푸들이랑 똑같다며 깔깔 웃었다. 멋쩍어서 머리를 만지며 같이 웃었다. 이제는 뽀글이 파마가 어울린다는 생각을 한다. 나이 들면 역시 뽀글이 파마가 최고다.

  어제는 파마할 때가 되어 미장원을 갔다. 원장님은 알아서 보슬보슬 푸들 강아지로 만들어 주었다. 넓고 푸른 풀밭에서 귀여운 강아지가 뛰어다니다 반갑게 달려오는 듯 딸들의 목소리가 들리는 듯했다. 엄마 또 야. 우리 엄마 못 말려. 호호.

  나는 거울을 보며 흐뭇해졌다. 이렇게 이쁜 걸 못하게 하다니. 거울아 거울아 세상에서 누가 제일 이쁘니?

그대의 로망스(Romance)

　분꽃이 달빛 속에 활짝 피고 별꽃이 하얀 달빛에 꽃잎이 더욱 예뻐 보이던 날 저녁, 우물가 건넌방에서 책을 읽고 있던 나는 벌떡 일어나 창호지 문을 열었다. 슬프고도 텅빈 가슴을 두드리는 천진스러운 음악 소리에 주위를 둘러보았다.
　여름밤은 달과 별이 가까이 내려와 풀빛 위를 비추고 고요하고 잔잔한 나무 그림자 아래로 머물고 있다. 올려다본 밤하늘엔 은하수가 달 옆으로 길게 하얗게 길을 만들고 북두칠성이 비스듬히 떠있다.
　얼마 전부터 사랑방에서 작은오빠와 친구들이 어깨에 기타를 메고 개선장군처럼 줄을 서서 냇가 둑길을 따라 우리 집으로 와서는 기타 연습을 하기 시작했다. 까까머리 중학생들이 어른이 되기 위한 절차처럼 그렇게 기타를 들고 다니면서 으스댔다. 어린 나는 언제나 오빠 친구들이 기타 연습을 하면 시끄럽다고 오빠 친구들이 가고 나면 다른 집에 가서 연습하라고 항의를 했다. 오빠는 그 후로 기타 연습할 때면 안채에서 나를 나오지 못하게 엄포를 주었다. 어쩔 수 없이 나는 방안에서 책을 보거나 만화책을 읽거나 그림을 그렸다. 오빠는 미친 듯 연습을 하였다. 손가락이 빨갛게 벗겨진 것 같기도 했다. 그래도 나는 시끄러워 미칠 것 같았다. 그러면서 점차 달라져가는 기타 소리에 귀 기울이기 시작했다. 기타 줄 끊어지는 소리와 음정이 가만히 있어도 정확하게 기억되었다.
　하루는 몰래 사랑방 문을 살짝 열고 들여다보았다. 친구는 다섯 명이고 한결같이 열심이었다. "공부를 저렇게 하시지" 하고 방으로 왔는데 곰곰이 생각을 해보니 나도 한 번 해보고 싶었다. 어느 날 기타 소리가 안 나는 날 사랑방을 가보니 오빠 혼자 연습을 하고 있었다. 나도 한 번 해보면 안돼하고 졸랐더니 기타를 나에게 주면서 한 번 잡아보라고 했다. 그러고는 손가락으로 기타 줄을 잡는 법을 가르쳐 주었다. 그런데 아무리 해도 그게 안 되었다. 몇 번을 해보아도 어설프니 소리를 버럭 지르며 넌 기타 칠 자격이 없다며 방에서 나가라고 했다. 자존심이 상해서 눈물이 핑 돌았다.

애잔하고 가슴을 아리게 하는 기타 소리는 우물가 꽃밭에 다리를 포개고 앉아서 작은오빠가 기타를 치고 있었다. 아니 연주였다. 공연이었다. 불길 같은 성격이 결국 해낸 거 같았다. 그 멋진 모습과 손놀림 여름 달빛은 매혹적이었다. 꽃잎에 쌓여가는 기타 소리와 달그림자를 지금도 잊지를 못한다.

먼 훗날 티브이 명화극장을 보는데 귀에 익은 배경음악이 흘렀다. 흑백영화였다. 1940년 세계 2차 대전 중 프랑스의 한 마을에서 부모를 잃은 소녀가 죽은 강아지를 그 동네 소년과 묻어주면서 마을의 십자가를 숨기고, 훔치고 하는 무덤 놀이였으며 결국 소녀는 마을에서 쫓겨나듯 비행기를 기다리는 공항에서 소년 미셸을 울부짖으며 찾아가는 영화였다. 중간중간 음악이 이어지고 기억 속의 그 음악은 1952년 작 '금지된 장난'(Jeux Ierdits, Forbidden Games)의 영화에 삽입된 OST였다.

지난날 제목을 묻고 싶었지만 자존심이 상해서 묻지 못했던 그 기타 음악

이 Romance였다는 것을 뒤늦게 알았다. 당시 얌전하게 작은오빠에게 기타를 배웠다면 지금쯤 내가 좋아하는 곡들을 멋지게 연주하지 않았을까. 마음을 감미롭게 감싸는 음률과는 2000년 방영된 미니시리즈 '가을동화'에서 또다시 만났다. 클래식 연주로 배경음악이 삽입되었을 때의 그 감정은 어떻게 표현할 수 없다. 이별과 헤어짐의 아픔에 눈물이 그렁그렁했었다.

얼마 전 생전 처음 보는 악기를 배워보라고 악기를 선물 받았는데 이름도 생소한 칼람바라는 아주 귀여운 악기였다. 자세히 본다면 실로폰 같은데 손가락을 눌러서 소리를 내는 아주 작고 예쁜 악기였지만 또 자신이 없다. 평생 악기를 다룬 적이 없어 서툴고 느리다.

이번만은 꼭 많은 연습을 해서 로망스를 연주하여 지인 관객에게 로망스를 들려주고 싶다. 옛날 추억 속의 Romance가 나의 어디엔가에 스며들어 조금은 쉽게 배울 수 있을 거 같은 예감이 든다.

벌에 쏘이다

 벌들이 극성이라고 하는 뉴스를 보면서도 남의 일이라 여기던 일이 나에게 닥치게 될 줄이야 상상이라도 했겠어요? 말벌들이 아파트 외에 도심의 주택가에 출몰하면서 119구급대원들이 바빠지고 위험에 노출된 시민들의 걱정스러운 얼굴이 떠오릅니다.

 더위를 피해 월정사를 관람하고 방아다리 약수터를 가서 녹 냄새와 톡 쏘는 탄산수의 맛을 느끼며 시원하게 약수를 마시고 시간이 넉넉하여 계곡을 탐색하였어요. 발이라도 담그고 가자고 텐트를 치기 시작했지요. 바위들이 촘촘히 박힌 계곡의 평평한 곳을 아무런 의심을 하지 않고 오가면서도 아무런 낌새를 몰랐다니까요.

 저녁 찬거리를 사러 진부로 나가려고 언덕을 오르는데 발목에 뜨끔 하는 통증에 발을 들어 올리는 순간 어머나, 벌들이 나를 체포하여 온몸에 달라붙어 쏘아대기 시작했어요. 뜨끔뜨끔 멍멍, 뛰고 뛰어서 큰길로 나왔는데 팔과 다리가 부어오르기 시작했지요. 그 아픔이란 무어라 형용할 수 없는 통증, 벌에 쏘여본 사람만 아는 통증일 것입니다. 겁이 나고 놀라서 약국으로 직행했어요.

 "몇 방이나 쏘였나요?"
 "네?"
 그때야 살펴보니 열 군데가 넘었어요.
 "죽는 거 아닌가요?"

"청심환 드시고, 이 약을 먹으면 괜찮아질 거예요."
간신히 진정하고 다시 계곡으로 돌아오니
"어메어메 축하한다요. 천연 침을 맞았으니 경사요."
"며칠이 지나면 확실히 좋아진 걸 알 거라요."
옆 텐트 이웃이 호들갑을 떨며 걱정은커녕 신나 하면서 환영의 말을 해줬어요.
그 말에 안심하고 슬그머니
"근데 어디가 좋아진다는 거지요."
"뭘 묻소" 한다. "지나보면 알지."
평생 벌에 쏘인 것이 처음이라 가슴이 울렁거리고 겁이 나서 죽는 줄 알았지요.
외부의 침입이라고 판단한 벌들이 침입자에게 목숨을 내놓고 방어를 한 것이지요. 난 그들을 해하려 한 것이 아닌데 멀쩡한 벌들을 죽이고 말았어요. 의지와는 상관없이 이렇게 벌의 생명을 빼앗아버렸으니 며칠 통증에 시달리는 것이 당연하다고 생각했어요.
오래된 일이지만 여름이 되면 생각하면서 웃지요. 근데 지나보면 안다던 그 효과가 무엇일까요. 여름이면 궁금해지는 그 답변을 알고 싶어지네요.

조화처럼

아침이면 거실에 꽂아둔 해바라기 꽃을 바라본다. 빈센트 반 고흐의 해바라기 꽃을 떠올렸다. 그림만을 보았는데 강렬하게 마음을 사로잡았다. 섬세하게 붓 자국이 보였고 자화상이 보였다. 화가의 일생이 눈앞에서 스치듯 지나갔다.

지인과 함께 갑자기 재래시장 구경하러 갔다. 딱히 살 것은 없었지만 지나가는 말로 콩죽 이야기를 했는데 시장 죽집에서 그 죽을 먹어보자고 한 것이다. 어릴 때 여름 장마철이면 가마솥에 끓인 하얗고 뽀얀 죽을 먹었다. 고소하고 우유에 따끈한 밥을 말아 먹는 맛, 밥그릇에 김이 서리면 후후 불면서 뜨거운 죽을 먹었는데 그 맛이 생각난 것이다. 지인도 그 맛을 안다고 했다.

당연히 있을 거라 믿었던 콩죽은 없었다. 자리에 앉았는데 그냥 나가기도 어색하여 노란 병아리색 호박죽을 시켜 먹었다. 아쉬움은 있었지만 서로 눈웃음을 나누며 맛있게 오랜만에 배부르게 죽을 먹었다.

한여름 후끈 열기가 올라오는 시장은 조금은 한산했다. 여기저기 기웃거리며 신기한 듯 바라보았다. 옷가게에서 옷도 입어보고 신발도 신어보았다. 시원한 모자도 써보고 여름 스카프도 샀다.

장터를 돌아 나오다 발걸음을 멈추었다. 세상의 꽃들은 다 모여 있는 조화꽃집이었다. 고향의 사람들이 반기는 듯한 표정으로 나를 보았다. 일제히 나를 바라보는 표정에서 한참을 망설였다. 선택을 할 수 없을 만큼 아

름다웠다.

 활짝 웃는 환한 꽃, 까만 씨와 노란 꽃술이 더 밝고 화사하게 보이는 꽃, 향기는 없지만 마음을 즐겁고 포근하게 감싸주는 꽃, 같은 곳에서 볼 수 있는 나만 바라보는 꽃, 그늘이 없고 항상 고개를 돌려 바라보는 키가 큰 꽃.

 꽃잎이 많고 정 많은 노란색의 해바라기 꽃 한 다발을 샀다. 향기를 맡아 보았다. 태양과 흙의 냄새가 났다. 투박하고 검소한 몸에서 나오는 듯한 냄새였다.

 잘 보이는 곳에 화병에 꽂아 놓았다. 온 집안이 해바라기 꽃이 내뿜는 향기에 취한 듯했다. 넘쳐나는 활력과 힘이 보였다. 등잔불을 켜놓은 듯 아늑해졌다.

 날마다 너를 본다 / 시들지 않는 기억 속의 靑春을 보듯 / 幸福하다 / 幸福하다 / 呪文처럼 - 詩, 조화.

짚가리 둥지

추석을 앞두고 벼가 고개를 숙이기 시작했다. 병아리가 알을 깨서 세상에 나왔을 때, 축축했던 털이 마르고 노란색이 점점 살아나는 털 색을 기억한다. 지금이 그렇다. 병아리 털 같은 노란색의 들판이다. 따가운 햇볕이 긴 그림자를 드리우는 이 시점, 해가 많이 짧아졌다. 들판이 무르익어 황금빛으로 잔물결을 일으키면 일 년의 벼농사는 많은 수확을 남긴 채 가을 속으로 사라진다.

탈곡이 끝나면 논바닥과 바깥마당에는 볏짚 마을이 생겨난다. 신도시처럼 줄지어 들어서는 볏짚 마을, 도랑을 치고 물길도 만들면 볏짚 마을은 버젓한 짚가리가 된다. 짚가리는 우람하고 튼튼하고 견고했다. 벌판의 거센 찬바람도 잘 막아내어 쓰러지는 법이 없었다.

친구와 나는 몰래 이곳저곳을 살피다가 맘에 드는 짚가리에 방을 만들기 시작했다. 온 힘을 다해서 땀을 흘려가며 자그마한 방이 만들어지면 살림을 차린다. 집에서 가지고 나올 수 있는 물건은 다 가져다 채우고 짚단으로 문을 닫아놓고 사람들이 없을 때 살금살금 들어가서 마주 보고 웃으며 소꿉장난도 하고 동화책도 읽고 만화책도 읽었다. 노래도 부르며 신나했다. 그러다 밖으로 나와서 짚가리들을 돌며 춤을 추듯 뛰어놀았다. 짚가리에 기어 올라가서 방방 뛰다가 뛰어내리기도 했다.

어느 날, 이 짚가리 저 짚가리에 방을 만들어 놀다가 딱 아버지한테 들키고 말았다. 아버지께서 불같이 화를 내시고 친구와 나의 팔을 잡고 집으로

끌고 가셔서는 부지깽이를 잡으시려는 순간 우리는 힘차게 뿌리치고 도망을 쳤다. 만들어놓은 우리의 비밀의 방으로 쏙 들어가서 꼭꼭 숨었다.

그 시대 농촌의 짚은 쓰임이 많았고 소중한 자원이다. 짚단을 추려서 새끼를 꼬아서 가마니도 짜고, 예쁜 멱구리, 똬리, 멍석을 만들었다. 초가지붕 이엉, 소가 먹는 쇠죽, 외양간 두엄, 땔감, 나머지 짚은 논바닥에 뿌려졌다.

짚가리에서 놀면 짚가리가 무너지며 다칠 수도 있고 비가 새서 볏짚이 썩을까봐 부모님은 걱정하신 것이다. 다시는 짚가리에 방을 만들지 말라고 신신당부하셨다.

우리는 집 마당에 서서 시무룩하게 짚가리를 바라보았다. 덩치 큰 짚가리는 멋있게 앉아서 우리를 부르는 듯했다. 짚가리 놀이터는 따뜻했고 볏짚 냄새가 좋았다. 농부들을 쉬지 못하게 하는 볏짚이라 미워도 했었지만, 그 냄새는 마음을 포근하게 감싸는 둥지였고 기억 속의 냄새였다.

구피하고 나하고

아침이면 구피가 입을 뻐끔거리며 '오늘은 어디 가시나요?' 하고 묻는다. 하루의 일정을 물어본다. 연잎에 고인 이슬 같은 맑고 투명한 눈망울이 반짝 빛난다. 물 위로 입을 올리고 밥을 달라고 아우성이다. 불면 날아갈 듯 조그만 알갱이로 된 밥을 물 위로 올려주면 소리가 나듯 펄쩍펄쩍 뛰듯 달려들며 먹는다. 밥을 다 먹고 아쉬운 듯 눈을 굴리며 쳐다보면 애처롭기도 해서 한 스푼 담았다가 다시 쏟아 넣는다. 구피를 분양받아 올 때 첫 번째 주의할 것이 밥을 조금씩 주는 거였다.

"구피야 오늘은 안 줄 거야, 배가 볼록한데 더 먹으면 안 돼" 냉정하게 휙 돌아서서 아침밥을 차려먹고 집안 청소가 끝나면 구피와 나는 대화를 나눈다.

식탁 위 작은 꿀 병에 스킨을 꽂아주고 작은 돌도 몇 개 넣어준 게 전부다. 엄마가 너무 심하다며 어항을 사다 준다고 하지만 잘살고 있는데 굳이 어항을 사야 하는지 모르겠다. 마트를 가면 그래도 어항을 살까 말까 하다가 그냥 온다. 수세미로 병만 닦고 물만 넣어주면 구피도 좋아하고 맑은 물에 돌아다니는 구피도 이쁘다.

미장원 앞을 지나가는데 원장님이 손을 흔들며 불렀다. 빨리 병이나 그릇을 가지고 오란다. 머리를 하러 가면 거울 앞에 자잘한 물고기가 바글바글 어항에 들어있는 물고기가 이쁘긴 해서 "어머나 송사리랑 똑같네" 했었다.

가무잡잡하고 아주 작은 새끼 물고기를 그릇에 떠서 넣어주었다. 밥은 적

게 주고 밥이 없다니까 휴지에 조금 덜어주면서 사다주겠단다. 엉겁결에 가져온 물고기 이름이 구피라고 해서 구피라고 부르게 되었다. 처음에는 아침에 일어나자마자 달려가서 구피를 살펴보았다. 오물오물 몰려와 밥을 주면 와글와글 달려들어 맛있게 먹었다. 잘 보이지도 않던 구피는 꼬리와 지느러미에 붉은색을 띠우기도 하고 흰색과 검은색이 선명한 테두리를 그리며 조금씩 자라주었다. 벌써 일 년 전의 일이다

어느 날 구피 집을 청소하려 구피를 그릇에 옮겨놓고 병을 닦다가 뭔가 이상했다. 통통하고 다 큰 구피가 엉성한 것이 숫자가 줄어든 것 같았다. 병을 닦아 물을 담아놓고 구피를 세기로 했다. 하나, 둘, 셋, 물속에서 이리저리 돌아다녀서 도대체 셀 수가 없었다. 한 마리씩 손으로 잡아서 병 속에 넣어주었다. 11마리였다. 처음 보다 많이 줄어든 것 같기도 하고 아리송해서 11마리 하고 스티커에 적어 붙여놓았다.

원장님한테 우리 구피 11마리라고 했다가 야단을 맞았다. 왜 그것밖에 안 되느냐는 것이다. 새끼를 낳았다면 곱은 늘었을 거란다. 새끼를 낳는다고 그게 무슨 소리. 구피가 크면 배가 불러지면서 새끼를 낳는데 따로 길러야 한단다. 난 새끼를 한 번도 못 봤는데 새끼는 어디로 갔단 말인가.

"구피야 잘 잤어?" 뻐끔거리며 달려오는 구피가 너무 귀엽고 예쁘다. 말 없이 건네는 눈인사도 너무 좋다. 여름이 익어 풍성한 가을이 되듯 구피가 새끼를 많이 낳아서 오래도록 나와 다정하게 눈을 맞췄으면 한다.

일복 많은 나

시골스러워서일까. 날씨가 좋은 날은 빨래를 한다. 옛날 마당에 새끼줄을 치고 바지랑대를 받치고 이불 홑청이며 옷들을 빨아 널면 파란 하늘에 바람을 타고 저고리 옷고름이 연 꼬리처럼 날리었다. 저녁이면 빨래를 걷을 때 나는 햇볕과 바람의 냄새를 잊을 수가 없다.

햇볕이 집안으로 드는 날은 빨랫감을 찾아내어 세탁기를 돌린다. 소설, 대설이 지났지만 포근하고 따뜻하여 푸른 풀도 그대로 있고 첫눈은 내리다 녹아버렸다. 문득 이불빨래나 하자고 이불과 작은 담요를 세탁기에 넣고 빨래를 시작하였다.

빨래가 끝나갈 시간쯤 섬유유연제를 안 넣은 것 같아 세탁기를 임시로 멈추고 들여다본 순간 무언가 둥둥 수도 없이 빨래 위에 떠다니고 있었다. 자세히 보니 종잇조각 같기도 했다. 이불을 들어 올려보니 종이박스가 물에 녹아서 담요와 이불에 붙어 있다. 어떻게 종이박스가 세탁기 안으로 들어가 이렇게 잘게 부서져 물에 풀어져 있단 말인가.

빨래를 탈수시켜 꺼내어 베란다에서 수도 없이 헹구었지만 종이는 빠지지 않았다. 담요는 물을 먹어서 더 무겁고 힘이 들었다. 간신히 들어 올려 세탁기에 넣고 탈수를 시켜 널고는 널브려져 누웠다.

오전 내내 빨래와의 전쟁을 치르다보니 배가 고팠다. 냉장고에서 어제 먹었던 생선 알탕을 꺼내어 전자레인지에 넣고는 상을 차렸다. 그런데 전자레인지에서 퍽퍽 하는 둔탁한 소리가 났다. 급히 정지하고 뚜껑을 여니 세

상에 이게 무슨 일인가. 놀래서 자빠지는 줄 알았다. 생선 알이 터져서 전자레인지 안에 온통 붙어 있다. 생선찌개를 꺼내고 한숨을 쉬었다. 편하게 덥히려고 전자레인지에 넣은 걸 후회했다. 가스레인지에 끓였으면 이런 일은 없었을 게 아닌가. 알은 전자레인지에 들러붙어서 행주로는 잘 닦이지도 않았다. 한참을 전자레인지 청소를 하는데 기가 막혔다.

식탁에 앉아서 커피나 마실까 하고 있는데 구피와 눈이 마주쳤다. 참, 구피 밥을 주지 않았구나. 나보다 더 배가 고플 구피의 밥을 숟가락에 담다가 바닥에 확 쏟아져 흩어졌다. 기운이 다 빠져서 숟가락을 들 힘도 없나 투덜대면서 청소기를 돌리려는데 그게 충전이 안 되어 작동하지 않았다. 빗자루를 찾아 구석구석 쓸었다. 안 해도 될 대청소를 하게 되었다.

하루의 일상을 헛되게 보낸 거 같아 속이 상했다. 아침, 점심도 못 먹고 호되게 일만 하였다. 머리가 나쁘면 다리가 고생한다는 말이 떠올랐다. 왜 이렇게 실수를 많이 할까 생각을 해보니 꼼꼼하지 못하고 대충대충 빨리 일을 끝내고 싶어 하는 마음 때문이고 또 일복이 많아서 이런 일을 겪는 게 아닌가 스스로 묻는다.

여행은 겨울에 떠나요

한겨울 어디론가 가고 싶은 충동도 얼어붙은 날, 친구에게 전화가 왔다. 내일 고향으로 오라는 것이다. 고향을 떠난 후로 출가외인이어서인지 갈 기회가 그리 많지 않았다, 가끔씩 친구들이 불러주면 다녀오곤 했다. 지인에게 수십 년 만에 고향을 다녀 왔다고 하니 너무 슬프다고 눈물까지 글썽였다. 왜 고향을 못 갔을까.

초등학교 시절 가물가물한 기억에서 지워지지 않고 남은 것은 소풍의 즐거운 기억인데 친구들도 그 소풍의 즐거움이 좋았고 아직 잊지 않았다고 했다. 정말 오래된 기억 중의 하나다. 우리가 이렇게 오래도록 살면서 어린 시절을 떠올린다는 것은 나이가 들었다는 사실일 것이다.

봄과 가을 소풍을 발표할 때는 항상 무란사 아니면 싱원절이었다. 우리는 실망 어린 목소리가 튀어나와 에이~ 하고 길게 여운을 남겼다. 에~이는 또 거기로 가냐는 짧은 표현이다. 엄마가 도시락을 들고 우리 반 끝이나 내 옆에서 걸으면 그날은 최고의 날이 되었다.

신작로 길 먼지를 뽀얗게 일으키며 반나절을 걸어서 무란사에 도착하면 자리정돈을 한 다음 교감 선생님께서 무란사 전설이랄까 축성 이야기를 하셨다.

옛날에 홀어머니와 두 남매가 살았는데 두 남매는 모두 기골이 장대하고 지략이 뛰어났다 한다. 한 집에 두 사람의 장수가 존재할 수 없다는 이유로 동생이 누나에게 자신은 나막신을 신고 장작을 가득 실은 마차를 끌고 한

양을 갔다 올 테니 그동안 누나는 성(城)을 쌓기로 내기를 하였다. 처녀장수인 누나는 쉬지 않고 성을 쌓기 시작해 마침내 성문 귀퉁이만 남아있었는데 어머니는 한양간 아들이 돌아오지 않자 여가 탔다. 어머니는 딸에게 팥죽을 끓여주며 쉬도록 했다고 한다. 딸은 어머니의 성의를 무시할 수 없어 죽을 먹고 숟가락을 놓으려는 순간 동생이 마차를 끌고 돌아왔단다. 결국 누나는 동생의 칼에 목숨을 잃고 말았다는 전설이다.

매년 듣는 전설이었지만 교감 선생님께서는 실감 나게 동화책을 읽는 것처럼 온 정성을 다하셔서 끝까지 말씀해 주셨다. 절 앞쪽 철쭉꽃이 만발하고 보물이 숨겨져 있는 곳으로 가서 점심을 먹을 생각만 했었다. 따뜻한 날씨와 꽃그늘 아래서 밥은 먹는 둥 마는 둥 보물찾기에 정신이 팔렸던 기억. 아마 악착같지 못한 나는 보물을 못 찾았던 것 같다.

지난 기억을 결국 기억하게 되는 모든 것은 실제로 본 것과 언제나 똑같지 않은 것이지만 우리는 굳게 믿었고 기억 손의 우리를 잊지 않았다.

평범한 삶속에서 어린 시절이 떠오른다 해도 그 기억이 확실한지 정확한지는 생각하고 싶지 않다. 마음속에 존재하는 그 시절이 중요하기 때문이다.

우리가 알고 있었던 무란사는 실제로 운수사이고 자주 갔던 싱원절은 청원사이다. 이 기억 속에서 우리는 얼마나 들뜨고 행복했던가. 무지개같이 피어나던 신작로의 먼지와 미루나무 나뭇잎의 반짝임은 어딘가로 떠난다는 설렘이면 어린 시절을 몽땅 그릴 수 있는 도화지 속의 소풍 모습이 아닐까. 연분홍빛의 철쭉꽃과 운수사 뒤 언덕을 뛰놀던 우리가 있었다는 사실이다. 누구도 무란사와 운수사를 혼동했다고 한마디도 하지 않았다.

성벽 위를 뛰어도 뛰어도 지치지 않았던 그 시절에 발을 담그니 어느덧 이리 멀리 달려와 망각과 추억의 속도에 몸을 실을 수밖에 없나보다. 한겨울에 나뭇가지 속을 지나다니는 바람에게 친구는 소리쳤다.

"영희야 다음에 올 땐 니네 동네를 그려와" 나는 또 철쭉꽃과 봄날을 기다린다.

해조곡

　옛날이야기는 그만하기로 했다. 꼭 같은 시간 속의 이야기는 똑같지는 않아도 나 혼자만이 충분히 이해하고 추억하면 되는 것으로 생각하기도 했다. 문득 같은 시간 속처럼 이해되고 떠오르는 것은 익숙한 경험이라던가 젊은 시절의 후회 같은 너절한 이야기가 될 것이기 때문이기도 하고 누구나 공감하는 이야기가 이미 멀어진 시간 속을 헤집어 놓을 수도 있는 너, 나와의 이야기, 혹은 그러지 않아도 아픈 마음이었던 누군가 물어보지도 않았고 묻혀 있던 이야기와 삶을 혼동하지 않을까 하는 염려도 있어서다.

　얼마 전 자주 다니는 길에서 또 버스를 잘못 탔다. 걸어왔더라면 십 분이면 충분할 시간을 한 시간이 넘게 온 신도시를 돌고 돌아서 제자리가 아닌 우리 집 앞에서 내렸다. 버스를 타면서 당연히 집으로 가는 버스라고 확신을 하였다. 한 정류장을 지나면서 방향이 다르다는 것을 알았다. 순간 또 잘못 탔구나 하는 생각과 함께 돌아서 다시오면 다른 버스를 타면 되겠지 하고 편안하게 앉아 있었다. 그런데 낯선 아파트 단지로 들어서더니 계속 아파트 숲을 지나고 달리다가 버스가 정차하였다. 그때 손님들이 우르르 짐을 챙기고 일어서더니 모두 내리는 것이었다. 여기가 마지막 정류장인가보다 하고 그냥 앉아 있는데 기사님께서 왜 안 내리냐고 하셨다. 창피하기도 해서 버스를 잘못 탄 것 같은데 여기서 내려야 하느냐고 물으며 다시 돌아나가서 역으로 가느냐고 물었다. 기사님은 두를 흘긋 쳐다보시더니 "생긴 것과 다르게 차를 잘못 타느냐" 하시며 웃으셨다. 차를 잘못 탈 것 같지 않은

데 왜 탔느냐는 것이다. 할말이 없어 가만히 있는데, 십 분 정도 정차를 했다가 우리 아파트로 돌아가니 그냥 있으라고 하셨다.

　나는 이런 일이 한두 번이 아니라서 에라 모르겠다 오늘은 시간도 많은데 기다렸다 가자 하는 생각을 하였다. 버스를 잘못 타는 이유는 길 반대편 정류장에서 타야 하는데 그런 생각을 못하고 버스 번호만 같으면 홀짝 올라타고 다른 곳으로 가서 기사님이 내리라고 하면 내리고 있으라고 하면 있으니 버스 한 번 잘못 타면 한나절을 시간 낭비를 하는 것이다.

　그때 버스의 라디오에서 노래가 흘러나왔다. 마음이 서글퍼지고 가련해지는 옛 노래였다. 듣기만 해도 슬퍼지는 가슴 아픈 이별의 노래가 버스 안을 가득 채웠다. 어디서 듣던 노래인데 기억을 더듬어가며 생각을 하며 공연히 마음이 가라앉으며 노래의 주인공이 된 듯했다.

　아랫집에 사는 언니 딸하고 우리 딸이 잘 놀고 있는 그렇다고 나하고는 어쩌다 마주치면 눈인사 정도 하는 사이의 언니가 생각났다.

　어느 날 뜬금없이 우리 집으로 그 언니가 왔다. 한 번도 가깝게 지낸 적이 없어 의아해하고 있는데 노래방을 같이 가달라고 웃음 띤 얼굴로 쑥스럽게 말했다. 속으로 너무 놀랍긴 했지만 시골 살면서 오죽 답답하면 이럴까 생각했다.

　낮에 노래방을 여는 곳이 없어 몇 군데를 돌다가 드디어 낮에 노래방을 하는 곳을 찾아 들어갔다. 맨 처음 그 언니가 부른 노래였다. '해조곡' 나는

처음 듣는 노래고 낯선 노래였다.

 노래를 부르다 쓰러지듯 앉아있는 나의 무릎에 얼굴을 묻고는 펑펑 울었다. 나는 너무 당황스럽고 가엾고 애처로움에 같이 엉엉 울면서 내 삶도 뒤돌아보게 되었다. 나는 지금 무엇을 하는 것인지, 저 언니와 다를 것이 무엇인지 하며 더 서럽게 울었다. 그러다 마주보고는 실컷 웃고 속에 맺힌 무언가를 모두 쏟아내고 집으로 와서는 또 서먹서먹하게 지내다가 나는 이사를 왔다.

 기사님께서 "오늘 구경 많이 하셨네요." 하셨다. "네, 기사님 덕분에 관광한 것 같아요. 고맙습니다. 안녕히 가셔요." 버스가 떠나고 집으로 오면서 오늘을 기억할 날이 있을 거라고 중얼거렸다.

사랑을 엮는 뜨개질

　날마다 가파르게 기온이 내려가고 있다. 가을을 맞이할 준비도 할 사이 없이 여기저기서 파란 잎들이 춥다고 따뜻한 옷을 입혀달라고 어머니의 하얀 머리에 세월이 내려앉듯 가을의 색깔이 조금씩 올라오고 있다. 그때 나뭇잎 하나가 내 발등 위로 날아와 앉았다.
　이 동네로 이사 왔을 때가 생각난다. 아파트 앞에 상가가 있었는데 상가보다는 주인분께서 농사를 지으시는지 철 따라 고추며 도토리, 건물 옆에 심어진 대추나 밤 등을 항상 가을이면 널어놓으시고 옆에 앉아서 고추 꼭지를 따고 계시던가 아니면 채소를 다듬고 계셨다. 지나치다가 다가가서 농사를 지으시냐고 물었더니 그렇다고 하시며 힘들다고 하셨다. 할아버지 옆에는 커다란 고양이 두 마리가 두 다리를 쭉 펴고 누워서 나를 바라보았다. 빨리 가라고 하는 것 같았다. 쪼그리고 앉았다가 일어서는데 내 모습이 창문에 비쳤다. 속으로 어머나 깜짝이야 놀라서 자세히 보니 쇼윈도였다. 할아버지 장사하시나 봐요 하니 할아버지께서는 털실로 옷을 짜서 팔았는데 이제 힘들어서 못 하신다고 하셨다. 커다란 창 앞으로 가서 들여다보니 아주 여러 가지 옷들이 진열되어 있었다. 오랜 세월 그렇게 걸려있었는지 색이 바래고 늘어지고 먼지가 끼었는지 우중충하고 또 전등을 켜지 않아서 옷 모양이 잘 보이지 않았다. 그래도 반가운 마음이 들어서 "오랫동안 하셨나 봐요. 종류가 많네요."하며 다시 유리창을 손으로 닦고는 또 들여다보았다. 모자. 조끼, 카디건, 두껍게 짠 코트도 있었다. 다양하고 많은 물건이 걸려

있고 그 뒤로 털실들이 쌓여 있었다.

　그 후로 털실이 어른거리고 한 번 뜨개질을 해보고 싶은 마음이 들었다. 어릴 때 동네 언니들에게 배운 뜨개질이 생각났다. 나는 언니와 나이 차이가 커서 언니 친구들이 엄마 같았다. 뭐든 물어보거나 가르쳐 달라고 하면 엄마보다 더 잘 가르쳐주었다. 저녁이면 우리 집에 모여서 화롯불을 가운데 두고 겨울밤을 따뜻하게 보냈다. 코를 빠뜨려서 모양이 안 나면 언니들이 다시 풀어서 뜨개질을 뜨게 해주었다. 언니들은 스웨터를 떠서 입기도 하고 목도리도 예쁘게 떠서 모양 있게 목에 두르고 다녔다. 그 당시 유행하는 색의 털실로 만든 옷은 참 예쁘고 포근포근하고 따뜻했다. 겨울방학 동안 배운 털실 장갑을 끼고 학교에 갔을 때의 기분은 마냥 자랑스러웠다. 잘 하는 것 없는 내가 수도 없이 풀렀다 떴다를 반복하여 만든 장갑이기 때문이다. 친구들은 엄마가 떠준 예쁜 스웨터를 입고 왔어도 내 장갑보다 예쁘지 않았다. 춥고도 긴 겨울을 언니들과 장난도 치고 웃으며 뜨개질하면 어느새 봄이 와 새싹이 나오기 시작했다.

구석진 길가의 작은 가슴 고운 꽃

 늘 그렇다. 성급함에 후회하는 것. 꽃망울을 터트리는 것을 보면 봄옷을 꺼내놓고 겨울옷은 치워버리는 것.
 꽃샘추위가 살금살금 오더니 초겨울 날씨로 살얼음이 얼 것 같다. 겨울옷을 다시 꺼내 입어야 했다. 조금만 있다가 옷장 정리할 걸 후회했지만 별 수 없이 다시 겨울옷을 상자에서 꺼내느라 진땀을 흘렸다. 4월도 오기 전에 봄 잔치를 크게 치르고서야 다시는 서둘지 말자 다짐했다. 4월의 사나운 바람을 왜 잊었을까.
 사람마다 보는 눈이 다르다. 아직은 흐드러지게 봄꽃은 안 피었지만 양지바른 담장 아래나 건물 아래 양지바른 곳엔 꽃이 피었다. 눈에 잘 보이지 않은 구석진 곳에 냉이꽃, 단추만한 민들레꽃, 어디에서 왔는지 보라색 제비꽃이 고개를 내밀고 오가는 사람들을 바라본다.
 모든 시선이 모이고 감탄을 하는 사람들도 있고 그냥 지나치는 사람들도 있다. 담장을 넘어온 화사한 개나리꽃이나 산수유꽃과 비교하기 힘든 생강나무꽃도 있지만 이 작은 꽃들의 색은 좁혀오는 시선을 아는지 한껏 웃음을 보내준다.
 길가 가로수 아래 비좁은 틈새에서 자기들의 얼굴을 하루하루 다르게 보여주고 가던 발걸음을 멈추고 수많은 잡념을 지워주고 있다. 어느 분이 제비꽃이 소복이 피어있는 꽃 앞에 앉아서 "나는 이 보라색을 보면 가슴이 설레고 뛰어, 소녀가 된 거 같아" 하며 울먹이는 목소리로 말했다. 이 순간을

우리는 살아있음을 감사해한다. 그 앞을 지나치던 수많은 발자국이 행복해지고 "벌써" 하며 지나온 옛이야기를 밝히기도 하고 봄이라는 계절에 감정을 맡기기도 한다.

　나도 척박한 땅에서 생명력을 예쁘게 하늘거리며 바라보아주는 제비꽃을 좋아한다.

　그리스의 신화에 나오는 양치기 소년 '아티스'가 아름다운 소녀 '이아'의 진실한 사랑을 모른척하자 '이아'가 죽어 제비꽃이 되었다는 이야기가 있다지만 자기네끼리 모여앉아서 소곤거리는 그 모습이 너무도 좋다. 어딘가를 의지해서 새싹을 틔우고 함께 살아가는 게 화려하며 고상한 보랏빛을 마음 어디엔가 간직하게 되어서다.

　꽃을 피우기 좋은 환경을 바람을 타고 찾아다니다가 우리 동네 가로수 아래에 자리 잡고 꽃을 피워주어서 얼마나 고마운지 모르겠다.

　신기하게도 나뭇가지에 꽃부터 피는 꽃나무가 있고 잎부터 나오고 꽃이 피는 나무가 있다는 걸 알았을 때 잎을 먼저 피울 것인가 꽃을 먼저 피울 것인가 하는 것은 선택과 집중이 필요한 것처럼 사람도 인생의 과정에 있어 중요한 시기가 찾아온다는 것을 어렴풋이 기억하기도 한다.

　마음이 아프고 몸이 아프더라도 구석지고 척박한 곳에서 웃음을 선물하는 꽃들에게 따뜻한 손길과 아픈 마음을 조금이라도 삭여냈으면 한다. 아시는 분이 몸에 혹이 자라고 있다고 한숨을 쉬었다. 최악의 순간이라고, 말할 힘이 없다고 했다.

어두운 얼굴빛에 지금이 "최악이야"를 잠시라도 잊고 벗어나고 싶은 최악의 순간을 아주 작은 소망을 키워나가는 제비꽃과 민들레꽃처럼 내게도 작은 힘이 있다고 용기를 내었으면 한다.

차갑기도 하고 따뜻하기도 한 바람 속에서 꽃을 피우는 들꽃이 아름다운 세상을 만들어가는 전령이라고 믿어지는 순간이 내게 느린 미학으로 다가왔다.

비가 내리면

　장마가 시작되었다. 온 세상이 물빛이다. 아무리 검은 구름이 하늘을 덮었다 해도 구름 위에는 해가 떠있고 스카프를 목에 멘 어린 왕자가 살고 있다. 꿈 같은 생각에 가슴이 설레이고 힘차게 내리는 빗줄기를 바라본다.
　황량했던 들판이 모내기로 파랗게 단숨에 물들어갈 때면 옛날 논이 생각난다. 비가 내려 논에 물이 차오르면 어디서 숨어있다가 나왔는지 땅강아지가 물풀을 헤치고 떠다니고 물방개가 물결을 일으키며 무지개처럼 헤엄을 친다. 저녁 무렵 나는 긴 내 그림자를 길게 늘이고 논둑을 걸어갈 땐 도둑걸음을 해야 한다. 좁고 물에 절여 사는 논둑은 제 몸무게도 지탱하기 힘든 흐물거리는 흙의 안간힘에 무너지지 않는다.
　물방개가 물 위를 걷듯 그렇게 논둑을 지나간다. 개구리도 피해 논으로 뛰어들고 무법의 서부영화를 보듯 시선을 거둔다. 이미 지나간 시간을 돌려 무엇하나 싶다. 논을 밭을 매듯 매고 피를 뽑던 시절이 아니지 않은가. 웅덩이에서 바닥이 보이는 물을 두레박으로 퍼 올려 갈라진 논에 물을 대던 시대는 저 멀리 가버렸다. 기계의 힘은 대단해서 빠르게 논을 갈고 벼를 심고 타작을 순식간에 해버린다. 첫눈이 올 때까지 타작하던 그때를 아는 이는 얼마나 되나.
　내 몸무게를 지탱하는 논둑에 쪼그리고 앉아 가뭄이 시작하는 논을 들여다보는데 아, 옛날의 풀이 자라고 있었다. 이름은 모르지만 아주아주 작은 잎들이 벼들 사이를 빼곡히 메우고 이끼처럼 풀어져 떠있다. 이쁘다. 손으로 떠올려 자세히 보았다. 그 작은 잎들은 논바닥을 채우고 제 세상을 만나서 행복해 했다.

얼마 만에 보는 논풀인가. 논풀은 꽃도 예쁘고 물 위에서 해맑은 미소로 반겨주었다. 논을 온통 뒤덮는 작은 잎의 논풀은 논을 연두색으로 바꿔 놓기도 한다. 이름을 알고 싶지만 알 수가 없어도 벼에게는 해초가 되겠지만 그래도 이쁜 걸 어쩌나.

장맛비가 쉴 새 없이 내리면 물풀들은 물꼬를 따라 흘러가 버리기도 한다. 얼개미를 들고 물꼬를 찾아 돌아다니며 물고기를 잡던 그때는 첨벙첨벙 잘도 뛰어다녔었다. 몇 마리 잡아서 친구와 함께 집으로 가져가면 너무 적다고 다시 논에 놓아주라고 아버지께서 말씀하셨다. 얼마나 힘들게 잡은 물고기인데 한참을 서운해하다가 시무룩하게 친구와 논에 놓아주고는 왔었다.

장마철이라는 말이 사라지고 집중호우나 소나기로 불리는 여름비는 마음의 모든 묵은 생각들을 씻어내 주는 시원한 비다. 장맛비는 며칠이고 내렸는데 요즘은 잠깐씩 내리다가 멈춘다. 원두막에서 비를 피하고 강렬한 햇볕을 가리면서 먹던 수박, 참외가 오늘처럼 내리는 빗속에 섞여 마음을 들뜨게 한다.

비가 내리면 밖으로 나가 친구들과 비를 흠뻑 맞으며 시원함에 온 동네를 맴돌았었다. 그렇게 아름답던 봄꽃 핀 자리에 그늘을 찾아들듯 잊혀지

지 않는 장맛비는 추억이자 가슴을 울렁이게 하는 더위에 얼굴 빨개지는 마음속의 시원함인 것이다.
　시야가 가려질 정도의 빗줄기를 우산을 쓰고 바라본다.
　비 피해가 없기를 바라며 마음속의 모든 근심 걱정을 쏟아내어 버려지고 쓸려 내려갈 것이라는 믿음에 문득 마음의 여유가 생긴다. 비가 내리면 어쩐지 후련해진다.

바위를 오르다

　벌써 며칠이 지났지만, 온몸은 근육통에 걷지도 앉지도 못하는 통증이 사라지지를 않는다. 어처구니없게도 설악산 구경만 한다는 것이 겁도 없이 울산바위 등산로가 개통되었다는 표지판에 눈이 번쩍 뜨여서 아무런 준비도 없이 올라가기 시작했다.
　설악산 신흥사에서 흔들바위 방향으로 가다보면 길가의 계곡 물소리에 정신을 빼앗기고 잘 닦여진 길이 길게 뻗어있어 힘들지 않게 걷다보니 흔들바위까지 가게 되었다. 날씨가 흐렸고 구름이 밀려왔다가 비를 조금씩 뿌렸다 사라졌다 했다.
　지인 몇이 강원도에 가서 바다도 보고 맛있는 음식도 먹어보자고 여행인지 고생길인지 분별없이 마음 가는 대로 떠났다. 그래도 설악산부터 가서 산바람도 쐬고 반달곰 동상 앞에서 기념사진만 찍고 차 한잔 마시고 다른 곳으로 가보자하였다. 아무리 바쁘고 할 일이 많다 해도 마음의 여유를 누려야 되지 않겠나 싶었다. 대청봉을 올라봐야 설악산을 가보았다고 말할 수 있겠지만 엄두도 못 내고 주위의 권금성 정도는 케이블카를 이용하고 가까운 비선대나 흔들바위까지는 갔다가 되돌아 왔다. 그것도 힘에 겨워 헉헉대며 걸었다.
　몇 년 전만 하더라도 길은 자연적으로 바위가 박혀있거나 크고 작은 돌들이 깔려있어 걷기가 힘들었다면 오늘의 그 길은 보수를 해서인지 너무 깨끗하고 평평한 길이었다. 어두운 구름이 지나가도 겁날 게 없었다. 맞으

면 되고 내려오면 된다는 가벼운 마음으로 오르는 산길은 기분 좋고 상쾌하기만 했다.

드디어 흔들바위에 도착했다. 이제 내려가야 하는데 누군가 울산바위를 가보자고 했다. 날씨도 썩 좋지 않은 데 가도 될까 망설이는데 울산바위 산행길이 조성되어 있어 한 번 가봤으면 하는 생각이 들었다. 거기다가 언제 울산바위 오르는 것을 꿈꿀까도 생각했다.

올라가다가 힘들면 내려가자고, 흔들바위에서 만나자 하고 '출발'을 선언했다. 나는 솔직히 포기한 상태로 계단도 만들어지고 돌길도 편편하게 최상의 길에 감탄하면서 오르기 시작했다.

나는 호흡이 가빠지고 인생 결행도(決行道)의 선택이 될지도 모를 헐떡이며 덜덜 떨면서 올라갔다. 무서워 뒤돌아볼 사이도 없이 앞만 보면서 위만 보면서 한 발자국씩 올랐다. 같이 올라가던 사람들이 다시 내려오며 "힘내세요" "파이팅"하면서 손을 들어 보이고는 재빠르게 내려갔다. 많은 외국인은 산악인인지 쉽게도 올라가며 웃어주고 힘을 보태주었다. 난간을 잡고 겨우겨우 올라가는 내 모습이 안타까워 보였나보다. 숨을 고르며 서서 산을 둘러보았다. 구름이 피어 올라가고 바위들이 모습을 드러냈다. 공포의 산행은 매끄럽게 빚어진 전설이나 설화에 나오는 희귀한 모습의 바위였다. 이렇게 큰 바위가 어찌 금강산을 향하여 날아갈 수 있겠는가.

보아라! 올랐다. 왕복 3시간이 넘게 걸려서. 아래에서 올려다보기만 하다가 정상에서 내려다보는 산들의 모양은 다양했다.

  나와 연배가 같아 보이는 분께서 올라오시면서 "제발 끝까지 올라가게 해주셔요. 포기하지 않게 해주셔요" 중얼거렸다. 힘겹게 오르는 간절함이 내게도 있었다고 말해주고 싶었다.

  일행들은 나를 보자 손뼉을 치며 환영식 분위기로 몰아갔다. 자기들은 패자라는 거였다. 기다려준 것만도 고맙다고 했다. 인생의 굴곡이 진 자리를 나는 그 위에서 보았고 희망도 기쁨도 느꼈다. 주저앉고 싶은 나약함도 인내로 버텨낸 것이라 생각했다.

  참을 인(忍)자는 '가슴에 칼을 얹고 있다'라는 뜻으로 결국 칼날은 참지 못하는 자를 먼저 찌른다는 뜻이라 한다. 산을 오를 때 참지를 못하고 내려왔다면 언제 그곳을 가보겠나 하는, 미련을 두지 않기 위해서 그 높은 바위를 올랐다.

  인간은 스스로 선택에 의해 자신의 모습을 만들어간다. - 사르트르

고추잠자리 문자

"핸드폰이 고장 났나 봐요. r.s.g.ㄷㅣdvny.sh.ygeㅎㅅ쳐ㅑ,ㅣ...이상한 문자가 계속 와요."

"네?" 벨 소리에 두 돌 지난 손녀의 손에 들린 핸드폰을 재빨리 뺏어서 전화를 받았다. 통화하면서 문자를 보니 와! 언제 그렇게 많은 문자를 했는지 기가 막힐 정도였다. 전화기에 입력해 놓은 전화번호 거의 문자를 보냈다. 한 분한테 계속 보낸 것도 있고 한 번 보낸 것도 있고 다양했다. 보내기 버튼은 어떻게 알았는지 쓰고 보내고 했는데 장문의 문자도 있었다.

전화하신 분들의 반응도 가지가지였다. "아기가 보낸 거지요?" 하시는 분과 핸드폰에 이상이 생겼나 잘 보시라는 분들이셨다. 웃으시면서 통화를 끊으셨다. 난감한 상황이 아닐 수 없었다. 바쁘신 분들이 대부분이신데 신경 쓰게 해드려 정말 죄송했다. 손녀는 어디로 숨어 버렸다.

여기저기 찾아보니 이불을 쓰고 앉아 있었다. 자신이 뭔가를 잘못했는지 아는 모양이다. 이불을 확 젖히고 "할머니 핸드폰 만지지 말라고 했는데 왜 만졌어. 네가 무슨 일을 했는지 알아." 소리를 높였다. 손녀는 입을 삐쭉대다가 엉엉 울기 시작했다.

딸네 집에 가면 제일 먼저 핸드폰을 높은 곳에 올려놓는다. 깜빡해서 가방에 있으면 언제 꺼냈는지 이것저것 누르고 보내서 애를 먹이기 때문이다. 장식장 위에 올려놓았는데 어떻게 내려서 문자를 그리 많이 보냈는지 모르겠다.

하긴 조용할 때 살펴봤어야 했다. 유튜브를 찾아내어 영상을 보고 싫증 나면 문자도 보내고 전화도 한다. 손가락을 화면에 대고 이것저것 휘저어 대며 장난감이 되는데 손녀에게는 세상에 하나밖에 없는 최상의 장난감이다.

의자를 끌어다가 놓고 올라서서 핸드폰을 내린 게 분명했다. 그리 높은 장식장은 아니지만 그래도 두 살배기가 올라가서 물건을 꺼내거나 내려놓는 것은 어렵다고 생각한 내가 잘못이다.

요즘 애기들은 눈치가 빨라서 할머니가 일을 할 때 돌아다니며 일을 저지르는 것이다. 호기심도 많고 하고 싶은 것도 많은 나이지만 그걸 다 받아줄 수 없는 나다. 할머니도 화가 나고 속상한 걸 참는다는 걸 알려줘야 한다. 마음이 약해서 울면 달래주고 하고 싶다는 거 다해주게 되었다. 콩알만 한 게 눈물을 뚝뚝 떨어뜨리면 겁이 난다.

저러다 쓰러지면 어쩌나. 훌쩍대더니 할머니 공원에 가자고 한다. 날씨가 갑자기 서늘해져서 겉옷을 입히고 유모차도 끌고 공원을 갔다. 날씨 탓인지 아이들이 많이 나와서 놀고 있었다. 아이들은 엄마 아빠와 같이 뛰어놀고 미끄럼도 타는데 우리 손녀는 할머니와 놀고 있는 게 좀 안 되어서 혼내준 것이 미안해졌다.

활동력이 왕성한 아이에게 너무 심하게 한 것 같아서 마음이 안 좋았다. 어느 가족이 비누 물방울 만드는 기계를 작동하니 공원이 비눗물 방울이 바

람에 날리며 무지갯빛이 났다.

　아이들이 몰려와 비눗방울을 잡으려고 뛰어다니며 즐거워했다. 예쁜 비눗방울이 손녀를 신나게 하고 기쁘게 했다

　볼일을 본 딸이 공원으로 오고 있었다. 손녀에게 엄마가 온다고 했더니 멍하니 쳐다보며 있더니 바닥에 털썩 주저앉아서 울기 시작했다. 엄마가 오는데 왜 울어. 울지 말라 해도 일어서지도 않으며 더 울어대었다. 속으로 할머니가 저 혼내줬다고 이르려고 그러나 하고 나도 멋쩍어서 내버려 두었다. 딸이 가까이 와서 안아주려고 하니 더 큰소리로 울었다.

　눈물 콧물이 범벅이 된 얼굴을 닦아주려고 하니 딸에게 이렇게 말했다.

　"엄마 이러는 거 아니란 말이에요. 내가 먼저란 말이에요." 그 작은 손을 가슴에 얹고는 "내가 먼저란 말이에요" 소리소리 지르는 것이었다. 어안이 벙벙해서 딸에게 저 말이 무슨 말이냐고 물었다. 오다가 어린이집 아기를 안아준 것을 보아서 그런 거라고 했다. 두 돌 지난 지 얼마 되지도 않았는데 말도 저렇게 잘하는지 몰랐다. 아니 제가 먼저라니, 그렇다면 할머니가 먼저지 하고 웃고 말았다. 한바탕 손녀와 말싸움을 하다가 기운이 빠졌다. 이것아 나는 어쩌란 말이냐. 그렇게 많은 문자를 날려놓고 뭐라고 답장을 하란 말이냐.

　집으로 돌아오는데 고추잠자리가 추워서인지 바닥에 앉아 있었다. 너도 문자를 쓰나 보구나. 뭐라고 쓰는 거니. 엄마, 아빠, 친구, 언니, 오빠에게?

그때 문자를 다 썼는지 훌쩍 날아갔다. 고추잠자리가 앉았던 자리에는 이렇게 씌어있었다.

ㅓ노리?ㅓㅗㅔㅢ위뢊ㅇㅎㅇㅇㄹㅣㅏ교뮤쯔ㅅㄷㅓㅇ?ㅇㅎㅇㅇㄹㅣㅓㅇㅏ3ㅣㄴ

ㅣㄴㄱ?ㄷ,!ㅁㅅ어넌?ㅜㄷ뉴굽뎔조조저ㅗ좁베ㅗㅇ809ㅂㄴㅃㅎㅍㄹ

..-안녕,빨간잠자리가 보내요. 다행히 우리 손녀는 문자를 보내지 않았다.

네 번째

품 안의 사랑은
천천히 자랐으면

가을비와 낙엽을 줍다

벼 그루터기에 모내기 철처럼 새싹이 올라왔다. 처음 보았을 때 보리싹인 줄 알았다. 텅 비어있을 논을 생각하며 들로 나갔던 나는 벼 그루터기의 새싹을 누군가 줄을 맞추어 심었는지 알았다. 농촌에서 태어난 내가 이제야 가까이서 새싹을 보다니, 아니 무심히 보아서 처음인 줄 알았을 것이다. 보리잎과 비슷하고 연하고 푸른 빛이 논을 가득 논물처럼 일렁였다.

며칠 전 장맛비 쏟아지듯 내린 가을비가 논에 고여 있어 봄인 듯 착각을 하였다. 죽은 듯 잘려있던 벼 그루터기에서 생명이 솟아 나와 들판을 푸르게 물풀로 가득 채운 듯 싱그러웠다. 가로수와 야산의 나뭇잎은 건조한 바람에 날리며 각기 다른 색으로 손짓하듯 흔들렸다.

어릴 때는 우산을 쓰는 것이 너무 좋아서 비닐우산을 쓰고 논길을 걸으며 비닐우산에 부딪히는 빗방울 소리에 귀 기울이며 한참을 논길을 따라 텅 빈 들판을 바라보며 돌아다녔다. 비닐우산의 빗소리와 드넓은 들판은 어린 마음을 꼬옥 안아주었다.

맑은 가을날이 계속 이어지던 어떤 날 갑자기 폭우처럼 가을비가 쏟아진 다음날 일찍 밖으로 나가서 나무들을 바라보았다. 우산처럼 나무를 감싸던 나뭇잎은 나뭇가지를 내보이며 낙엽을 떨구고 밤새 내린 비에 젖어있었다. 나무를 올려다본 짧은 순간 나무아래 수북하게 쌓여 있는 나뭇잎을 보았다. 비에 씻기어 깨끗하게 겹겹이 쌓여 낙엽은 모든 시간과 빛나던 순간이 떠올라 눈이 촉촉해졌다. 비와 함께했던 어두운 밤을 먼 미래를 그리며 모든 날

을 떨구어냈다. 가슴에 부풀어 오르는 그 미묘하고 아름다운 낙엽의 모양은 사람의 습관처럼 차분하게 앉아있다는 생각으로 남았다.

　가을이면 외롭다는 생각이 멀리 사라지고 나뭇잎이 너무 이뻐 물방울이 채 마르지 않은 낙엽을 줍기 시작했다. 지나가는 사람들 모두 이쁘다고 감탄하였다. 노란 은행잎. 빨강 단풍잎, 아직 쓸어내지 않은 그대로인 아스팔트 위를 낙엽은 물을 들이고 있다. 얼비치며 퍼져나가는 가을빛, 갑자기 구름이 걷히고 밝은 빛을 비춰주었다. 자신의 색을 지닌 낙엽은 자기의 색을 간직하고 불만이나 불평이 없다. 낙엽 위를 밟고 지나간 빗발 자국은 아래로 흘러가고 나는 빗물들과 함께 예쁜 나뭇잎을 주웠다. 햇볕 고운 날 빗물을 닦아내고 말려서 책갈피에 끼워 추억을 담아놓을 것이다.

　한참을 걸어가며 나뭇잎을 바라보았다. 젊음을 수 놓은 듯 나무를 감싸며 쌓여 있다. 길을 걷는 것이 싫은 나는 먼 길을 힘든 줄 모르고 걸었다. 투명하고 숨김없이 온몸을 내보이는 낙엽이 지난날 나의 배경이 되고 추억이 되어 잊혀진 사람과 기억하는 사람, 나를 보고 싶어 한다는 소식이 차곡차곡 나의 손바닥 위에 올려진다. 모든 이의 아픔이 슬픔이 이렇듯 빛을 내며 소멸해가길 바라며 단풍의 아름다움을 빛나게 해준 가을비와 함께 지워지지 않는 그리움을 두 손 가득 담아본다. 벌써 가을은 가버렸다고 서운해하며 멈추어섰다.

다섯 잎 클로버

날아가다가 잠시 멈춘 듯 희미한 아카시아꽃 향기와 찔레꽃 향기가 무성한 잎들 속에서 고개를 내밀었다. 공원의 햇빛과 오월의 바람은 싱그럽다. 군데군데 무리 지어 사는 토끼풀(클로버)들은 한창 하얀 꽃을 피우고 잎들은 나뭇잎보다 더 짙은 초록을 자랑하고 있다.

13개월의 외손녀는 나와는 영 친해지지 않는다.

나를 바라보는 시선이 곱지가 않다. 입을 쭈뼛쭈뼛하다가 "앙" 하고 울며 지 엄마한테 뒤뚱거리며 달려가 폭 안기던가 빠르게 기어가서 안긴다. 잠깐 사이 눈물을 펑펑 쏟으며 운다. 아마 저를 데려가지나 않을까 겁을 먹는 건 아닌가 생각해본다. 딸이 감기가 심해서 손녀를 부탁했다. 젖살이 빠지고 홀쭉해진 손녀가 안쓰럽지만 곁을 안 주니 모르는 척해준다. 먼저 슬그머니 다가와서 안길 때까지.

밖을 보니 날씨가 너무 좋았다. 오월이다. 푸르름의 시작이다. 손녀에게 "유모차 타고 나갈까?" 하니 알아들었는지 다가온다. 아파트 뒤쪽에 자그마한 공원이 있어 손녀를 업고 공원을 돌면서 "꽃이 피어서 예빈이 좋겠다" "이건 나뭇잎이고 이건 돌이야" 혼자 듣든지 말든지 중얼거리면 좋은지 등 뒤에서 꼬물거린다. 그 후로 나가자는 말은 기가 막히게 알아듣는 거 같다.

유모차에 손녀를 태우고 공원을 걸었다. 아카시아 꽃잎이 바람도 없는데 우수수 나뭇잎처럼 떨어져 내린다. 파란 하늘에 꽃잎이 진다. 떠도는 기억들이 봄비에 젖어 들듯 맴돈다.

그때 꿀 같은 달콤한 향기가 스쳤다. 아주 가벼운 하얀 단추 모양의 클로버꽃들이 하늘거렸다. 아, 이 냄새, 언제나 마음속에 숨어있던 잊히지 않았던 향기가 발길을 멈추게 했다. 유모차를 세우고 쪼그리고 앉아 향기를 맡았다.

꽃을 따서 팔찌를 만들어 손녀의 손목에 매어주었다. 손녀는 함박웃음을 지으며 좋아했다. 그럼 목걸이도 해줘 하는 것 같아 목걸이도 만들어주었다. 반지도 만들어주려고 꽃을 따는 순간 가슴 떨리게 하는 네 잎 클로버가 눈에 들어왔다. 옛날 그리도 찾아도 없던 네 잎 클로버가 내 앞에 있는 것이었다.

나도 모르게 손녀에게 소리쳤다. "예빈아 네 잎 클로버야" 하고는 얼른 따서 손녀의 손에 쥐여주었다. 이거는 행운이 온다는 네 잎 클로버인데 좋은 일이 생길 건가봐 하며 허둥대듯 기뻐했다. 혹시나 해서 클로버 잎들을 자세히 보니 더 큰 네 잎 클로버가 있었다. 어머나, 이게 웬일이람 별일도 다 있네, 이상도 하지 하며 손녀를 보았다.

갑자기 욕심이 생겨 용감하게 클로버밭으로 들어가 찾기 시작했다. 잎들이 밟히지 않게 조심했지만 그래도 촘촘하게 번져있는 클로버를 밟지 않을 수 없었다. 소복하게 잎들이 모여있는 곳이 있어 들여다보는데 클로버 잎이 더 많이 붙어있는 게 보여 따서 잎을 세어보니 다섯 잎이나 되었.

세 잎 클로버는 사랑, 희망, 행운을 뜻하고, 네 잎 클로버가 행운의 의미로 쓰이게 된 것은 나폴레옹이 전투 중 네 잎 클로버를 보려고 하다가 고개를 숙였던 순간에 총알이 날아왔는데 그 순간 빗겨나가면서 목숨을 잃지 않았다 해서다. 다섯 잎 클로버는 경제적 성공이라 하니 기쁘기만 하다.

  클로버로 손녀의 팔찌, 목걸이, 반지까지 해주었으니 경제적 성공을 한 거나 다름없다. 개선장군처럼 유모차에 클로버 꽃과 네 잎 클로버, 다섯 잎 클로버를 주렁주렁 달고 손을 흔들며 돌아오는데 손녀는 덩달아 손을 흔들었다.

배꽃이 필 때면

　학교를 오가며 과수원길을 걸어 다녔다. 버스도 있었지만 날씨가 좋은 봄, 가을엔 무리 지어 걸어가며 배꽃이 하얗게 핀 과수원과 과수원 사이의 길을 그림처럼 아름다움에 젖어서 새소리보다 더 시끄럽기도 하고 정답기도 한 여학생들의 목소리가 배나무밭으로 사라져갔다. 아무리 잊으려 해도 잊을 수 없는 내 머리와 어깨 위로 내려앉은 모든 것, 시골 버스의 먼지, 배꽃잎, 찔레꽃잎, 아카시아 꽃잎 그리고 꽃향기와 웃음소리다.
　하얗게 온 동네를 감싸 안았던 배꽃은 눈을 감아도 보이는 흐르는 물과 바람 같은 세월이었다. 심심하면 크레용을 들고나와 스케치북에 들판을 그렸고 배밭을 그렸다. 나무에 잎이 돋아 서로 다른 색깔로 나무의 이름을 알 수 있는 계절의 서투른 그림이다. 제대로 된 그림은 아니지만 그때는 그림 그리는 것이 좋았다. 어린 마음에 박혀있는 넓은 곳을 향한 지금 보이는 저 딱딱한 땅이 아닌 더 멀리까지 바라볼 수 있는, 내가 자란 쟁기로 갈아서 잘 펴놓아진 푹신푹신한 땅이었다.
　하굣길에 아이들과 집으로 오는데 학교 뒷산에서 미술 선생님께서 그림을 그리고 계셨다. 모두는 우르르 달려가 그림을 보았다. 호기심에 가득한 눈빛을 하고 처음 본 캔버스와 이젤을 어색하게 바라보았다. 쭈그리고 앉거나 다리를 쭉 펴고 앉아서 스케치북을 무릎 위에 얹거나 땅바닥에 놓고 야외 수업을 했던 우리에게는 신기하기만 한 미술도구였다. 그리고 유화물감도 처음 보았다. 중학교 과정에서 수채화 물감 사용하는 방법을 서서히 익혀가고 있을 무렵이었다.

　캔버스 안의 그림에서는 배꽃이 만개하기 전의 배나무 그림이 가득 들어 있었다. 줄을 서서 심겨 있는 배나무에 배꽃이 핀 모습을 꼭 하얀 점을 찍어서 꽃을 표현했는데 내게는 마음에 들지 않았다. 나도 저 정도는 그릴 수 있을 것 같은 자신감에 우쭐했었다. 다음날도 그 다음날도 미술 선생님은 그 자리에서 그림을 그리셨다. 처음에는 몰려가서 보던 그림도 날이 갈수록 가 보지 않고 신작로 길로 내려와서 과수원길을 걸어 집으로 왔다.

　배나무를 심고 가꾸는 일은 쉬운 일이 아니다. 배꽃이 피기 시작하면 꽃을 솎아내고 약을 주고 열매가 열리면 열매도 따내어 적당한 개수로 키운다. 그 과정이 손이 많이 가고 힘이 드는 때라고 생각이 든다. 배꽃은 어려서 지금까지 보아온 귀하고 소중한 꽃이다. 그리고 내 눈에는 눈의 여왕이었다. 눈이 녹아내리듯 배꽃이 질 때면 서운함에 꽃잎을 밟지 않으려고 애썼었다.

　어느 날 복도에 아이들이 어떤 그림을 보려고 서로 앞다투어 보고 있었다. 무슨 일인가 싶어 나도 그 틈에 끼어 그림을 올려다보았다. 아, 바로 날마다 지나치고 바라다보았던 미술 선생님의 완성된 그림이 액자에 넣어져 걸려있었다. 나는 내 눈을 의심했다. 그렇게 마음에 들지 않았던 그림이 살아 있는 배꽃으로 액자에 가득 피어있었다. 유화물감의 질감으로 나뭇결과 배꽃의 하얀 물결이 지나가는 듯한 공간을 가슴이 떨리도록 피워놓고 있었

다. 순간 난 고개를 푹 수그리고 서있었다. 오만한 자부심이 한 잎의 배꽃에 우수수 떨어져 날아갔다. 그 후로 나는 그림을 그리지 못했다. 시력도 안 좋았지만 모든 것에 자신감을 잃었다. 특히 기초적인 데생도 할 수가 없었다. 내 앞의 그림들도 나를 비웃는 것처럼 느껴졌다.

  배꽃이 피었다. 그 수많은 배꽃처럼 나의 인생도 수많은 일로 정신을 차릴 수가 없었다. 그래도 과수원의 배꽃을 보면 한결 마음이 가라앉고 생기가 돌았다. 배꽃이 바람에 흔들리는 모습을 나를 보듯 오래오래 바라보았다.

팝콘 사랑

　빈센트 반 고흐는 어려운 시절을 우울하면서도 화창하고 생기 있게 그린 화가이다. 본인은 불운한 생을 살았다 해도 후세 우리는 그의 그림에서 이상과 인간의 도리를 알게 해준다. 세상에서 가장 약한 것이 사람의 마음이라 했다. 사람의 마음은 깨지기가 쉬운 존재로 깨지기 쉽고 약한 것, 조심스러운 것이 사람의 마음이고 아름다운 관계는 관심과 배려라서 사람의 관계가 어렵다고 하는 것이 아닐까.

　2월 이어령 교수님께서 돌아가셨다. 어느 방송국에서 다큐멘터리로 그분의 살아있을 때 인터뷰한 장면들이 화면으로 내보내졌고 그분을 존경하는 사람들의 인터뷰 장면과 그분의 모습, 살아있을 때 아쉬웠던 일들이 이어져 나갔다. 어린 소녀가 교수님의 저서를 가슴에 품고 강의가 끝나기를 기다렸다가 다가와 "선생님 죽지 마세요"하며 울먹였던 장면이 아직도 떠오른다고 하시고 지금이라도 그 소녀를 만나서 그날 했던 말을 바꾸고 싶다고 하셨다. 그때 왜 그런 말을 했는지 모르시겠다는 그 말이 지금도 마음에서 떠나지 않는다. 그렇다. 나도 쉽게 말을 하여 남에게 상처를 주었을 것이다. 아주 많이. 젊은 날 교수님의 에세이와 시를 읽었었다. 책꽂이에 꽂혀있어서 아무 생각 없이 뽑아서 읽었는데 가슴에 와 닿았다. '하나의 나뭇잎이 흔들릴 때'다. 너무 어려서 무슨 뜻인지도 모르면서 읽었던 그 에세이집을 지금도 가지고 있다. 세월이 마음을 얼게 만들고 봄을 기다리면서 녹아 따뜻해지기를 처마 밑에서 눈부신 햇살을 움직이지 않고 온몸으로 받아내었다. 감정의 흐름

과 지식의 만남이 이루어지고 봄볕에 녹은 가슴의 흐름이 멈추지 않고 지금까지도 흐르고 있는 느낌이다. 나의 마음에 살아계신 교수님의 목소리와 저서들, 세상으로 더 멀리 바라보고 걸어가는 커다란 물길을 만들어 책속에 담아주셨다. 다큐멘터리를 물기 젖은 눈으로 보며 안타깝고 슬펐다. 핼쑥해지신 모습이 지금도 떠오른다. 엎드려있던 봄기운이 올라와 진달래꽃, 개나리꽃들이 피었다. 마음에 기쁨과 향기를 듬뿍 주고 사람과의 관계도 흔적을 남긴다. 봄이면 금이 갔던 사람들과의 관계도 따뜻하게 덮어 이어주고 푸근하게 해준다. 기다리면 오는 봄을 두 손으로 받았다. 많은 꽃을 피워주소서. 몇 년 전 동네 주민 주최로 어린이 장터를 참여하게 되어 행사장에서 팝콘 튀기는 봉사를 하였다. 오월의 공원은 싱그럽기도 하지만 구수한 팝콘 냄새가 솔솔 피어오르자 어린이들이 모여 왔다. 팝콘 기계에서 탁탁하며 노란 국화꽃이 피어났다. 처음 해보는 팝콘 튀기는 일은 신기하고 재미있었다. 어린이들이 줄을 서서 한 봉지씩 받아가며 맛있다고 할 때는 하늘 위를 나르는 영화의 한 장면이고 주인공이 된듯했다.

  딱딱하고 단단한 옥수수 알이 사랑의 온도로 채워지면 꽃으로 피어났다. 달콤하고 구수한 고향의 냄새를 품는다. 새로운 생명의 새싹이 자라나고 달달한 맛이 나는 봄처럼 떠나가신 위대한 분들을 배웅하며 맞이한다. 다시 시작할 용기와 희망이 탁탁 팝콘으로 터지며 연인처럼 사랑스러운 눈빛으로 듬뿍듬뿍 팝콘을 나누고 싶다.

내가 만든 길 위에서

어느 날 찻잔을 닦다가 걸러냈지만, 찻잔에 찻잎이 내 삶처럼 한 잎이 붙어있었다. 아, 말라버린 찻잎이 오그라들지 않고 쫙 펴져서 찻잔에 붙어있었다. 그렇구나 나의 일상도 말라가면서 펴지고 오므라들고 하는구나. 차라리 오므라들면 펼 수도 있지만 펴져 있는 것들은 마르면서 부서지면 나는 사라지는 것은 아닐까. 겁이 덜컹 나서 찻잔에 물을 붓고 달라붙은 찻잎을 불리면서 나만의 길을 만들어보기로 한 것 같다.

여행길, 전남의 잘 가꾸어진 차밭을 처음 보았을 때 그 초록이 내 몸에서 출렁거리는 것을 잊지 않고 있었다. 구불구불 언덕을 이루며 길게 이어진 차밭은 부드럽고 가는 가지 끝에 여리고 연한 빛의 잎들이 가지런히 오가는 사람들을 바라보고 있었다. 차밭을 이어주는 푸른 길을 따라 걸으며 차 맛보다 더 쓴 나의 시간들이 삭혀지고 있음을 느꼈다. 무색의 물에 우러나는 차 빛을 체험장 찻잔에서 보았다. 그 색은 나의 지난날의 두려움과 미래의 안타까움이 찻물에 희석되어 나의 과거가 보이는 듯했다.

찻잔에 따끈한 물을 따르면 가느다란 길이 조금씩 보이기 시작한다. 그 길은 향기롭고 쌉싸름하고 고통과 기쁨이 함께했다. 찻잔에 김이 올라오면 영락없이 나는 말라버린 찻잎을 떠올린다.

한잔의 차를 마시기 위하여 수많은 손길이 뜨겁게 달아오르고 맛을 내기 위하여 전통의 옛 차를 만들었으며 다도의 철저한 예법을 따라 손이 움직이었다. 다기(茶器)들도 중후한 멋을 풍기었고 다양함에 놀라기도 했다. 차

맛은 정성이 우러나서 같은 맛을 내지 않는 것 같다. 차 맛도 모르면서 안방마님이 된 듯하고 우아한 몸짓이 부럽기까지 했으며 다도회를 기웃거리며 한참을 기다리다 얻어 마신 우리나라 차 맛이 이렇게 마음을 안정시키고 그윽한 향을 뿜어내는지도 알았다. 하지만 즈금은 커피에 맛들인 내겐 부담이 가기도 한다. 강렬한 향기와 자극적인 닷이 미미해서다.

 매일 다니던 길도 어느 때는 생소하게 여겨지고 홀린 듯 멍해져서 방향을 모를 때는 막막하고 당황하여 세상에 나 혼자 서있는 나를 본다. 이기적이고 집착이 부른 착각이 깊은 가을밤 갈 길을 잃고 낙엽 지는 소리만 들려오는 같다. 내가 가야 할 멀고도 먼 길을 향하여 여전히 나만의 길을 내고 있는 것이다. 전통차를 만들기 위하여 온갖 정성을 들이고 있는 장인들처럼 걷고 있는 것은 아니지만 옛날이야기처럼 흐르듯 오가며 걷고 있다고 여기는 것이다. 찻잔의 찻잎과 차향같이 첫눈을 기다리며 눈길 위에 찍힌 내 발자국이 따뜻한 차 한잔에 녹아내리고 지워지지 않는 발자국의 흔적을 올겨울에도 남겨놓아야겠다.

 술래잡기하듯 눈을 쓸어 길을 내고 으쓱거리며 동짓날 뜨거운 팥죽을 먹듯 온몸을 녹이며 마음 깊숙이 숨겨둔 내가 만든 길에 서서 뒤돌아보지 않는 길이 곧 내 길인 것이다. 길을 걷는 것이 차 한잔 우려내는 것이라 여기며 내가 만든 길 위에서 찬바람 불고 눈 오고 비가 와도 나는 쉬지 않고 걷고 있는 것이다.

껌껌하지?

　광안리해수욕장 밤바다의 국화꽃 전시는 파도 소리와 잘 어울려 화려하고 향기로웠다. 밤을 수놓은 불꽃이 하늘을 향하여 날아오르다 활짝 꽃을 피우고 바다로 사라졌다. 밤하늘과 국화꽃은 모래와 깊어가는 가을밤의 따뜻한 온기를 해변에 곱게 뿌려주었다.

　몇 년 만에 와보는 부산은 많이 변해 있었고 날씨는 따뜻했고 온화했다. 집을 나서는 나에게 딸은 두꺼운 옷을 챙겨가라고 했다. 부산 날씨는 바람이 많이 불어서 추울 수도 있다고 했다. 하지만 바다와 바람은 잔잔했고 약간 더웠다.

　다음날 해운대의 한 호텔 창문 밖을 내다보며 해맞이를 하자고 새벽에 바다로 나갔지만 벌써 해는 바다 위에 하얀빛을 띄우며 떠있었고 어젯밤을 화려하게 불빛을 보내주던 바닷가는 덕장처럼 얽혀진 작은 전등이 달린 전깃줄이 우리를 맞이해 주었다. 바다와 파도 소리, 먼지처럼 고운 바닷가 모래는 어젯밤 광안리 바다를 떠올리게 했다.

　차라리 겨울의 몰아치는 높은 파도를 보았으면 하는 생각을 하는데 친구가 이럴 때는 파도 소리만 들리는 동영상을 찍어야 한다며 굳이 나를 똑바로 세우고 내 휴대전화를 낚아채듯 가져갔다. 아무 소리도 말고 서있으라고 했다. 모래에 발이 빠지면서 몸은 기울어지고 웃음을 참을 수가 없었다. 여기저기 젊은 남녀들은 자연스럽게 사진을 찍고 손을 잡고 해운대의 아침을 맞이하고 있는데 가만히 서있자니 어색하고 쓰러질 것 같았고 내 모습이

너무 촌스러울 거라는 생각이 스쳤다. 그래도 유명한 해운대의 바닷가에서 멋진 배경을 담아가야 하는 것이 아닐까.

　모래에 발이 빠져 비틀거리며 이리저리 뛰듯 걸으며 'down by the salley garden'을 흥얼거렸다.

　"버드나무 정원 옆의 언덕에서 사랑하는 이와 나는 만났죠. 그녀는 아주 작고 눈처럼 하얀 발로 버드나무 정원을 지나갔죠." - '윌리엄 예이츠'

　맛있는 싱싱한 회도 먹고 마린시티의 멋진 건물도 구경하고 고가도로의 아찔함도 느껴보며 '꽃분이네' 가게 앞에서 사진도 찍었다. 마음껏 수다도 떨며 '셀리'처럼 하얀 발로 부산을 여기저기 눈부신 웃음을 흘리며 1박의 여행을 마치고 집에 왔다.

　살아가면서 신체의 모든 곳이 중요한 곳이 없다는 것을 일찍부터 알았지만 예술로 표현했을 때는 신(神)적인 면모가 드러난다. 관람하고 느끼는 감정은 모두 다르기 때문에 미술평론을 이제는 인문학 미술평론이라 한다. 그림이란 보이는 대로 그리는 것이 아니고 사상과 삶 인생의 전반적인 역사적인 면모를 함께하여 인간과 그림 속의 시대적인 흐름을 마음속에 간직하는 예술성을 평가하는 것 아닐까 하는 생각도 해본다. 음악과 고대의 건축물 그리고 그리스 신화와 현대인의 생활을 비교 관찰하는 것도 시간과 시간을 연결하는 고리가 될 수 있다면 운명이라는 것, 바꿀 수 없는 정해진 신들의 은신처를 찾아 떠나보기도 한다.

그림을 그리듯 나는 풍요로운 색감에 만족하고 빛의 음영을 사랑한다. 즐겁고 기쁨이 '생각하는 사람'의 고뇌 속에 녹아있는 것은 아닐까.

인생의 시간 속에서 어둠과 밝음이 몸에 배었는지 깜깜하던가 껌껌할 때 컴컴하다는 일상 속의 빛과 고단함으로 표현하는 것 같다. 동영상 속의 내가 어둡게 보일까봐 염려하여 한 말 같다.

"껌껌하지?" 묻는다. "아니 안 껌껌해" 동영상 속의 나는 함박꽃처럼 웃으며 파도 소리와 내 목소리와 친구의 목소리가 9초의 영상에 고스란히 담겨있었다.

약속

잠깐 사이 계절이 바뀌고 마음이 흔들린다. 무덥던 여름과 추운 겨울과 꽃잎 날리는 봄이 지나고 외롭고 쓸쓸한 가을이 왔다. 가을, 가졌던 모든 것을 날려버리는 슬픈 눈 같은 눈물이 고인 눈으로 자신을 들여다보고 자연의 변화를 느끼며 함께 밀착되어 가는 헤어짐의 계절인가 보다.

몇 년을 다니던 장애인 학교의 교장 선생님과는 눈길이 마주친 적이 별로 없었다. 휠체어를 타고 계셔서 목례로 인사를 하는 것이 다였다. 대화도 한 적이 없었고 항상 컴퓨터 앞에서 앉아있어서 지나치면서 목례만 하고 나오고 들어갔다.

어느 날 목례를 하고 나오는데 뜻밖에도 "저 이제 여기 안 나와요" 하신다. "무슨 말씀이셔요" 의아해서 물었다. 학교 교장직을 그만두게 되었다고 하며 그동안 감사하고 고마웠다며 손을 내밀었다. 손을 잡은 나는 처음으로 그분의 눈을 자세히 보았다. 선한 눈빛에는 눈물이 핑 돌면서 젖어갔다. 갑자기 나는 떨림을 느끼고 눈물이 나도 고이기 시작했다.

만나면 헤어지고 또 만나고 헤어지는 게 살아가면서 겪는 일상이지만 성치 않은 몸으로 모든 일을 맡아 해야 하는 어려움이 많았을 것이다. 멀쩡해 보이는 사람도 알고 보면 어딘가 아프고 통증 같은 마음을 떨쳐내지 못하고 늘 어두운 그늘이 있다고 생각했는데 고장 선생님은 말씀이 없고 잔잔한 미소만이 있었기 때문에 학교를 떠난다고는 생각하지도 않았었다. 나도 모르게 교장 선생님을 부여안고 눈물이 펑펑 쏟아졌다. "무슨 다른 일을 하시려고 하시나 봐요" 하니까 하려고 했던 일을 하려고 그만두신다고 하셨다. 눈물 머금은 눈엔 아쉬움과 이별의 슬픔 어떤 아픔 같은 것을 보았다.

　돌아오면서 가로수에서는 낙엽이 투명한 바람을 타고 맑고 푸른 가을 하늘을 날고 있다. 자유롭게 바람이 부는 대로 날다가 가만히 길가에 내려앉는다. 장애우들과 책을 읽고 독후 활동을 하면서 느낀 것은 이분들하고 오랫동안 함께하고 싶은 마음이 항상 마음 밑에 가라앉아 있어 도와주고 싶고 잠시라도 즐거운 마음을 갖게 해주고 싶었다. 그러나 그분들이 나를 기쁘게 하고 즐겁게 하고 보람 있게 해주었다. 가을이 점점 깊어갈수록 가로수의 낙엽들이 쌓여갈 것이고 그분들과의 교감이 서로를 감싸주고 위로 아닌 위로를 받을 것이다.

　교장 선생님과 나는 서로의 건강을 약속하였다. 하시고 싶으신 일 잘하시고 즐겁고 기쁜 날만 있으시라고 손을 굳게 잡았다. 나도 교장 선생님께 늘 행복하고 좋은 일만 있으라는 덕담을 받았다. 서로의 믿음과 나이 들면서 느끼는 오래된 마음과 마음이 소리 없이 전해주는 서로의 약속이라고 믿기로 했다.

　연인끼리 헤어질 때 언젠가는 다시 만나서 행복하게 살자 하는 드라마 속의 약속이 아닌 진심으로 건강과 가을의 결실과 같은 언젠가 만날 수 있는 해후 같은 약속이었다. 손을 놓으면서 손을 흔들며 잘 가라고 잘 있으라고 서늘한 눈빛을 서로 마주 보았다. 교장 선생님은 조용히 휠체어를 돌리

며 고개를 숙이셨다.

처음 장애인 학교를 방문했을 때는 서먹서먹하고 어떻게 해야 할지를 몰랐었다. 천진난만한 표정으로 인사를 하고 반가워하고 헤어지는 것을 아쉬워하는 몸짓을 보면서 이윤 리 천년의 기드가 떠올랐다.

"*누군가와 같은 배를 타고 강을 건너는 인연에는 3백 년의 기도 필요하다는 말이 있습니다.*" "*사랑하는 사람과 베개에 나란히 머리를 누이는 데는 3천 년의 기도가 필요합니다. 아버지와 딸? 아마 천 년은 필요하겠지요.*"

까치의 장례식

아침 일찍 원룸 단지에서 까치가 요란하게 울어대었다. 바라보니 까치가 담장에 올라앉아 울부짖으며 날개를 파닥거린다. 담장 아래를 내려다보며 언뜻 보기에도 도와달라거나 여기를 보아달라는 몸짓 같았다. 가까이 가서 살펴보니 많은 까치가 한 곳을 향하여 울부짖으며 날아올랐다가 내려앉으며 목놓아 울었다. 그냥 지나치기에는 울음소리가 애절하고 슬픈 것 같아서 까치 시선을 보니 담장 아래 화단이었다.

그곳은 꽃이나 나무도 없는 풀이 웃자라서 엉켜 있어 무엇이 있는지 잘 안 보였다. 도대체 뭐가 있길래 저리 울부짖을까 의문이 생겨 풀을 헤집어가며 자세히 보니 까치가 죽어 거꾸로 박혀있었다. 어머나 이 일을 어쩌나 하며 돌아 나오려 하는데 까치들이 공격하듯 나를 보며 더 울어대었다. 그 순간 나보다 낫구나, 죽은 까치가 동료인지, 부모인지 몰라도 저렇게 애달파 하다니. 누구나 죽음 앞에서는 무섭고 두렵지 아니한가. 무서워서 달아날 미물도 모두 달려와 애도를 하는구나. 슬픔의 표현이란 걸 알았다.

성이 난 듯 까치들은 나를 향하여 날아와 사납게 덤벼들 듯 울어댔다. 정신이 없을 정도로 내 주위에서 날아다니며 울었다.

이왕이면 좋은 곳에 묻어주고 싶었다. 여기저기 돌아보다가 명당자리를 찾았다. 근처 밭둑에 묻기로 하고 다시 화단으로 가서 까치를 옮겨야 하는데 정말 그게 맨정신에는 할 수 없을 것 같았다 .

지나가던 사람들이 무슨 일인가 하고 한 사람 두 사람 다가와서 물었다.

나도 모르게 '까치 장례 치러주려고요' 하니 같이하면 좋겠다며 도와주었다. 나뭇가지를 주워 땅을 파고 있는데 까치들이 쫓아와서 더 심하게 울어대었다. 아마 우리가 잘못하고 있다고 생각하는 모양이었다.

까치를 편하게 눕혀놓고 '멋진 곳으로 가서 잘 살거라' 하고 흙을 덮어주었다. 그때서야 까치들이 다른 곳으로 날아가서 보이지 않았다. 함께 땅을 파며 지켜보던 사람들은 '사람보다 낫네' '좋은 곳으로 가거라' 한마디씩 하고는 가버렸다.

까치는 사람들 주변에 살면서 반가운 소식을 전해주는 길조이다. 은혜를 갚을 줄도 알며 칠월칠석 신화에는 견우와 직녀를 만나게 해주려 하늘로 올라가 오작교 다리도 놓아준다고 한다.

생각지도 않게 까치를 묻어주고 오면서 까치들의 울음소리와 마지막까지 슬퍼하고 지켜주는 까치들의 질서에 많은 걸 배웠다. 사람도 가족이 없으면 무연고 장례식을 치러주시는 단체가 있다고 들었다. 가시는 저승길을 정성을 다하여 보내드린다고 한다. 까치도 가족이 배웅하며 잘가라고 우는 것이리라.

까치들이 간혹 몰려다니며 피해를 주는 일이 있어도 아름다운 마음의 눈으로 보아주고 싶다.

버들강아지 눈 떴네

옷깃을 여미게 하는 차가운 바람 포근하게 막아주는 버들강아지 꽃 붉게 물오른 가지에 몽글몽글 앉아있다. 추운 겨울 서로의 체온으로 꽃을 피운 솜 꽃. 움직이는 것들 감추었다가 바람에 풀어내고 노란 꽃 솜털에 하나하나 피우려 한다.

봄 첫 손님인 듯 보드랍고 포근한 꽃이다. 그리고 냇가 둑에 앉아 얼음 아래로 흐르는 물결의 속삭임을 나는 들었다. 봄을 가장 먼저 알려주려 하지만 아직은 냇가에 얼음이 얼고 얼음 아래로 물 흐르는 소리가 아직 봄은 멀었다며 소곤거렸다.

흰털로 싸인 꽃봉오리가 부드럽게 보인다 하여 버들강아지라고도 부른다지만 그 예쁜 이름 누가 지었을까. 개울가에서 자라나는 버들이라는 이름도 있다고 한다.

한 아름의 햇볕이 쏟아지는 날 냇가로 버들강아지를 만나러 갔다. 옛날 버들피리 불던 생각도 나고 냇가 얼음 위로 발그스름한 나뭇가지에 수많은 회색빛의 봉우리들이 맞아주던 기억이 강아지 털처럼 날리던 풍경이 보고 싶기도 해서다. 쌀쌀한 바람 속에 약간의 봄기운이 돌았다. 하늘을 바라보며 숨을 들이마셨다. 가슴 속까지 시원했다. 인적도 없고 텃새들이 경계하듯 날았다 앉았다 하다가 자기네들끼리 물가를 돌아다닌다. 경계를 풀어낸 것이다. 얼음이 풀려 녹듯.

버들강아지가 아직 눈을 뜨지 않은 것은 짧은 인연을 그리워하듯 오래도

록 잊지 못하는 사랑 같은 것, 잊을 듯 잊을 듯 이어지는 하루의 만남이 가슴에 오래 남듯 떠나지 않는 것은 포근한 사랑 같아서일까. 짧은 인연이 오래 가슴에 남아 있듯 눈 감고 말없이 숨죽이며 가지들은 붉게 물이 오르고 있다. 버들강아지 길을 돌아서 걸어도 손을 잡듯 조용히 떠나는 마음을 알 것 같다. 버들강아지들은 가늘게 눈을 감은 듯 뜨고 우리를 바라보며 부르고 있다. 얇지만 두꺼운 눈꺼풀을 남몰래 뜨고 기다림에 부풀은 따뜻한 봄을 기다린다. 시간은 기다려야 한다는 걸 알고 있어 기다림에 지치지도 않는다. 봄바람이 불기 전에 봄꽃 같지도 않은 솜뭉치가 털을 세워 바람 속에서 꽃피울 준비를 마치고 있다. 기다림의 봄은 사랑을 싣고 온전하게 오고 있다. 그리고 실눈을 뜨고 나를 바라봐주었다.

　이제는 봄을 알아요처럼. 가는 가지에 눈을 뜨기 위해 포근한 사랑을 기다리고 있다. 얼음 밑으로 흐르는 물소리처럼 마음의 눈을 뜨고 밝고 맑은 마음의 눈을 가슴에 담고 있다. 속살거리는 물소리에 아직도 가슴에 사랑 하나를 매달고 살랑대는 바람에 눈을 뜬 버들강아지 하얀 솜털이 보이기 시작했다. 꽃말처럼 '포근한 사랑'으로 바라보니 더 사랑스럽다.

　넓은 마음을 담고 떠다니는 하얀 솜털이 모습을 드러내면 내 마음 역시 둥둥 하늘을 날며 하루하루를 살아갈 것이다. 인연의 끈을 달고 눈꽃처럼 날리는 버들강아지 꽃이 그네를 타듯 봄날을 떠돌 것이다. 또 돌아올 것이다. 봄이다. 봄처럼 살자.

봄바람과 잠들다

　눈이 나빠서일까. 아침나절의 이른 저수지는 물결조차 보이지 않았다. 물안개가 피어오른다고들 하지만 아직 물안개를 보지 못했다. 수면 위에 안개가 내려앉는 걸까. 뽀얀 안개만 떠오를 뿐 물안개를 아무도 가르쳐준 적도 없고 본적도 없다.

　물가를 하얗게 내려앉은 안개 같은 것이 봄볕에 날아가고 흘러가고 있다. 이른 봄 물빛은 연둣빛 같았다. 두 마리의 오리가 연둣빛을 가르며 서로에게 다가가고 있다.

　찡그려야만 조금 더 멀리 보이고 자세하게 보이는 풍경은 희미하면서도 선명했다. 봄은 물 위를 떠다니며 서로를 찾는 다정함이 고여있는 수면의 잔잔함과 같다. 출렁거리고 흔들어놓는 것이 봄바람이라 생각했다. 마음을 흔들어놓거나 생각을 휘저어놓는 봄바람이 스쳐지는 물빛은 달랐다. 물속으로 빛이 길게 내려갔다. 물 위로 펼쳐진 풍경을 오래 바라보았다.

　저수지 둑 위 카페의 커다란 창은 산수유꽃이 피어 노란 꽃가루가 수면을 떠다니며 또 다른 꽃봉오리를 숨겨놓은 계절의 길목이었다. 탁자 위에 놓여진 커피 향이 예쁜 카페의 창은 봄을 담은 액자였고 풍경이었다.

　옛날의 찻집은 기다림과 헤어짐과 약속의 장소였다면 요즘의 고급스러운 카페는 같이 왔다가 같이 떠나는 즐거움의 시간을 채워주는 잊혀지지 않고 그리워지는 소중한 청춘 같은 자리다.

　오랜만에 지인과 한가롭게 창밖의 봄 풍경을 바라보며 이 순간이 사라지

지 않기를 바랐다. 우리에겐 한마디 말도 의미가 있다면 개나리가 피었다였다. 벌써 개나리가 피었다구? 호호, 쏟아지는 봄볕을 누군들 싫어할까.

우리들의 나이를 단정 지을 만한 결정적인 호칭을 모르겠다. 아줌마·할머니·이모 난 불러주는 대로 대답한다. 오늘단큼은 언니가 되고 싶다.

고향 동네의 다소곳하고 얌전한 언니. 시집갈 때 울던 곱디고운 언니. 머리도 빗겨주고 세수도 씻겨주던 언니. 살면서 잊혀진 순간순간이 되살아났다.

집에서 뭐하고 바쁘냐고 누군가 정색하며 물어올 때가 정말 당황스럽다. 하는 일 없이 시간 보내면서 시간이 없다고 말한다고 책망하듯 말할 때 할 말이 없다. 뭐라고 설명을 해야 하나 고심을 한다. 글쎄 곰곰이 생각해보면 나 하고 싶은 대로 산다. 뭐든 천천히 하다 보니 시간이 많이 들고 서두를 일이 있을 땐 바쁜 거다.

수다 아닌 수다를 떨다보니 또 돌아갈 시간이 되었다. 아, 자유가 이런 것이구나 하며 일어섰다.

남들은 팔자가 좋아서 왕비도 되고 사모님 소리도 듣고 우아한 품위를 유지하며 산다지만 나는 그러지를 못했어도 행복하다. 친한 지인들과 차도 마시고 지난날도 돌아보며 서로를 보듬고 산다. 미켈란젤로가 위대한 다비드상을 만들 때 모두가 포기한 거칠은 대리석에서 수많은 천사를 보았다 하지 않았는가. 남이 보지 못한 것을 본 느낌이 스며왔다. 저수지의 따뜻한 눈빛 같은 물빛을 뒤로했다.

 카페를 나서서 돌아오는 차 안에서 웃으며 "팔자대로 살지 뭐" "풀리지 않고 힘든 일이 밀려가고 밀려올 때마다 산수유 꽃말처럼 나를 영원히 사랑하면 돼" 맞아 모두 맞장구를 쳤다.

 봄밤, 슬며시 옷에 묻어 따라온 풀잎이 봄바람과 함께 긴 잠에 빠졌다.

처음 보았을 때 너는

"엄마 이게 뭐야." 딸들이 손가락으로 거실 바닥을 가르쳤다. "뭔데 그래" 가슴이 덜컹 내려앉으며 물었다. 시력이 나쁜 나는 자세히 보아야 물체가 선명하게 보인다. 실내에서는 더욱 그렇다. 딸들은 무섭다며 화닥닥 방으로 들어가며 방문을 꽝 하고 닫더니 슬그니 열면서 "엄마 조심해요"한다.

다 큰딸들이 수선을 떤다고 생각하고 여기저기 둘러보았다. 특별하게 눈에 들어오는 게 없었다. 뭐가 있다고 저리나 싶어 아직도 사춘기 소녀인지 아나봐 중얼거리며 방으로 들어오려 하는데 뭉뚝한 나무토막 같은 것이 여기저기 거실 바닥에 붙어있었다. 놀란 가슴이 사라지기 전인데 저것이 무언가 싶었다. 거실 바닥 색깔과 거의 비슷하여 확 눈에 띄지는 않았지만 움직이는 것 같았다. 순간 소름이 돋았다. 형광 불빛에 반질반질 윤기가 나는 꿈틀이 같은 물체였다.

몇 해 전 베란다의 화분에 심은 꽃이 다듬은 나물처럼 깨끗하게 줄기만 남아 있었다. 그때도 '이상도 하네. 이게 무슨 일이지'하며 혼자 마음속으로 물었다. 화분을 가까이 끌어내어 줄기를 가까이서 보니 뭔가가 뜯어 먹은 것 같은 흔적이 보였다. 그냥 놔두면 다시 잎이 돋아나겠지 하고 잊어버렸다.

그런데 화분의 식물들이 시들시들하고 잎들이 날카로운 이빨로 뜯어 먹힌 자국이 매일 조금씩 나타났다. 잎이 하나도 없는 꽃은 이유도 모른 채 말라 죽고 말았다. 이러다 화분의 식물들이 다 죽겠다 싶어 화분에 뿌리는 약을 사다가 뿌리고 외출에서 돌아오면 화분부터 살폈다. 환기도 자주 시키고 신경을 썼지만 아무런 약효가 없었다. 물을 너무 많이 줘서 뿌리가 상했나, 별의별 생각을 다했다. 기온이 내려가 거실로 화분을 모두 들여놓았다. 그 후로 아무 일도 없다는 듯 꽃들은 잘 자라 주었다.

　꼼짝 못하고 내려다보았는데 쫑긋 귀 같은 것이 돌출되어 있고 기어간 자리에는 끈적거리는 액체가 길게 묻어 있었다. 너무 징그러운 몸통 하며 거머리 같은 모양이 무섭기까지 했다. 아이들처럼 보고만 있을 수 없어 비닐장갑을 끼고 휴지를 두껍게 말아 몸통 위에 올려놓고 집어서 버려야 하는데 어디다 버릴지 몰랐다. 밖으로 던져버리면 휴지가 바람에 날아갈 거고 누군가 지나가다가 머리 위에 떨어지면 안 될 거 같았다. 궁여지책으로 떠오른 생각은 변기에 넣고 물로 흘려버리면 될 거 같았다. 비위도 상하고 징그러운 그 물체를 여섯 마리나 잡아서 변기에 넣어 버렸다.

　화분을 거실로 옮긴 지 얼마 되지도 않았는데 도대체 어디서 나왔을까 찜찜한 생각이 떠나질 않았다. 기억을 끄집어내 모양과 크기 등 아는 분께 물어보았다. 그분은 웃으며 "놀랐겠네" 하며 설명해 주었다.

　민달팽이란다. 화분 흙속에 살면서 뿌리도 갉아 먹고 밤이면 기어 나와서 잎도 갉아 먹는단다. 화분의 흙을 갈아주는 방법이 제일 좋다고 하셨다. 그럼 화분의 꽃들이 죽은 것도 그 민달팽이 때문일 거라는 생각이 들었다.

　달팽이는 집이라도 지고 다니면서 살아가는데 이 추운 겨울에 옷도 없이

미끈둥한 몸을 이끌고 먹고 사느라 얼마나 고생을 하는 걸까.
 사람도 첫인상이 중요하다고 여기는데 민달팽이를 처음 보았을 때 너무 놀랐고 징그러웠다. 태어날 때부터 그 모습으로 태어나 그렇게 자랄 때까지 숨어서 생명을 유지했을 텐데 가엾다는 연민이 솟아올랐다.
 창밖은 눈송이가 날리고 하늘과 땅 사이의 여백을 메꾸고 있다. 온통 하얀 풍경으로 색칠을 하며 쌓이고 있다. 민달팽이의 길고 긴 발자국을 따라가 본다. 아프게 해서 미안하다 미안해. 이제는 눈에 띄지 말고 꼭꼭 숨어 있어라.

만남은 인연(因緣)일까

　소음 속에서 메아리처럼 울려 퍼지는 소리에서 나를 부르는 듯한 소리가 들렸다. 고개를 돌려서 보니 동네 아시는 분이었다. 마침 신호등 때문에 차가 정지해 있는 상태에서 나를 본 모양이다. 차 문을 내리고 어디 가시느냐고 물었다. 큰소리로 너무 반가워서 밭에 간다고 말하는 순간 신호가 풀리고 손을 흔들며 가버렸다.
　버스를 탈까, 걸어갈까 망설이다 걸어서 가자고 횡단보도 앞에 서있다가 그분을 만난 것이다. 버스를 탔더라면 못 봤을 것이다. 참 우연이 필연이 되는 순간이었다.
　요즘 오래전에 만났거나 직장을 같이 다닌 사람들이 나를 알아보곤 한다. 어찌된 일인지 한 번 헤어지면 못 만날 거로 생각했던 사람들도 우연인지 필연인지 만나게 되는 게 참 이상했다. 그날은 마음이 들뜨고 젊은 시절로 돌아간 느낌이 들었다.
　날씨는 아침인데도 덥고 훅하고 더운 바람이 지나간다. 여름의 한복판인 것이다. 땀이 줄줄 흘렀다. 뚝뚝 떨어진다고 해도 될 만큼 땀이 났다. 밭에 도착하여 여기저기 둘러보고 더 더워지기 전에 집으로 가자 생각하며 밭일을 하였다. 아로니아가 제철이라 까만색을 내며 잘 익어 열매를 따면서 잠시 지난 인연을 떠올려보았다. 생면부지(生面不知)의 낯선 사람으로 만나서 함께 일을 하거나 모임을 하다가 정이 들고 시간이 흐르면 또 아쉽게 헤어지곤 하였다.

나는 한 번 헤어지면 못 만나는 것이 정허진 인연 법이라 생각했다. 그러나 요즘 자주 만나는 걸 보면 그렇지도 않은 모양이다. 생각지도 않게 옛날의 사람들을 만나서 옛일을 떠올리고 차를 마시거나 시간이 안 되면 다시 만날 연락처를 주고받았다. 잊혀지지 않은 사람은 못 만나서 아쉬워지기도 하고 소식이 궁금한 사람들도 생각이 났다. 원수는 외나무다리에서 만난다고 했는데 그 말도 맞는 말일 것이라는 생각도 해보았다. 법정 스님께서는 '스쳐 지나가는 인연은 그냥 보내라' 하셨다. '함부로 인연을 맺지 마라'고도 하셨다.

　서로의 생각과 마음이 다르다면 직장이나 집안 식구들과도 편치 않은 생활을 하고 있기도 할 것이다. 아름다웠던 서로의 만남에서 악연으로 변해서 불편한 관계가 오래갈 수도 있다. 시간이 흘를수록 좋은 인연이 악연으로 변질될 수도 있다. 그렇다고 인간관계가 얽히고설키는 과정이 자연스러운 데다가 믿음과 신뢰가 나 혼자만 있다는 것을 어떻게 안단 말인가. 상대방은 오래전부터 악연이었는데 그 사실을 알게 되는 것은 정말 긴 시간 후 순간적으로 따라오는 것이다.

　오지랖이 넓어서 중매도 많이 섰고 직장 소개도 많이 했지만 연이 안 닿아서 이어지지 않았다. 중매를 세 번 해서 결혼을 하게 되면 천국을 간다는 말에 지옥 갈 일만 남았다고 웃기도 했다. 참 복잡한 것이 인연이라더니 맞는다. 직장에서, 동네에서, 차 안에서, 예상치 못한 장소에서 옷깃을 스친 인연들. 까마득히 잊었던 직장의 아가씨가 중년이 되어 나를 알아보았다는 사실에 기쁘고 반가웠지만 나는 끝내 이름이 생각이 안 나서 누구냐고 물어보는 나의 쇠퇴해진 기억력을 탓해야 했다. 기억에 남고 생각나고 두 번 만난다면 우연이 아니고 인연일까. 보고 싶고 만나보고 싶은 사람들은 무엇일까. 헤어지고 만나고 또 만나서 반가워하고 돌고 돌아 또 만나는 것이 인연이 아닐까.

풀진녀

올해는 유난히 덥다보니 제정신이 아닌 것 같다. 물건을 사다놓고 냉장고에 넣어놓지도 않고 그냥 두어서 상하고, 세탁기에 빨래를 넣어놓고는 작동을 안 해서 며칠 만에 빨래 걷으러 베란다에 나가서 빨래가 없어졌다고 하루종일 찾느라 허둥대지를 않나, 날짜까지는 정확한데 요일을 매일 잊어버려서 약속을 지키지도 못하게 되고 만나면 요일을 잊었다 말도 못하고 미안해한다. 이런 증상들은 집에 있을 때는 진짜 똑똑해지는데 밖에 나갔다가 더위에 온몸이 가을날 과일처럼 익어 현관문을 열면서 모든 일이 까마득해진다.

오랜만에 지인들을 만나서 수다를 떨다가 나만 그런 것이 아니라는 걸 알았다. 급하면 신발도 짝짝이로 신고 나가기도 하고 엘리베이터에서 문만 열리면 후딱 내려서 화가 나기도 했단다. 웃음바다가 되어 또 얼굴이 빨갛게 되도록 웃었다.

그러다 뜬금없이 농사일 이야기가 시작되었다. 지인들은 거의 농지를 소유한 분들이시다. "저도 밭에 갔다가 풀한테 지고 왔어요" 모두는 공감을 하면서도 시큰둥했다. 하루 이틀도 아니고 때가 되면 논으로 밭으로 쫓아다니다가 겨울이나 되어야 한가해지는 그런 나날들을 이어가기 때문이다. 시절이 변했다고 농사일은 편한 일이 되지 못했다. 기계의 힘을 빌리기도 하지만 여자들은 예전부터 밭과 연관이 되어 호미를 들고 살았다. 집안일, 밭일, 자식 키우는 일, 온종일 밖에서 집안에서 일하였다. 그냥 그런 줄 알면서 불평 없이 바쁘고 힘들게 살아서 그 바쁨이 몸에 배어서 나이 드신 분들은 그때의 일을 잊지 못하시고 '옛날 같으면'이란 말씀을 하시면서 '요즘 여자들은 편해도 너무 편해'하신다. 그러나 그 시대를 잘 넘기고 사신 어르신 이야기이고 지금도 여자들은 바쁘다.

 더워서인지 올해는 몸이 많이 안 좋다. 피곤하고 일도 하기 싫고 손자녀도 이쁘기는 한데 집에 오면 괜히 마음에서 올라오는 안 왔으면 좋겠다는 갈등이 생겼다. 자주 가서 그 이쁜 손녀도 보고 싶은데 그게 안 되었다. 온 몸에 힘들이 다 빠져나갔는지 나가기가 싫어지고 가만히 책이나 읽고 싶어진다. 딸들은 엄마가 안 오신다고 서운해하는데 딸네 가면 밭일이나 별다를 게 없다. 자주 듣는 비틀스의 'Let it be(그냥 그대로 둬)' 나의 해석은 '그냥 내버려 둬'이다.

 아무리 힘이 든다고 밭에는 가봐야 해서 먼 길을 갔다. 봄에 거름만 주고 대충 풀을 베고 왔는데 그동안 산이 되어버렸다. 어디서 왔는지 억새풀이 무성했고 처음 보는 풀도 보았는데 키도 크고 붉은색의 잎새에 검은 열매가 머루처럼 주렁주렁 달렸다. 한참 무르익어 과일 같은 모양새였다. 밭을 점령해서 붉은 밭이 되어있었다. 도대체 이 풀은 무얼까 하고 찾아보니 독초였다. 자리공이라 하는데 맞는지는 몰라도 독초 중 독초인데 피부병에 좋단다. 저걸 언제 베어내나, 억새풀은 어쩌고. 나이 먹은 예초기는 더위를 먹어서 멈추어 섰다.

더는 밭에 있기가 힘들었다. 오전인데도 뜨거운 열기가 흙을 말리고 습기가 땀을 만들어내었다. 십 분도 안 되어 도망가고 싶어졌다. 얼굴은 화끈거리고 기운은 없고 열병에 걸릴 것 같아 나는 도저히 못한다고 주저앉았다. 감나무 아래만 죽을힘을 다해서 풀을 베고는 하늘을 보는데 감 하나가 예쁘게 높은 나뭇가지에 한 개가 익어서 달려있었다. 홍시 같았다. 어머나! "쟤들도 정신이 나갔나 봐" 나를 눈이 빠지게 기다리다가 저리되었나? 미안해. 자주 못 와봐서 너도 나처럼 되었나 봐.

이야기를 마치니 지인들은 "어쩌나, 감이 불쌍해서" 나도 풀에 졌으니 풀진녀가 되었다.

수면 양말

바람이 차갑고 회색빛 하늘이 곧 눈이 쏟아질 것 같던 날, 좌판의 비닐 바람막이 천막 안에서 노란 수면 양말을 보았다. 보슬보슬 털이 보드라웠고 추운 날 마음을 녹여주는 노란색은 마음을 들뜨게 하였다. 무거워진 구름 같던 마음이 두둥실 떠올랐다.

노란 수면 양말을 사들고 오면서 손에 장갑처럼 끼고 두 볼을 감쌌다. 이 순간의 따스함은 달콤한 사탕 맛으로 철부지 어린 시절로 이끌었다. 봄볕 노란 병아리는 어미 닭 품속에서 잠을 자는 모습은 사랑스러웠다. 어미 닭의 날갯죽지에서 아지랑이가 피어올랐다.

초등학교 때 겨울이면 교실의 마룻바닥이 차가워서 발이 너무 시렸다. 양말을 껴 신고 앉아 있어도 참을 수가 없었다. 조개탄 난로는 뜨겁게 달아올라 교실 안은 따뜻했지만 발은 여전히 시렸다. 발을 난로에 가까이 대면 덜 시렸어도 양말을 태워서 집에 가면 야단을 맞았다. 아랫목 요 속에 발을 넣고 누워 있으면 따끈한 온기에 잠이 솔솔 왔다.

친구들은 얼음판 위에서 썰매를 타고 놀았는데 나는 발이 시려서 밖으로 나가기가 싫어 방에만 있게 되었다. 오빠들이 썰매를 어깨에 메고 방죽으로 썰매를 타러 갈 때 나를 억지로 데리고 갔다. 마루에 걸터앉으면 양말을 신기고 얼굴에 수건을 꽁꽁 돌려 매주고 장갑도 끼워주었다. 옷도 여며주며 가자고 했다. 꽁꽁 싸맸어도 발은 발대로 시렸고 손도 얼었다. 한참을 썰매를 타던 오빠와 동네 오빠들이 방죽 둑에 불을 놓고 내 손과 발을 녹여주었

다. 집에 가지고 징징대는 나를 큰오빠가 업고 작은오빠는 썰매를 메고 먼 길을 걸었다. 오빠의 겨드랑이에 두 손을 집어넣고 오는 길은 찬바람도 오빠의 등은 비껴갔으며 아랫목처럼 따뜻했다.

 그때는 왜 그리 추웠는지 모르겠다. 방바닥은 뜨거워도 웃풍이 있어 문고리에 손이 붙을 때도 있고 온 동네를 날려버릴 듯 바람도 많이 불었다. 눈도 많이 와서 눈길을 내어 학교도 갔다. 지붕과 장독대에 소복이 쌓인 눈은 눈이 부셨다. 눈이 녹으며 고드름이 주렁주렁 처마 끝에 장군의 칼처럼 달렸다. 고드름으로 전쟁놀이도 했다.

 따뜻하고 포근한 수면 양말을 신고 있으면 온몸이 따뜻해져 오고 나도 모르는 사이 나를 품어준다. 엄마의 품처럼 포근하다. 다정한 눈빛과 사랑의 손길로 어루만져주는 것 같다. 두 발을 감싸고 있는 노란색의 수면 양말을 오래오래 토닥였다. 아기가 된 듯 하품이 나왔다. 스치듯 지나가는 추억처럼 아련하고 달콤한 깊은 잠을 잤다.

산소와 넝쿨장미

어제는 한여름 무더위 같더니만 오늘 아침은 구름이 많고 흐린 날씨다. 우산을 가져가야 하나 말아야 하나 별걱정을 다하며 집을 나섰다.

볼일을 잠깐 보고 돌아오는데 빗방울이 한두 방울씩 떨어졌다. 고새를 못 참고 비가 오는 거야 하며 투덜거리며 뛰듯 걸었다. 집에 거의 다 와서는 소나기처럼 쏟아부었다. 옷이 반쯤 젖고 사가지고 온 물건을 가슴에 품고 아파트 현관으로 뛰어들었다. 머리는 비에 젖어 달라붙었고 가방을 들여다보니 다행히 가방 속은 멀쩡했다.

괜히 속이 상했다. 주로 다니는 길가의 넝쿨장미꽃도 보고 여기저기 기웃거리고 싶었다. 비만 내리지 않았다면. 오랜만의 시간적 여유를 천천히 누리고 싶었는데 한 치 앞도 모른다니 그 꼴이 되고 말았다.

늘 다니는 길가에 그것도 아파트 단지 옆에 산소가 있는 것을 오래전부터 아니 이사 오면서부터 보았다. 우리 집 베란다에서 가깝게 바라보였다. 어느 조상님이 이 번화한 거리를 바라보고 계시고 고향을 지키고 계시는지 궁금했다. 이 동네 유지분이신가 하는 생각도 들고 돌아가셔서도 참 편안하시게 지내고 계신 행복하신 분 같았다.

늘 산소는 깨끗하게 풀이 깎여있고 도시 속의 숲속 같은 느낌이 들었다. 봄이면 아카시아꽃 향기가 산소 주위를 향기롭게 했고 사월이면 개나리꽃, 오월이면 빨간 넝쿨장미가 피었다. 담장처럼 둘러친 담장 사이로 두 분의 봉분이 보이고 비석이 서있다.

산소를 지나칠 때마다 마음이 가라앉으며 안정되고 우리 부모님 산소가 떠올랐다. 미소가 지어지고 추석 때 벌초가 잘된 산소를 보면 우리 부모님 산소도 오빠들이 고생하며 벌초를 했겠구나 생각했다.

철망 펜스에 두 손을 잡고 한참 산소를 바라다보다가 길을 가곤 한다. 복 많으신 누군가의 조상님인지 부럽기까지 했다. 몇 해가 지나고 산소의 자손을 알게 되었다. 반갑고 가까운 이웃 같았다. "조상님을 잘 모셔서 어려운 일없이 잘 사시나 봐요" 했더니 손사래를 치면서 아니라고 남들처럼 돌보고 있다고 하셨다. 나는 "좋으시겠어요. 조상님을 늘 보셔서요" 했다.

엄마가 돌아가신 지 눈깜빡 할 사이 오 년이란 세월이 흘렀다. 아버지가 먼저 돌아가셔서 수십 년 후 어머니의 장례 식 날 아버지와 어머니의 산소를 합장하였다. 엄마의 영구차가 도착하기 전 아버지의 이장작업이 동네 친척과 동네 분들이 다 해놓으시고 기다리고 계셨다. 아버지와 어머니를 나란히 묻고 요즘 산소처럼 짧은 시간에 마무리가 되었다.

정성껏 제사상을 차리고 간단한 제사를 모신 뒤 장례절차는 끝났다. 슬픈 마음은 지금도 여전하지만 이승과 저승에서 떨어져 계셨던 부모님이 한자리에 모시게 되면서부터 마음이 어딘가 모르게 편안해지고 안심이 되었다. 서로를 그리워하신 부모님이 한 곳에 계시다는 생각이 들면서 "엄마, 아버지 집이 지어졌네요." 하며 눈물을 삼켰다.

영원히 이별 없는 산소를 바라볼 때마다 살아생전 못다 한 이야기들과 서로를 그리워했을 그리고 기다렸을 세월을 내려놓고 행복하게 사시길 빌었다.

　산소 앞을 지나치며 잠시 멈추지를 못하고 비를 피하며 뛰어오다가 미안한 마음이 들었다. 인사의 말씀을 드렸어야 했는데 못한 것이 마음에 걸렸다.

　후드득 떨어지는 빗방울 소리가 아늑하게 들렸다. 절정을 향하여 달려가는 아름다운 넝쿨장미는 산소 담장 펜스를 붙잡고 나는 보내주었다.

세 개의 감자 송편

세 개의 감자떡은 우리 집에서 잠을 자고 아침에 눈을 떴다. 하루를 가방 속에 가만히 앉아있던 별밤지기들. 좁은 종이컵 안에서 하얀색, 쑥색, 겨자색의 삼형제는 곁에 이쑤시개를 잡고 밤을 새웠나보다. 꼭 끌어안은 자국이 손가락 자국으로 찍혀있다.

집에 와서 꺼내놓아야 했는데 또 깜빡하고 가방을 식탁 의자에 올려두고 잠을 잤다. 가방을 열어보지 않았다면 이 세 개의 감자떡은 며칠을 그 안에서 내 손길을 기다렸을 것이다.

익숙한 사람의 얼굴은 언제나 같다. 웃을 때나 말을 할 때나 음식을 먹을 때 처음에는 조금은 낯설어도 말을 더듬지도 않고 나도 모르게 웃음이 난다. 누군가 음식을 주문하고 기다리며 지난 일들을 아무렇지도 않게 알아듣는 목소리의 정겨움이 마음으로 전해온다. 나이도 다르고 직업도 사는 곳도 다른 세 사람. 잊을만하면 단출하게 만나서 식사를 하고 차를 마신다. 조용히 들어주는 표정에는 잘 다듬어진 단발머리 소녀가 되기도 하고 까까머리 소년이 되기도 한다. 지난날 생각에 유일한 한 가지의 공통점이 시간이 되어 흐른다. 잠깐의 만남이 길고 튼튼한 줄이 되어 서로를 묶어놓은 모습이다. 이 시간이 지나면 또 그리워질 세 사람.

음식이 나오고 추억이 피어나는 음식 냄새에서 집밥이 떠올랐다. 더덕구이, 황태구이, 미역국, 산나물 속에 세 개의 감자떡이 눈에 띄었다. 순간 너무 이쁘고 고향의 맛이 입안을 돌아다녔다.

은은한 무지개떡과 같은 색깔에서 "어머나 요즘엔 이렇게 이쁘게 감자떡을 만드네요. 아쉬운 점이 있는데 강원도를 가게 되면 길옆에 감자떡을 팔아서 사 먹었는데 이젠 사라져서 아쉬워요." 나도 모르게 감자떡 이야기가 나왔다. 그러자 "감자떡을 아셔요?"하며 한 분이 물으셨다. "그럼요. 어릴 때 많이 먹었어요. 쫄깃쫄깃하고 시루떡하고 다른 맛이어서 많이 좋아했어요." "그 냄새도 아시나 몰라." 하시며 장난기 있게 웃으셨다. 나는 얼른 옆구리를 툭 쳤다.

밥상은 모든 음식이 맛이 있고 정겨웠다. 언제나 먹었던 음식이었지만 어느 틈에 간소화되어 밥상에서 그 맛있는 음식들이 서서히 없어져 버렸다. 번거롭고 시간이 많이 가는 나물 반찬들과 정성이 들어가야 하는 늘 먹었던 반찬들이 간편식으로 바뀌거나 아예 간식으로 끼니를 대신하기도 한다. 나도 대충 반조리식품으로 밥상을 차리게 되었다. 이렇게 한식집에서 밥을 먹게 되면 감사하고 옛 밥상이 그리워지는 것이다.

조금 긴 시간을 식탁 앞에서 밥을 먹은 것 같아 얼른 일어섰다. 계산을 하려는데 벌써 계산을 하고 계셨다. 미안한 마음으로 밖으로 나와 기다리고 있는데 식당 안에서 나오시지를 않았다. 나오시는 손에 종이컵이 들려있었는데 나는 물인 줄 알았다. 불쑥 아무 말 없이 나에게 컵을 내밀었다. 그 속에는 세 개의 감자떡이 들어있었다. 이 세 개의 떡을 받아주기 위해서 식당 안에서 서성거리는 모습으로 비친 것이었다. 어떻게 표현을 해야 할까. 가

슴에 뜨끈한 무언가 휙 지나갔다는 생각을 한다. 감사하다고 말씀을 드리고 얼른 가방에 넣었다.

그 예쁜 감자떡을 그 다음날 접시에 담아 식탁에 올려놓고 가만히 바라보았다. 우리 집 식탁 위에서 보게 되었다는 감동이 김처럼 솔솔 올라왔다. 식탁 가운데에 놓아두고 차를 마시며 쳐다만 보았다. 생각지도 못한 그 따뜻한 마음이 집안을 가득 채워주었다.

올해는 별다른 일없이 잘 지냈다. 내년에도 올해처럼 모든 분이 무탈하게 지나갔으면 한다. 오랜만에 옛일을 생각하며 감자떡을 무지개색으로 만들어 식탁 위에 올리고 싶어진다.

스승의 은혜(恩惠)

'스승의 은혜는 하늘 같아서 우러러볼수록 높아만 지네 참되거라 바르거라 가르쳐주신 스승은 마음의 어버이시라.' 입을 모아서 우리는 노래를 부르고 박수로 고마움을 표현했다.

교탁 위에는 성의껏 부모님께서 준비해주신 선물을 수줍어하며 올려놓았다. 그때는 농산물이 주를 이룬 것 같다.

집에서나 학교에서나 선생님을 존경하고 어려운 존재로 대했다. 뭔가를 시켜주길 바랐고 한 번쯤 칭찬받기를 바랐다. 시험을 못 보아도 더 열심히 해서 성적을 올려보자 하시며 용기를 주셨다. 선생님께서 교무실로 부르실 때면 얼마나 수줍고 가슴이 뛰었는지 얼굴이 붉어지고 열이 났었다. 왜 부르셨는지 걱정이 되었다. 잘못한 게 있나 그런 마음으로 교실 문을 망설이며 들어가면 선생님께서는 미술대회가 있는데 네가 뽑혔다며 방학 때 나와서 연습을 하라고 일러주셨다.

정작 그림 그리기 연습은 나 혼자 운동장에 앉아서 그리고 선배 언니 오빠하고는 고향을 가로지르는 경부고속도로가 완성되기 전의 고속도로 위로 올라가서 고속도로를 그렸다. 한여름의 열기와 모자도 없이 고무신을 신고 잘 닦여진 딱딱한 길 위를 걸어서 먼지를 피워올리며 걸어서 적당한 곳에 앉아 그림을 그렸다.

화판이 뜨거워질 정도로 고속도로 위는 열기를 뿜어내었다. 얼굴은 빨갛게 달궈지고 크레파스는 녹았는지 뭉텅뭉텅 칠해졌다.

쭉 뻗은 길은 어린 내가 보아도 시원했다. 신작로의 울퉁불퉁한 길과는 비교가 되지 않았다. 한여름 속에서 완벽하지도 않은 그림이지만 경부고속도로를 그렸다는 것과 고속도로 위를 걸었다는 자부심이 있다. 공사를 하시는 분들 이외에는 접근 금지가 되어있었기 때문이다. 경제 발전에 커다란 획을 그은 경부고속도로가 고향을 지나가는 것도 자랑스러운데 그림까지 그린다고 생각하니 나 자신이 어떤 역사 속의 한 사람이 된듯하다.

그림을 제출하고 집으로 돌아오는 길은 시원하고 섭섭함이 있었다. 선생님께서도 방학 기간인데 우리 때문에 학교를 나오시니 죄송하기도 했고 더 잘 그려야 했는데 하는 아쉬운 늦은 후회가 밀려와서다.

그 당시에는 학교 선생님들께서 학교 주변 면 소재에서 방을 얻어서 생활하셨다. 혼자 사시는 선생님도 계시고 가족들이 함께 오셔서 사시다가 발령이 나면 또 다른 곳으로 가셨다.

이사하는 날이 다가오면 돌아가며 친구 집에서 하룻밤씩 자면서 밤새 이야기하면 엄마들은 간식을 살며시 문을 열고 들여놓아 주셨다. 고구마, 밤, 감주, 누룽지지만 우리는 함께 맛있게 먹었다.

드디어 트럭이 오면 동네 분들이 모두 나와서 짐을 실어주시고 눈물을 훔치고 놀러 자주 오시라며 작별인사를 하였다. 우리 친구들은 "놀러 갈게" 하며 시무룩하게 떠나가는 트럭 뒤를 따라가다가 트럭이 안 보이면 그제야 펑펑 울었다.

옛날에는 이사 다니는 것을 보는 것은 면사무소 공무원이거나 학교 선생님뿐이었던 것 같다. 친구는 자기가 살았던 우리 고향이 자기 고향이라고 한다.

사제지간의 정이 돈독했던 그 시절이 그립고 친구가 그립고 '스승의 날'이 많이 지난 지금에도 잊혀지지 않고 가슴에 남아있다.

핑크 뮬리

　미국이 고향이라는 핑크 뮬리, 꽃말도 이쁜 "고백" 아마 사랑하는 사람에게 하는 수줍어 홍조를 띠며 하는 사랑의 고백을 그려본다. 또 다른 이름도 있단다. 털쥐꼬리새라고도 하는데 마디에 새털 같은 털이 자라서 분홍색을 물들여서인가보다.
　사랑이 가을바람에 누웠다 일어서며 물결을 이루는 분홍빛의 물결을 누군들 아름답지 않다고 할 것인가. 많은 사람들이 핑크 뮬리의 잔잔한 자줏빛이 맑은 바람에 속삭이는 소리를 감추었다. 누군가의 외침이 들려왔다.

　"사랑해"

　전부를 내어줄 것 같던 사람의 마음도 흐르고 흐르다 보면 마음의 향기를 잃고 떠나가 버린다. 젊음 같은 것이다. 티 없이 순수한 사랑이 코끝을 지나쳐간다. 지나쳐 온 모든 것이 몽글몽글 가슴에서 퍼져 나와 잊혀진 그때를 수많은 꽃잎이 떠올려준다.
　수없이 많이 걸어온 이 순간들이 핑크 뮬리를 올해의 무더위에 밀려났었던 가을이 뭉게구름으로 뭉쳐 하늘은 새롭게 나에게 다가왔다. 헐렁하게 살아가는 나는 저렇게 밀집되어 꽃이 되어 피어나는 것을 알지 못했다. 꽃과 꽃 사이를 분홍빛 바람만이 빠져나간다.
　처음 본 저 몽환의 색, 누군가 저 색은 버합하고 칠할 수 있을까. 저 핑크 뮬리의 한가운데서 사랑의 고백을 하고 잊혀지고 행복한 웃음이 온 세상으로 퍼져나가 아마 모든 사람은 사랑에 빠져 버릴 것 같다.

 이 순간을 잊지 않기 위하여 모두는 핸드폰을 높이 쳐들거나 소리를 지르거나 하면서 사랑의 순간을 기억하기 위한 모든 몸짓과 목소리로 외치는 것이리라.

 묘한 매력을 발산하는 저 빛. 마음이 떨리며 설레이고 흥분하게 하고 즐거워진다. 모래알보다 작은 꽃이 마음을 이처럼 사로잡는다는 게 이상하다. 그것은 고향의 흙을 밟고 서서 마음으로 깊게 바라보았기 때문이 아닐까. 뿔뿔이 흩어졌던 생각들이 모여드는 꽃. 언제 나는 저런 꽃을 피워보았는지 알지 못한 외로움이 몰려들었다.

 너와 나. 바라보는 거리에 따라 달라 보이는 푸념 섞인 한숨이 입안에 고이고 낮술 한잔이 비틀거리듯 이리저리 끌고 다녔다. 술 냄새 섞인 목소리는 어디로 가고 첫사랑 얼굴빛으로 서로를 바라보며 그 시절을 아름답게 분홍빛으로 물들여 주었다.

 오래전에 쓰인 고전 같은 누런 책장을 넘기는 애절한, 내 마음에 오려 하지 않았던 옛 모습과 저 넓게 펼쳐져 사랑의 소리를 듣는 아주 작은 꽃송이와 잎새들은 희망을 씨앗처럼 쏟아내었다. 사라졌던 감정들이 싹을 틔우며 다가와 주었다.

 올 줄 알았던 사람은 기다려도 오지를 않고 핑크 뮬리의 무리 속에 서서

가을 하늘을 보며 생색이나 하듯 이름을 불러보았다. "얘들아, 나 왔어." 우리 안녕이란 단어를 잊어버리자. 가슴에 숭숭 뚫린 구멍 속으로 니들은 왔다가 가고 갔다가 온다. 저 들끓는 사람들의 목소리 와 발자국 소리에 내가 살았던 이곳을 나는 사랑한다.

　어두움이 가만히 내려앉는다. 핑크 뮬리도 고단한 하루를 접는 모양이다. 핑크 뮬리를 끌어안고 속삭였다. 다시 올게. 기다려줘.

꽃바구니를 만들면서

잠에서 깨자마자 오늘 할 일이 떠오르면서 꽃바구니가 생각났다. 어버이날에 봉사하고 남은 예쁜 바구니가 있었다. 하루 전 다도회에서 정성스럽게 꽃꽂이 수업을 한 수반에서 오아시스에 꽂힌 꽃을 꺼내어 꽃바구니에 담았다. 그리고 리본도 꽂았다.

정말 예뻤다. 전문가가 꽂은 꽃바구니 같았다. 수반과 바구니가 꼭 맞았다. 플라워 샵에서 주문하여 구매한 그것보다 더 예쁜 것 같았다. 종이컵보다는 조금 컸지만 앙증맞은 것이 맘에 쏙 들었다. 오늘 오전에 인문학 강의가 있는데 강의하시는 교수님께 드리고 싶었다.

누구에게 선물한다는 생각이 들면서부터 갈등은 시작된다. 좋아하실까. 마음에 들어 하실까. 별의별 생각이 얽히고설켰다. 설마 꽃을 싫어하는 사람은 없겠지. 내 마음인데 어쩌나.

몇 시간씩 강의하시는 교수님이 감사하고 몰랐던 문학과 인간의 관계를 조금씩 알아가는 중이고 다양한 책 선정부터가 내 마음을 사로잡았다. 온 힘을 다하여 온 정신력을 쏟아부으시며 강의를 하실 때면 마음이 붕 하늘 위로 떠올라 그 시대, 그 환경, 외국의 어느 마을에서 온갖 굴곡진 삶을 아름답기도 하고 위험하기도 한 전쟁이 휘몰아치고 간 유럽과 전쟁의 고통 속에 숨죽이며 살아가는 사람들을 소설 속에서 만나고 교수님께서는 신화와 주인공의 심리적인 공통점을 잘 정리를 해주셨다. 아무리 강의를 들어도 한쪽으로 빠져나가는 소리가 들리는 철학. 읽는데 급급했던 미진한 내용을 콕

짚어주셨다. 강의에 푹 빠지다보면 시간이 훌쩍 넘어가고 수강생들은 미안한 마음으로 미소를 짓는다.

갈팡질팡하는 청소년기의 진로에 힘겨워할 때 교육자의 눈에 보이는 학생의 진로를 방향을 신중하게 상담해주시는 그 앞서가는 예언 같은 말 한마디가 학생들의 평생의 직업이 되어 일생을 그 일에 종사하게 한다는 것을, 행복하게 여생을 마친다는 것을 문학을 통하여 조금이나마 인식하게 되었다. 종강이 가까워지면서 책마다 특성과 문장·표현력·구성에 주눅 들었다.

고마움의 표현을 어떻게 해야 하나 하는 걱정을 잊기로 하고 꽃바구니를 드리기로 했다. 어느 꽃다발보다 화려하고 예쁜 쬐끄만 꽃바구니는 내 마음이 듬뿍 들어간 꽃바구니다. 이 작은 꽃바구니를 어떻게 교수님께 드릴까 걱정이 되었다. 꽃다발이나 꽃바구니는 생일이나 축하하는 의미로 정성을 다하여 선물하는 것인데 아무런 명분도 없이 갑자기 불쑥 꽃바구니 선물을 하는 것이 너무 멋쩍을 것 같았다. 하지만 교수님께서는 기쁘게 받아주실 것이다. 이 조그만 도시에 인문학을 열심히 심고 계시고 힘든 내색 한 번 없이 즐겁고 살갑게 나이든 우리에게 깊이 있는 인문학 강의를 하실 때면 얼굴이 환하게 꽃처럼 핀다.

서둘러 도서관을 갔다. 교수님이 오시기 전이었다. 작은 꽃바구니를 책상 위에 올려 놓았다. 내 마음을.

겨울 단풍을 읽는다

한 번 눈에 들어오면 어떻게든 보아야 하는 이 못된 성격을 어찌해야 할지 모르겠다. 어느 날 산 중턱에 분홍색으로 핀 꽃이 궁금해서 참지 못하고 가다가 죽을 뻔도 했다. 그 이름 모를 꽃의 아름다움에 빠져서 앞만 보며 가다가 낭떠러지기를 만난 것이다. 조금만 더 빨리 뛰어갔다면 떨어져 저 아름다운 겨울 단풍을 못 보았으리라. 다행히 달리기를 못해서 위험에서 벗어난 그 날의 아찔함을 어떻게 잊을까.

나는 보았다. 자귀 꽃의 신비하고 사람을 불러들이는 묘한 분위기를, 밤이면 축 늘어져 잠을 자는지 나뭇잎이 접힌다. 자귀 꽃을 알기까지 얼마나 궁금했는지. 묻고 물어 알아낸 자귀나무에 피는 그 신비스러운 분홍 꽃은 봄날을 날아다녔다. 밤이면 하늘의 떠돌이 별이 되는지도 궁금했었다.

떠들썩했던 첫눈이 흔적도 없이 녹아 없어졌다. 눈의 특징을 몰랐던 나는 눈싸움할 때 잘 뭉쳐지는 눈과 잘 안 뭉쳐지는 눈으로 알고 있을 뿐이었다. 올해의 첫눈은 어디든 쌓여서 순백의 나라로 만들어놓았다. 수없이 찍힌 발자국을 따라 여기저기 기웃거리며 돌아다녔다. 소음을 삼켜버린 눈은 나뭇가지에서 침묵과 고독을 쌓아놓고 있었다. 내 마음속의 타인, 나뭇가지에 앉아서 제 몸 위에 제 몸을 감추고 두 눈 만이 부엉이의 눈처럼 빛났다. 허공을 메우며 날아다니는 눈송이들, 물을 잔뜩 먹어 무거워진 소금처럼, 그러다 녹아버리는 설경을 오랫동안 보았다. 마음속에 들어온 모양대로 남아 있는 길가의 발자국은 결국 물이 되겠지.

습설(湿雪), 건설(乾雪), 설해목(雪害木: 눈의 무게를 이기지 못하고 부러진 나무)을 안 것도 얼마 되지 않았다. 물을 많이 품은 눈은 습설, 물이 없는 눈은 건설 이렇게 이해했다. 예전부터 설 전에 내리는 눈은 수분이 적고 봄에 내린 눈은 습기가 많다고 했지만 변덕스러운 날씨에 습설이 내린 것인가보다.

눈이 녹아버리자 눈 속에 파묻혔던 모양들이 나타났다. 단풍들은 빨갛고 노랗게 또는 갈색으로 흰색을 물들였다. 그늘이 있는 길가의 눈 위에는 고운 단풍이 꽃꽂이해놓았다. 메말랐던 마른 단풍잎은 더 싱싱해진 것 같고 하얀 꽃이 피어나고 단풍에 붙어 소복하고 풍성한 눈은 나뭇가지마다 쌓여 길게 늘어져 동양화 화풍 같았다.

12월 속의 저 화려한 계절에 놀란 단풍을 바라보며 겨울 속의 가을이 오고 있는 것 같았다. 바람이 불면 노란 은행잎이 우수수 낙엽이 되어 쏟아져 내려 눈처럼 쌓이고 어깨에 쌓였다. 유모차 안의 아기가 손을 내밀며 흔들었다. 아기 엄마는 아기의 손을 잡아 유모차 안으로 밀어 넣었다. 길을 가던 사람들이 말했다.

지금이 가을인가 겨울인가 모르겠네. 눈까지 왔는데 저 파란 나뭇잎 좀 봐. 모두는 시선을 옮겨 나무를 보았다. 초록의 나뭇잎은 무슨 색의 단풍이 될까. 호기심이 사라진 마음에 호기심이 바람처럼 불었다.

눈송이의 크기만큼 잊었던 첫눈 오면 만나자 했던 친구들도 잊혀지고 눈이 녹은 자리에서 저 고운 단풍을 매끄럽게 섞이지 않는 그대로의 색상으로 그려놓는다. 그 많은 그늘을 만들던 나무들이 각자의 색이 있었다는 사실에 놀라고 한겨울에 그 색을 간직하며 서있는 곳에서 풀어진 내 마음을 읽고 있다.

결코, 사소할 수 없는 몸, 기댈 수 있는 나무와 나와의 그 긴밀한 속삭임은 아직도 저 나무는, 나무에서 떨어지지 않는 단풍은 기억하고 있을까.

사람이 살아가듯 단풍들도 서로에게 사랑도 하고 다가가기 위하여 바람을 기다리는 시간의 흐름을 본다. 간절히 나뭇가지로 나뭇잎으로 외롭지 않다고 손짓하며 서있는 모습이다. 그 시간들을 나는 읽고 있는 중이다.

다섯 번째

길 위에 잠시 멈춰선 순간

풀냄새

이른 아침이 좋아지기 시작한 것은 베란다에서 해가 뜨는 것을 보면서였다. 게으른 나는 평상시에 해가 뜨는 것을 거의 못 보았다. 그 시간은 밖을 바라볼 여유가 있거나 한가하지 않았기 때문이다. 하루 중 제일 바쁜 시간이어서 아침밥을 하거나 출근 준비하기에 여념이 없어서다.

해가 건물 사이로 빨갛게 얼굴을 내밀기 시작하면 하늘은 더 맑아지고 붉게 물들어갔다. 잠깐이지만 새로웠으며 온전히 나의 시간이 시작되기 때문이다. 일하면서 꿈꿔왔던 시간의 자유였다. 뭔가가 부족한 것 같은 마음의 허전함이 해와 함께 사라져갔다. 고향의 들판에 서있고 싶고 푸르고 푸른 짙은 초록빛에 물들어간다는 착각을 많이도 했다. 그것은 멀고 먼 길을 떠나는 마음 같은 것이었다.

여름이면 아버지의 옷은 풀물이 들었다. 삼베로 만든 잠뱅이는 풀물과 흙물이 섞여서 그럴듯한 무늬 같았다. 늘 저녁이면 지게에 풀을 산더미처럼 지고 오셨다. 그때에도 난 풀냄새를 맡지 못했다. 풀은 그저 소먹이기에 불과했다.

풀은 가축들의 먹이이고 여름밤 모깃불에 던져지는 까마득한 옛이야기라 여겼다. 곡식을 가꾸는 밭에서 꼭 뽑아내야 하는 잡초였다. 도시 생활을 하면서 잊혀졌던 풀냄새를 기억해내기란 어렵다. 햇볕에 바래어진 시간 속에서나 잔영처럼 떠돌 뿐이었다.

어느 날 아침 공원길을 걷고 있는데 익숙한 냄새가 발길을 멈추게 했다.

모자를 눌러쓴 아저씨가 소리 나는 기계를 들고 익숙한 솜씨로 풀을 잘라내고 있었다. 공원 잔디의 절반은 길고 짧은 풀잎이 베어져 있다. 이른 시간인데도 아저씨는 열심히 풀을 깎고 있고 땀을 훔쳐내며 일을 하고 계셨다. 멍하니 한참을 풀이 베어지며 흩어지는 풀냄새를 기억에 담고 있었다. 아니 맡고 있었다. 잊혀졌던 아버지의 냄새였다. 미친 듯 달리기만 했던 지난날이 잠잠해지고 가라앉는다. 풀물든 마음이 흘러가는 아버지의 목소리다. 풀은 거세고 억세고 인고의 상징이다. 풀잎에 밤새 이슬을 만들어 매달고 해뜨면 영롱한 빛을 발산하는 깨끗함의 상징이기도 하다. 구차스럽지 않은 떳떳함이다.

헛것이 보일 정도로 마음이 쓰리고 아플 때, 구차스럽게 변명을 해야 할 때도 지워져가고 흐려져가는 나날들을 촉촉하게 적셔주는 풀냄새다. 풀이 품고 있는 넉넉함이 누군가에게 흔들리고 잘려나갈 때 진심 어린 냄새를 풀어내나보다.

행복을 담는 그릇

오늘은 아파트 쓰레기 분리수거 날이다. 며칠 전 아래층으로 물이 샌다고 관리사무실로 신고가 들어와서 바닥공사를 하였다. 싱크대 아래 보일러 난방 배관이 새는 누수로 싱크대를 옮기고 싱크대 안의 물건을 모두 꺼내야 했다. 누수공사보다는 싱크대 안에 넣어둔 물건 꺼내는 일이 더 큰 일이었다. 빈틈없이 빼곡하게 쌓인 그릇에 정신이 번쩍 들었다. 언제 이렇게 많은 그릇을 쟁여 놓았을까. 덩그러니 서서 바라보았다.

예전에는 동네 분들과 그릇 계를 들거나 방문판매로 구매하였다. 동네 분들이 잘 모이는 집에 세트로 그릇을 풀어놓고 구경을 한 다음 판매를 하시는 분이 우리나라 최고의 도자기 그릇이라든가 무공해 그릇이라든가 신제품이라 했다. 들으면 들을수록 사고 싶은 마음이 생겨나서 할부로도 사고 계를 들어 구매하기도 했다. 예쁜 모양과 색에 홀딱 빠져서 비싼 것인지, 싼 것인지, 좋은 것인지, 나쁜 것인지 구별도 안 하고 뿌듯한 마음 가득 안고 그러니까 과소비를 하였다.

이런저런 생각에 잠겨 그릇을 바라보고 있는데 외출에서 돌아온 딸이 "엄마 이사가요?" "이게 다 뭐예요?" 한다. 눈치를 챈 딸은 모두 버리고 언니가 명품이라고 사준 그릇만 남기고 다 버리자고 했다, 대답을 안 하자 딸은 꼭 필요한 그릇 몇 가지만 추려놓고는 고르라고 했다. "엄마, 나 시집가면 주려고 그러는 거지" 그러면서 웃었다.

엘리베이터 안에서 아래층 사시는 분이 타셨다. 무겁겠다 하면서 내가 들

고 있는 그릇을 보시더니 이 그릇을 장만할 때는 그릇도 재산이 된 것 같이 부자가 된 마음이었는데 하시면서 같이 아쉬워하셨다. 쓰레기 분리장에서 그릇을 내려놓고 있는데 "아줌마 그렇게 버리면 안 돼요. 마대로 된 쓰레기봉투 사오세요" 한다.

오래된 그릇을 쌓아두게 되는 것은 그릇에 담기는 정성스러운 음식과 보이지 않는 행복인 포만감을 주기 때문인가 보다. 그릇의 모양대로 담기는 행복은 마음으로 퍼 올리는 아름다운 시간을 담아두고 음식의 냄새를 기억하게 한다.

그릇을 버리고 한동안 허전하고 쓸쓸했지만 남아 있는 그릇에 더 많은 정을 꾹꾹 눌러 퍼담는 중이다.

넘어졌다

봄은 새벽의 도시를 향기롭게 한다. 잠들었던 봄의 향기는 눈을 뜨듯 잔잔한 새벽 공기를 익숙하면서도 새로운 향기를 내어주었다. 그리고 봄은 딱딱한 아스팔트 길도 말랑말랑하게 한다. 부드럽고 고운 모랫길처럼. 잠이 덜 깬 애틋한 목소리 같은 자동차의 경적소리는 발걸음을 빠르게 재촉한다.

횡단보도를 뛰듯 걷다가 발끝을 잡는 봄의 향기에 걸려서 길 위에 엎어졌다. 순간 정지된 신호등 같은 머릿속, 머금은 촉촉한 물기를 왈칵 쏟아내었다. 글썽인 채 흐르지 않는 그대로 지니고 있는 눈물 같은 것이었다.

늦잠 자다가 벌컥 문을 열고 호통치시는 아버지께서 던져주시는 교복을 주섬주섬 걸쳐 입고 방을 나오듯 팽개쳐진 가방과 물건을 챙겨 들었다. 의연하게 줄지어선 차량들 앞에 일어섰다.

이 새벽에 고마운 아줌마의 목소리는 "괜찮으세요" 속삭이는 것 같고 소리치는 것 같기도 하다. 소음에 묻히듯 녹아들듯 혼자 말했다. "모르겠어요."

풀빛 같은 신호등 불빛, 멀게만 보였던 건 깜빡깜빡하는 건망증이었다. 사선을 넘듯 보도에 올라 뒤를 보고 섰다. 멈추었던 차들은 새벽을 가르고 가던 길로 신호등의 신호를 따라 달려갔다.

그때 전화벨이 울렸다. 괜찮으세요? 다친 데는 없으세요? 병원 가보셔요 한다. 이 시간에 나를 본 사람이 또 있었다니 아픔도 잊고 멍해졌다.

황급히 자리를 뜨고 싶어 달리듯 가다 웃음이 터져 나왔다. 봄 향기를 마

시며 창피함을 잊기로 했다.

늘 다니던 길도, 가만히 있어도 넘어지는 세상살이, 밀치어 넘어지고, 무엇엔가 걸려서 넘어지고, 앞서가기 위해 뛰다가 넘어지기도 했다. 모두 나 자신의 급하고 급한 마음에서 일어난 일이다. 숨기고 달아나고 싶은 마음도 있었다. 그래도 넘어지는 나를 보고 걱정을 해주는 주위의 사람들에게 감사하다.

봄의 향기는 강렬하게 살아야 할 이유가 축복으로 다가왔다. 봄, 모두 잠든 이 새벽 쉴 새 없이 꽃향기가 내 맘을 설레게 하는 것은 그대들이 있어서다. 그리고 일어서게 했다. 일으켜 세워주었다. 일어설 힘이 있는 봄의 새벽이었다.

용주사에서

갑자기 용주사가 가고 싶었다. 일찍 서둘러 갔다. 아침 법회도 시작하기 전이었다. 새해 첫날이라 벌써 불자님들이 많이도 와있고 나도 그중의 한 사람으로 부처님께 기도를 올렸다. 쭈빗쭈빗 부처님께 삼배를 겨우 올리고 대웅보전을 나왔다.

하늘은 청명하고 바람은 신선했다. 그냥 마음이 좋고 즐거웠다. 햇볕은 따뜻하고 바람은 잔잔했다. 절집 마당에서 하늘을 올려다보았다. 파랗게 드높은 하늘이다. 깊이를 알 수 있을 만큼 하늘은 맑았다. 마음도 하늘과 같았다. 가벼워지는 마음과 평온한 마음이 너무 여유롭고 좋았다. 가만히 가슴을 열고 귀 기울이면 만물의 소리가 마음속으로 들어온다.

경내를 돌아보며 사진도 찍고 가지고간 커피를 우물가에서 마시며 거북이가 입으로 쏟아내는 맑은 물소리를 들었다. 절에 와서 무슨 소원을 빈단 말인가. 부처님만 뵈면 될 것을. 아침에 욕심으로 가득 찼던 마음이 물과 함께 흘러갔다.

꿈속을 걷는 느낌이 들었다. 용주사 절집에서 우물과 처마 끝 풍경과 하늘, 주지 스님의 염불 소리가 흐른다. 여름비에 처마에서 떨어지는 빗소리를 듣고 싶다. 흙과 빗물이 합쳐져 내는 미묘한 리듬의 청량한 소리, 이제라도 들을 수 있을까.

용주사는 갈 때마다 새롭다. 내 눈에 없던 것들이 나를 놀라게 한다. 지난여름 비석인 줄 알고 그냥 앞에서 셀카를 찍었는데 그게 조지훈 님의 승

무 시비 앞이었다. 많이도 그 앞을 지나쳤는데 이제서야 내 눈에 내 마음에 들어온 것이다.

　용주사는 정조대왕의 지극한 효심이 있고 융릉의 능사로 효행의 본찰이며 사도세자와 혜경궁 홍씨, 정조대왕과 효의왕후 위패를 모신 곳인 것만 알았다. 조지훈 님의 승무 시비가 있다는 것은 몰랐다. 시비 뒤 경위문에는 -조지훈 님은 1938년 용주사에서 영혼의 고뇌를 춤으로 승화시킨 승무를 참관하고 영감을 얻어 시 승무가 탄생되었다. 이에 승무제가 열리는 용주사에 시비를 세워 조지훈 님의 창작세계와 불교예술의 아름다움을 온 누리에 널리 알리고자 한다. 화성시·용주사-

　학창시절 가슴에 담아두었던 시 승무가 이렇게 창작되고 읽히게 되었구나. 승무는 월정사에서 창작되었다고 생각했다. 조지훈 님이 월정사 불교전문강원으로 계셨다 해서 항상 월정사를 가게 되면 승무를 떠올렸었다. 용주사에서 승무제가 있었다는 것도 처음이고 조지훈 님이 승무를 참관하시고 시 승무가 세상에 알려지게 된 것도 이제야 알게 된 것이다. 시비에는 검게 세월의 이끼가 올라와 있고 글자도 희미하지만, 그 뜻만은 또렷했다.

　새해 첫날 햇볕 따뜻한 시비 앞에 앉아 있는데 불자님께서 달력을 주시며 가셨다. 새로 시작하는 기쁜 마음과 긍정의 생각이 살아났다. 달력이 넘겨질 때마다 모든 이여, 복 많이 받으소서. 하시는 일 다 잘되시고 행복하소서. 올해도 고맙고 감사한 마음으로 살게 해 주소서.

봄꽃은 밤에 핀다

　배꽃이 피었다. 겨우내 자란 새 나뭇가지도 다듬고 충분한 거름을 주고 난 후 연륜을 다투듯 달밤 같은 배꽃이 핀다. 항상 그 자리에서 가족처럼 꽃을 피우고 열매를 맺는다. 노인이 된 큰오빠는 뒷짐을 지고 배나무 사잇길로 다니며 배나무를 보살핀다. 누가 더 나이를 먹었을까.

　어제 내린 배꽃에 내린 봄비가 맺혀있듯 뒤따라가던 눈길이 이슬로 맺힌다. 아들은 아버지를 닮는다더니 뒷모습이 꼭 아버지다. 몇 년 전부터 도시의 집과 과수원을 오가더니 귀농하듯 고향으로 반쯤 돌아왔다.

　큰오빠가 과수원에 머무르면서 형제들은 신이 났다. 과수원 울타리에 피는 아카시아꽃 향기에 취하기도 하고 배꽃이 지고 나면 찔레꽃 향기에 푹 빠진다. 꽃향기와 어우러진 개구리 울음소리는 아직도 자연 그대로 사람의 마음을 강렬하게 잡아준다. 신선하고 정직한 노동의 습관처럼 황홀해진다.

　분홍색 벚꽃잎이 아스팔트 위에 예쁘게 내려앉았다. 그 고운 빛깔이 나뭇가지를 떠나는 것을 보았다. 과수원을 다녀오고 옛날을 뒤돌아보니 벚꽃잎 분홍빛으로 어린 시절을 보냈다는 것을 알았다. 벚꽃은 나무 아래부터 꽃잎을 보내고 있다. 바람이 잔잔해도 은은한 봄 햇살에 몸을 맡기고 연한 나뭇잎을 올려놓고 있다. 벚나무 아래에서는 민들레가 마음껏 꽃을 피우고 있다. 민들레 홀씨가 봄비에 젖어 날지도 못하고 돌아올 것이라며 기다리고 있다.

　늦은 밤 안 들리던 빗소리를 들었다. 설레는 맘으로 베란다 창문을 열고

밖을 보았다. 가로등 불빛에 하얀 벚꽃이 비를 맞고 있다. 바람도 불어 꽃가지들이 흔들렸다. 어디선가 두런거리는 소리가 들렸다. 봄밤은 짧고 이야기는 길어진다. 아무도 없는 봄밤 꽃이 없었다면 나는 울었을 것이다. 이유도 없이 슬픔이 쏟아졌을 것이다.

두근거리는 마음으로 거리를 바라보며 저 화려한 꽃이 하나하나 가버린다고 생각하니 또 눈물이 났다. 누군가도 나처럼 저 벚꽃을 보고 있을 것 같았다. 겨울 앞을 서성이던 잊히지 않는 기다림이 가슴 아팠다. 겨울잠을 깼을 때부터 꽃을 피우기 위하여 얼마나 많은 시간을 쌓았을까.

아직 남아 있던 봄날이 지나가는 소리를 들었다. 꽃들은 나뭇가지마다 아무 일도 없을 것 같던 봄밤의 냄새를 남기고 나의 기억 속으로 스며들었다. 누군가의 위로도 사라지고 나면 나를 향하여 묻는다. '꽃잎에 묻어있는 향기를 유리창에 묻혀 놓을까요' 하고.

꽃 앞에서는 마음이 열리고 탐스럽고 아름다운 마음의 색깔과 냄새를 사람들은 온전히 바라보며 기뻐하고 즐거워한다. 꽃 속에서는 외로움을 탈 시간조차 없다며 문틈으로 꽃잎이 살짝 얼굴을 보여주었다.

봄밤, 아직은 바람이 차가워도 꽃을 피우라며 잠을 깨워주고 있다.

흙길

초록은 나도 모르게 지친 마음에 힘을 준다. 온통 초록으로 물든 설악산은 어떻게 지내고 왔느냐고 물었다. 어떻게 살았느냐고 아무도 물어주지 않았지만 산은 지긋이 내려다보며 나뭇가지를 흔들며 물어주었다. 마음으로 듣고 답하며 천천히 돌이 박힌 산길을 걸었다. 솔향은 인생의 무게를 가볍게 해주고 짐을 덜어주었다. 열매처럼 달리고 걸려있던 마음의 쓸쓸함과 아픔을 건드렸던 사람들을 나무라듯 그 자리를 지키고 있는 나무와 바위는 여기 앉아서 쉬라고 자리를 내주었다.

계곡의 물소리를 들으며 앉아서 길을 바라보았다. 가끔씩 산속에 살고 싶은 충동이 올라올 때 초록이 풀어내주는 바람 소리를 생각하면 마음이 가라앉곤 했다. 아직 싸늘한 기운이 도는 산속은 등산객들도 눈에 띄지 않는다. 너무 일찍 길을 나섰나 하는 생각이 들면서 일어나 다시 걷기 시작했다. 목적 없이 갈 수 있는 그곳까지만 가자, 힘들면 되돌아오기로 했다.

설악산은 고등학교 2학년 때 처음으로 졸업여행을 왔었다. 비룡폭포, 천불동계곡을 따라 걸어 올라가다가 이름 모를 폭포도 만나고 거대한 바위도 보면서 산의 풍경에 넋이 빠지곤 했다. 그때도 여름이었다. 산은 초록에 잠겨 우렁찬 폭포 소리와 산새들의 울음소리와 다람쥐를 보았다. 다람쥐도 처음 보았다. 꼬리가 긴 누르스름한 쫑긋쫑긋 귀를 움직이면서 우리를 바라보았다. 힘든지도 모르고 금강굴을 올라갔다가 온 기억이 새롭다. 지금은 사라졌는지 모르는 에델바이스도 보았다.

오랜 시간이 흐른 후 교통이 편리해지면서 설악산 단풍 구경도 오고 설악산 입구 반달곰 동상 앞에서 꼭 인증사진도 찍었다. 꽤 많이 다녔지만 천왕봉은 갈 엄두를 못 내고 주변만 맴돌다 왔다.

벌써 숨이 차고 다리가 아프기 시작했다. 농촌이 고향이어서 걷는 것은 자신이 있다고 자부하지만 산행길은 달랐다. 다져진 길은 많은 돌이 박혀있고 오르막길이 많아 힘에 부쳤다. 자연과 속삭임이 이어지고 안개 같은 구름이 살갗을 스치며 지나가는 게 서늘하며 시원한 느낌이 좋다. 계곡의 바위는 많은 세월 씻겨서인지 하얗게 빛났다.

모든 길이 곧고 넓기만 할까. 산허리를 휘감아 도는 멋진 길은 좁고 나무뿌리가 길을 막고 울퉁불퉁하다. 힘든 흙길을 걷고 집으로 돌아온 날은 오랫동안 기분이 좋고 상쾌하다.

흙이 주는 먼지와 냄새는 추억을 만들어준다. 추억이 많은 사람은 행복하다고 한다. 산을 내려오며 만나는 사람들의 뒷모습이 좋다. 앞모습만 보았던 나에게 사람들의 뒷모습은 많은 사연을 볼 수도 들을 수도 있다. 내 몸 어딘가에 흙길에서 스며든 흙냄새와 끝이 없던 길이 펼쳐지고 추억이 쌓여있을 것이다.

어디까지가 내가 갈 수 있는 길일까. 흙길 위에 서면 지나가 버린 수많은 일이 푸른 바람에 흙먼지 같이 일었다. 반기듯 깨끗이 쓸어 빗질한 길이 눈에 선하면 뭉쳤던 오만과 아집이 풀려나갔다.

나무에 기대다

　세상의 모든 나무들에게 등을 기대고 싶다. 나를 향한 그들이 나에게 한 마디 말 없어도 나는 괜찮다. 그 든든함과 흔들림 없는 진실과 침묵이 좋다. 사랑한다 그런 살가운 말도 싫다. 바라만보아도 기대기만 해도 좋은 껍질의 따가움이 좋다. 바람을 보고 싶고 빛을 받고 싶고 쓰러지지 않는 버팀이 좋다.
　땡볕을 좋아하는 나무는 하늘을 이고 있으면서 뜨거운 태양을 잎새에 올려놓고 살아간다. 여름 태풍이 휩쓸고 지나간 자리는 힘센 바람에 나무와 잎새의 이별이 땅바닥에 뒹굴고 뿌리 깊숙이 스며든다. 한자리에 머물며 그늘과 시원함을 길게 끝이 없이 늘여준다.
　초등학교의 운동장의 가장자리에는 많은 플라타너스 나무가 있었다. 나이를 알 수 없는 한 아름이 넘는 큰 나무 속의 나이테를 보고 싶었다. 외부에서 알 수 있을 수는 없을까 친구들과 나무 아래에서 공기놀이하면서 나이를 물어보기도 했다. 남자아이들은 공깃돌을 뺏어가기도 하고 나무에 돌을 던져서 나무에 살고 있는 커다란 송충이같이 생긴 파란 벌레를 떨어뜨리게 하고 놀라는 여자아이들을 놀려대었다.
　플라타너스 나무 그늘을 옮겨 다니며 우리는 재미있게 공기놀이를 하고 고무줄놀이를 했다. 어느 때는 줄넘기놀이도 했으며 해가 질 때면 그 그늘을 끌고 집으로 갔다.
　먼 훗날 이렇게 같이 놀던 아니 괴롭혔을지도 모를 나무를 그리워하게 될

줄을 알았을까. 가을이 오면 버석거리며 운동장을 쓸고 지나가는 나뭇잎들과 나무에 올라가서 가위바위보 하면서 오르내리던 그 하늘로 올라간 목소리들. 학교 아저씨께서 힘들게 쓸어 빗자루 자국이 남은 운동장 모래 위 빗질한듯한 자국. 다음날에도 나뭇잎은 떨어져 소복이 쌓인 눈 같던 낙엽. 가을이 깊어지면 나뭇가지에 달린 동그란 열매. 열매가 겨울바람에 떨어져 굴러다니던 커다란 운동장의 적막감. 그 열매는 열린 세상을 보여주었다. 희망과 열정과 미래의 모습이 주렁주렁 달린 꿈나무였음을 아낌없이 주는 나무였음을 이제야 보았다.

지나간 시간을 바라보고 있으면 지금의 어리석음과 욕심과 나를 지키기 위한 세월만을 탓하며 살아온 것 같다.

조금만 손해 보는 것 같으면 화를 내고 우울해하고 소심해져서 사람과의 친밀함을 잃고 외면하는 습관만 쌓인 것 같다. 적극적이고 활달했던 젊음의 껍데기가 새살이 돋듯 벗겨졌다. 과거의 시간은 나무껍질의 두께처럼 더욱 두꺼워져만 간다.

직접 보고 느낀 어릴 때의 감정이 낭만이 되어 지금까지 기억하는 추억이라고 하고 싶다. 별거 아닌 것에 감동하는 밑바탕에는 세월이라는 저쪽 순진무구한 마음이 아직도 살아있다고 생각하는 화려한 잎들의 출렁이는 파도 소리를 듣는다.

하늘에 잠겨있던 넓적한 나뭇잎에 흘러갈 대로 가버린 시간이 여기 와서 멈추어 서있어 자꾸만 옛일에 집착하는지도 모르겠다. 지나가는 가로수들은 나를 지켜보고 있는지, 가까이 와달라고 손짓을 하는지 알지는 못해도 나는 그들에게 기대어 나를 잠시라도 잊고 싶고 행복해지고 싶어지는 것이다. 나이 들어 허전하고 허해지는 마음을 잎새들은 알까.

 여름과 함께 점점 달라지는 나와 나의 일상에 감사해하며 또 다른 소망을 담아본다. 사람이 나무에 기대서 쉬고 있는 휴(休) 모습으로 마음의 한계를 푸르름으로 가득 채우기로 했다.

융건릉의 여름

오래 전 융건릉에서 송홧가루 날리는 멋진 풍경을 보았다. 그 기억은 오래가서 해마다 송홧가루 날리는 것을 보고 싶었다. 시간이 여의치 않은 탓에 송홧가루 날리는 그 아지랑이 같은 노란 가루가 바람이 불면 송화에서 쏟아져 내리며 날아가는 그 풍경은 마음에만 간직되어 항상 아쉬움만 남아있었다.

지인들과 그 송홧가루 날리는 산책로를 걷기로 했지만 "산불 조심 강조기간 산책로 임시 **폐쇄**" 5월 15일이란 현수막이 길을 막고 있었다. 하루만 늦게 왔어도 산책로의 송홧가루 날리는 뽀얀 길을 걸었을 것이다. 주변의 울창한 소나무에는 송홧가루는 다 날아가고 빈 송화만 남아 바람에 흔들렸다. 시기를 지나기도 했지만 자꾸만 뒤돌아보며 융릉과 건릉의 초장지 숲길을 걸어 내려와 건릉으로 향했었다.

오늘도 융건릉 산책로를 걷기 위해 약속하고 융릉과 건릉의 갈림길에서 융릉으로 내려와 산책길로 접어들었다. 장마철이라 비가 오락가락하였지만 코끝에 닿는 공기는 맑고 개운한 시원함을 선사해 주었다. 비 맞은 소나무들은 검은빛을 내며 우리를 맞아주었고 솔잎에 달린 빗방울은 하얀 수정 같았다. 깨끗하고 정갈하게 잘 보존된 흙길과 울창하고 나이를 많이 먹은 소나무들의 향기는 속세의 인간을 정화시켜주는 듯하였다.

융건릉과 능침사찰인 용주사를 자주 가는 편이다. 집안의 손님이 오시거나 아이들이 오면 계절과 관계없이 다녀가곤 한다. 역사적인 의미도 가슴 아프지만 효행으로 조성된 왕릉이라서 더욱 관심이 가고 중학교 때 융건릉으로 소풍을 왔었기 때문이기도 하여 추억이 살아나는 곳이기도 하다. 건릉 앞에서 선생님께서 정조대왕이 아버지 사도세자를 위해 수많은 소나무를 심었는데 송충이로 인해 소나무가 죽어가니 정조대왕이 직접 융건릉으로 내려와서 송충이를 잡아서 깨물었는데 그 후로 송충이가 사라졌다는 말씀은 지금도 잊지 않고 있다.

우산을 썼다 벗었다 하며 산책길을 걸으며 숲속을 바라보기도 하고 편안해지는 초록 잎을 적시는 빗줄기조차도 역사 속으로 스며드는 것 같았다. 살아있다고 느끼는 맥박 소리와 숨소리가 축축한 바람을 이끌고 갈 때 숲속에서 서늘해지는 긴장감 같은 눈빛이 우리를 향하여 우두커니 서서 바라보고 있었다.

발길을 멈추고 무엇인가 재빨리 바라보았다. 마주 보는 커다란 눈과 마주쳤다. 비를 맞아 진한 누런빛을 한 강아지만한 고라니였다. 아, 이뻐라 하려다 입을 다물었다. 서로 오래 바라보고 싶어서였다. 가방을 뒤져서 먹을 만한 것을 찾았지만 먹이로 줄 것이 하나도 없었다. 그 맑고 투명한 눈빛은 무슨 말을 하려고 하는 것 같았다. 매끄럽고 윤기가 도는 털을 보아서는 굶지는 않은 모습이었다. 가슴이 떨렸다. 가까이에서 처음 보는 고라니는 빤히 바라보며 움직이지 않았다. 한 번 안아보고 싶은 마음을 흩트리는 사람들의 목소리가 들리자 풀쩍 자리를 떴다. 지인과 나는 사라진 방향을 바라

보며 건강하게 잘살기를 바랐다.

  세상에는 영원한 것은 없다지만 역사적인 유적지만은 오랫동안 유지되고 보존되어 살아가는데 사람의 도리를 일깨워주었으면 한다.

  여름 속의 융건릉은 산비둘기의 울은소리와 이름 모를 아름다운 새소리, 여름 버섯, 야생화가 피고 잘 다져지고 품격 있는 숲길이 사람의 마음을 편안하고 즐겁게 머무르게 해주었다.

  내가 밟고 지나간 이 길이 끝이 보이듯 수많은 끝과 새로움이 길게 이어져 부모님을 뵙기 위해 먼 길을 능행하시는 정조대왕이 보이는 듯하다.

호박꽃

아침이슬 노란색 꽃잎에 머금고 손바닥만한 호박꽃이 넓적한 잎을 제치고 보란 듯 피었다. 긴 목을 잎새 위로 올리며 활짝 웃는다. 해뜨기 전인데도 벌들이 모여왔다. 밀원식물이 아닌데 호박 꽃물도 단맛이 있나보다. 호박잎을 따서 데쳐서 쌈을 싸먹기 위하여 잎을 따면 잎 뒤쪽 잔 가시털이 손을 밀쳐낸다.

장마철 우중충한 하늘을 바라보는 마음을 호박꽃은 환하게 밝혀준다. 답답하고 우울했던 마음이 조금씩 안정이 되고 수더분해지고 시원해진다. 종 모양을 한 꽃 아래에 달린 조그만 호박이 아기의 살결처럼 곱다. 호박이 자라서 커다란 호박이 되어 여기저기 모습을 드러내면 부자가 된 것 같고 마음이 뿌듯해진다.

호박꽃도 꽃이냐고 한다, 못생긴 것을 비유할 때 쓰는 말이기도 하다. 꽃으로 태어나 사랑받지 못하는 것 같다. 호박꽃은 후광으로 번져 논둑이나 밭둑에서 빛을 뿜어낸다. 이른 아침 노란 호박꽃이 넓은 초록 잎 속에서 일제히 꽃을 피운 것을 못 보아서 하는 말일 것이다. 꽃말도 다정한 포용이고 애절한 전설도 간직하고 있다. 고향을 그리워하는 사람이 있다면 꿈속에서라도 만나게 될 것 같은 사랑스러운 꽃이다.

호박의 종류도 많고 맛도 다르지만 여름 장마 때 애호박전과 가을의 둥글넓적한 누런 호박을 좋아한다. 추수가 끝나가면서 누렇게 익은 호박을 방 안에 들여 쌓아놓고 도시로 떠난 그리운 사람들이 생각날 때 호박죽도 끓여

가족들과 함께 먹으면 가슴이 훈훈해진다. 여름 새벽을 밝혀주었던 수수하고 노랑나비 같은 호박꽃이 떠오른다.

실제로 번듯한 밭에서 호박을 심어 가꾸는 것을 못 보았다. 울타리 아래나 논둑, 밭둑 조금은 외진 곳에 심는다. 그래도 척박한 땅에서 튼실히 덩굴을 뻗어가며 꽃을 피우고 열매를 맺는다. 조금의 불평도 없다. 오직 사람들의 관심과 손길을 기다린다.

사람들도 살면서 힘든 일이 계절처럼 지나갈 때도 있고 아파서 슬퍼하기도 하고 미운 사람 잊고 싶기도 하다. 언제나처럼 한결같지는 않다. 예기치 않은 일이 찾아와 방황하고 고통스러워하기도 한다. 호박꽃은 상처를 아물게 하는 힘이 있다.

새삼 호박꽃이 나의 전부인 것처럼 밭을 둘러본다. 꽃 같던 시절이 나에게도 있었고 젊음이 넘쳐나는 기쁨도 있었다. 노란색을 뿜어내며 환상의 꿈을 펼쳐 주었던 호박꽃처럼 우리만의 세상도 있었다.

예뻐서 다시 한 번 더 바라본다. 사랑에 빠질 것 같은 이런 내 맘 알아줄까. 장맛비 같이 쏟아져 아름답고 순박한 호박꽃이라고 내 맘 어디에선가 소리치고 있는 것은 아닐까. 호박꽃도 꽃이라고.

배냇저고리

외손녀가 태어난 지 200일 기념 잔치를 한다고 딸 부부가 통통하고 이쁜 아기를 안고 왔다. 이름을 지을 때도 작명가한테 까다롭게 사주를 넣어서 짓고 애지중지 안고 있던 예빈이를 나에게 안겨줬다. 이쁘지 이쁘지 하면서. 예빈이는 이름 때문인지 예쁘고 함박웃음을 얼굴 가득 담고 무럭무럭 자라고 있다. 간신히 앉아서 장난감을 가지고 놀고 옹알이 같이 노래를 하는 듯하여 더욱 귀엽다. 가끔씩 세워보면 힘 있게 서있다. 웃기도 잘하고 잘 울지도 않아서 더 이쁜가보다.

외손녀 200일 축하 파티를 한다며 온 식구가 다 왔다. 꾸역꾸역 들고 들어오는 아기 생활용품을 보며 멍하니 서있었다. 한마디로 트럭으로 한 차는 되는 것 같다. 이름도 모르는 물건도 많고 처음 보는 것들도 많았다. 사용 방법조차 알 수가 없다. 얼마나 있다가 갈지 모르니 알아서 먹이고 입히고 하겠지 하며 아기만 안아주고 놀아주었다. 11년 만에 집안의 경사라 여기며 울어도 칭얼대도 이쁜데 안아주면 팔이 너무 아파서 업어주려고 하니 아기 업는 띠만 있었다.

포대기만 있으면 아기 키우는 데 부족함이 없던 시절이 있었는데 아기 업는 띠로 아기를 업을 때면 정신이 없다. 이리 끼우고 저리 끼우고 순서가 있어 더 어렵고 한쪽 끈이 길어지면 한쪽 끈은 짧아지고 나는 못하겠다고 아기를 내려놓고는 포대기를 사오라고 했더니 딸은 옛날이야기만 한다며 깔깔 웃었다. "너는 그렇게 컸어." 뭐가 우스우냐 하고 소리를 높였다. 모든

게 못마땅했다.

그때는 서울에 살았는데 아기 엄마들이 많았다. 아기를 집 앞에 안고 나와서 성장발달을 비교도 하고 아기에 대한 정보도 자연스레 교환하고 서로 아기도 봐주었다. 아기 엄마들도 만나면 반가워하며 시장도 함께 다니고 음식도 만들어 같이 먹었다. 거의 날마다 남편들이 출근하면 기다렸다는 듯 어느 집으로 오라는 전화를 받고는 아기를 업고 달려갔다. 아기 돌보고 키우는 것이 힘들다는 생각을 한 적이 별로 없이 유아기를 무사히 보냈다.

친정엄마가 손수 재단하고 바느질을 하여 만들어 두었다가 딸이 아기를 낳기 전 삶아서 햇볕에 말려 가져오셨다. 헐렁헐렁해서 입히기도 좋고 아기를 다룰 줄 모르는 아기 엄마에게는 최상의 옷이었다. 목욕을 시킨 아기가 젖을 많이 먹어 배가 볼록하게 나오면 느슨하게 옷고름을 매어주면 되었고 융의 부드러움에 아기는 새큰새큰 잠을 잤다. 입히기도 쉽고 벗기기도 쉬웠으며 모양은 예쁘지 않아도 땀을 많이 흘리는 아기에게 보온성과 흡수성이 좋았다. 지금과 달리 나는 배냇저고리로 아기를 키웠다.

결혼하고 딸이 짐을 챙겨 갈 때 배냇저고리 속에 돌 반지를 넣어서 보자기에 싸서 주었다. 내 몸 한쪽을 떼어내어 주는 것 같은 아픔이 왔다. 잘 간직하라고 하고는 나도 모르게 눈물이 나왔다.

딸도 나처럼 우리 외손자 손녀에게 내가 만들어준 것은 아니라도 배냇저고리를 물려주었으면 한다. 귀하고 귀한 보물처럼.

싹

춘천을 다녀왔다. 완연한 봄이 여기저기서 눈길을 사로잡았다. 호반의 도시 춘천은 피천득 님의 '인연'에 등장하는 도시이기도 해서 와본 곳 같은 착각에 사로잡혔다. '지난 사월 춘천에 가려고 하다가 못 가고 말았다.'라고 시작하는 첫 문장이 나를 춘천으로 이끌었는지도 모른다.

춘천은 '남이섬'을 갈 때마다 지나친 도시여서 낯설지는 않지만 춘천을 가보지는 못했다. 어디를 가나 시간에 쫓기어 정작 가보고 싶은 곳은 못 가고 왔다갔다 하는데 시간을 다 버렸었다. 이번에 춘천을 가게 된 계기는 먼 친척이 춘천에 살고 있는데 한 번 다녀오자는, 실은 촌수도 모르고 얼굴도 모르는 기억에 전혀 없는 친척이라 약간은 설렘 반, 기대 반으로 따라나섰다. 예식장에서 반기시는 친척분들과 어색한 이야기로 마무리를 하고 춘천을 돌아보기로 했다.

옛날의 아기자기한 양옥집들이 많았고 빈집들은 수리하여 임대한다고 했다. 지난 시대를 돌이켜보면 대궐 같은 집이었을 것이다. 산이 많아서인지 맑은 공기와 물, 사소하게 지나쳤던 옛 모습이 이 도시에서 볼 수 있었다. 잠자고 있던 변변찮았던 일상에서 새로움의 기쁨 같은 것을 느꼈다. 낡은 것에 대한 애정은 문득 짧은 시간만은 아닌 순간에 평생이 되어 그 많은 나날이 넘쳐나고 있었다. 쉬지 않고 흐르는 강물이 푸른 숲을 돌아 그 긴꼬리를 감추는 물소리의 선물 같기도 했다.

정말 낯설기도 하고 낯설지 않은 곳에 친척이 있다는 것은 어떤 환상 같

앉다. 순수하고 자연스러우며 위엄이 있는 도시라는 것과 오래 머무를 수 있을 것 같은 친밀함이 오고 갔다.

　친밀감은 이미 지워진 일들이 서서히 잊혀졌던 감정이 싹들처럼 밀고 올라왔다. 그 지난 감정은 허술한 건물의 출입구 계단 천정에서 시작되었다. 제비집이 있고 제비 새끼가 노란 입을 벌리며 먹이를 받아먹는 모습을 보았다. 부모 제비는 위급함을 알리는지 시끄럽게 짹짹거리며 오르락내리락 파닥거리며 출입구 현관을 날아다녔다. 제비가 사는 곳이면 얼마나 깨끗한 도시일까.

　대문의 문지방이 닳도록 드나들던 우리 집 대문간 서까래 사이에, 대청 대들보에 튼튼하게 지어진 제비집이 있었다. 삼짇날 제비가 온다지만 그건 확실히 모르겠다. 모내기를 위하여 무논을 갈아놓은 논흙을 지푸라기와 함께 흙덩이를 물어 나르는 제비는 어느 틈에 번듯한 집을 지어놓았다. 들락거리며 집을 짓는 제비 부부를 보면서 늘 의문이 들었다. 그냥 우리 집에서 살지 봄에 왔다가 또 어느 사이 이사가듯 먼 길 떠나는 나그네처럼 날아가 버렸다. 무언가 허전하고 무심한 생각에 가슴이 텅 빈 것 같았다. 제비와의 인연은 끊어졌어도 가슴에 남아 기억하고 있다. 끝나지 않은 것처럼.

　제비의 날갯짓은 어떤 비밀을 알리기 위한 몸짓처럼 빨랐다. 비가 내리면 갈라진 꼬리를 집 밖으로 내놓고 쉬었다. 그리고 절대로 남의 집에서 살지 않았다. 여기저기 제비집이 지어지고 참지 못할 정도로 지저분해지면 다음

해에 제비가 오기 전에 제비집을 떼어냈다. 예쁜 새끼들이 태어나고 노랑나비 같은 입을 벌릴 때의 귀여운 모습은 노란 이파리다. 벌레를 쉼 없이 잡아다 많은 새끼를 먹였다. 봄에 제비가 오면 우리 집에서 살다가 간 제비이길 바랐었다. 한철 정이 들대로 들어도 말 한마디 없이 어디론가 사라진다. 날마다 올려다보던 제비집을 춘천에서 보았다.

  물빛을 닮은 숨결과 같은 싹이 연약하다고 전혀 생각지 않는다. '짹짹' 소리는 도전을 멈추지 않는 제비처럼 단단한 땅을 들어 올리는 용기와 용감성을 본다. 새롭게 시작하고 새로운 꿈을 들어 올리는 싹들이 지천으로 깔린 들판을, 봄을 올해도 보고 돌아왔다. 제비의 솜털 같은 뿌리에 이슬을 적시는 싹. 마음에서 파릇하게 올라오고 있다.

돌아온 택배

　20년이 훌쩍 넘은 복도식 아파트에 산다. 내가 사는 동네는 전국의 모든 아파트값이 고공행진을 할 때도 아무런 탄응이 없는 곳이고 주민 누구도 관심이 없는 듯했다. 가끔 우리 집에서 아래층으로 물이 새고 또 위층에서 물이 흘러나와도 그러려니 하고 크고 작은 공사가 시도 때도 없이 하는 소리가 요란해도 누구도 말이 없이 산다.

　아파트 나이 탓일까. 주민 평균 나이도 많다. 다른 새 아파트로 이동을 못 하는 것인지 안 하는 것인지 평화롭다. 엘리베이터 안에서 만나는 주민들도 고령이라 말씀이 없으시고 목례로 대신한다. 젊은 사람이 없으니 늘 적막감이 깔려있다. 아이들 소리가 안 들리니 바람 소리, 자동차 소리도 정겹다.

　그중 제일 현대적인 혜택을 누리는 것은 택배로 물건을 받는 것이다. 마트에서 물을 구매해도 적은 양이라 배달도 못하고 들고 온다. 하지만 택배로 물건을 구매하면 저렴한 것도 집 앞까지 갖다 주니 얼마나 고마운가.

　아파트에 오래 살다보니 대화는 안 해보았어도 우리 아파트 분이라는 것은 안다. 길을 걷다가도 아는 얼굴이니 반가워한다. 세상이 변하여 옆집에 누가 사는지도 모른다지만 복도식이라 여름이면 현관문을 거의 열어놓고 산다. 그러다보니 지나가는 사람이 보이면 들어와 커피를 마시고 가라고 잡아끌어 들어가서 커피믹스 한잔 마시면서 일어설 줄 모르며, 약속도 잊고 수다를 떤다. 아들 내외가 다녀갔고 손녀가 화장품을 사왔다느니 몸이 예전과 다르게 아프다는 등 일상적인 이야기이지만 새로운 이야기로 듣고 답하다 보면 눌러앉게 되는 것이다.

　이런저런 이야기를 나누는 것은 노인분들에겐 외롭고 쓸쓸함을 슬그머니 내비치는 것이다. 지나간 이야기도 숨도 안 쉬시며 말씀을 하시는데 일어날 수가 없어 나도 한마디 거들었다.

　"할머니 저번 바람 많이 부는 날 택배를 문 앞에 놓아두었다는 문자를 받았는데 마침 바깥에서 일을 보고 있어서 저녁에 왔는데 택배가 없어서 택배기사님한테 전화했더니 문 앞에 놓았는데 바람에 날아갔나 하여서 전화를 끊고 복도를 다 돌아다녀 보아도 없더라구요." 할머니께서는 바람이 그리 부는데 문 앞에 놓아두면 어쩌, 경비실에 맡겼어야지 하셨다.

　그날 나는 복도 처음과 끝까지 내려가서 꽃밭까지 다 찾아보고 경비아저씨께 혹시 택배 날아다니는 것 보았냐고 묻기까지 했다. 듣고 계시던 할머니께서 궁금하신 듯 "그래 찾았어?" 하신다.

　다음날 포기하려고 택배기사님한테 전화를 걸까 하고 있는데 현관 벨이 울렸다. 문을 열어보니 못 보던 젊은 아줌마가 택배 봉지를 들고 있다가 주면서 "우리 집 택배 속에서 나왔어요. 자세히 안 보았으면 몰랐을 거예요" 하면서 가는데 뒤에서 고맙다고 소리쳤다. 택배 봉지를 가져온 마음이 나를 따뜻하게 했다. 커피 한잔이라도 대접할 걸 후회하면서 가슴을 쓸어내렸었다.

　할머니께서는 뭘를 산 건데 하시면서 재차 물으셨다. 그때야 "속옷을 산

건데 누가 보면 얼마나 창피했겠어요." 할머니께서는 웃으시면서 "맞아 나이를 먹어도 창피하지!" 하시며 맞장구를 쳐주셨다.

　아마 바람은 불고 가벼운 물건이라 다행히 밖으로 날아가지 않고 복도 바닥으로 밀려가서 복도 끝 집 택배 더미에 끼워진 것 같았다.

　"아저씨 택배 다른 집에 있다고 가져와서 찾았어요. 걱정하지 마시라고 전화를 걸었다. 택배 물량도 많고 날씨도 추운데 고생하시는 택배 아저씨들께 늘 감사한 마음이 든다.

스카프 한 장의 행복

몇 해만인가. 겨울 같은 겨울을 맞이하고 있다. 한파가 이렇게 오래 지속되는 것에 대해 연민 같은 느낌을 받는다. 포근한 겨울이 지나가면 어떤 미련이 아쉽게 남아서 수월하게 겨울이 지나갔다고 안도하기도 하고 아니면 겨울이 없어졌나 하는 엇갈리는 겨울에 대한 향수에 젖게 된다. 스치듯 내린 눈이 인도에 살짝 쌓이고 그 위를 얼음길로 만들어 걸음걸이가 조심스러워지는 것, 아니면 날이 풀릴 때까지 집안에만 있는 것, 추위는 싫지만 무섭지 않은 겨울의 정취를 보고 있다. 나뭇가지에 얼음꽃이 피고 눈꽃이 피어 산속을 걷는 풍경에 스스로 추위를 동경했나 하는 착각을 하기도 한다.

약속이 있어 상가를 지나다가 스카프를 예쁘게 진열해놓은 여성복 가게를 지나치게 되었다. 다시 되돌아와서 가게로 들어가서 둘러보게 되었다. 한쪽 벽면을 가득 채운 스카프가 다양하게 걸려 있었다.

친절하게도 가격까지 붙어있었는데 어머나 너무 저렴하고 좋아 보였다. 한 장을 목에 둘러보았다. 사장님은 이쁘다고 이 스카프가 너무 잘 어울린다고 추켜 세워주었다. 그때부터 선택의 기나긴 시간과 싸워야 했다. 이것도 이쁘고 저것도 이쁘고 좀처럼 결정을 할 수가 없었다. 순간 집에 있는 스카프들이 생각났다. 스카프를 또 사게 되면 짐스러워질 것만 같았다. 실질적인 생각이 번쩍 들면서 목에서 스카프를 풀어내고 냉정해지기를 기다렸다. 그러다 얼마나 스카프가 많다고 망설이나 하는 생각도 스쳐 갔고 사버릴까 나가버릴까 고민 아닌 고민을 하게 되었다.

그때 몇 명의 동네 분들이 나를 보았다며 가게로 들어오셨다. 북적북적 시끌시끌 정신이 없어졌다. 모두들 스카프를 목에 두르고는 거울 앞에서 감탄 어린 목소리로 소녀가 된 듯 상기된 얼굴로 서로를 바라보았다.

스카프를 목에 두르고는 우르르 밖으로 나와선 이쁘다는 둥 세련됐다는 둥 잘 샀다고 만족해 했다. 직사각형 긴 길이에 회색 바탕에 빨강색으로 입체적 문양이 있는 목에 두르면 두툼한 국직한 모양이 나는 조금은 화려하고 촌스러운 스카프다. 길이감이 있어 마음대로 묶어도 되고 접으면 사각의 스카프가 된다. 다행인 것은 광택이 없어 그나마 무난했다. 길게 목에 걸면 세련되어 보이는 것 같기도 했다.

상가의 거리를 알록달록 스카프를 맨 여인들이 줄을 서서 수줍어하며 왁자지껄 활보하였다. 누군가 이 명품 스카프를 자랑해야 하는데 누구한테 하지 하며 활짝 웃었다. 이 순간만은 영원이라는 단어를 쓰고 싶다. 영원한 것은 없겠지만 마음만은 영원하다 하고 역설한다. 훗날 지금을 기억한다면 "이 또한 지나가리라."- 유대문헌 〈미드라쉬〉에서 솔로몬-

살아가면서 모든 힘든 것도 기쁜 것도 한때이다. 스카프 한 장에 기뻐하고 흐뭇해하고 젊음을 안고 따뜻하게 모진 바람 막는 것도 순간이고 날아갈 것은 마음이 드는 것은 한때의 행복이리라. 슈베르트의 '겨울 나그네' 연가곡인 '거리의 악사'를 듣는다. 마음 저편 추운 날 노인이 거리에서 손풍금을 연주하는 모습이 스카프에 곱게 싸여 마음을 움직이고 있다.

새벽달

잠을 설치고 밖을 보니 구름 하나 없는 맑은 하늘에 새벽달이 하얗게 떠 있다. 저 반쪽 달도 나처럼 밤을 설쳤나 점점 작아지는 달을 멍하니 바라보았다. 죽을 것 같던 그 추위 속에서 새싹을 밀어 올리는 뿌리를 그리며 점점 환해지는 하늘에서 사라져가는 달을 오래된 기억 속 긴 밤을 떠올렸다. 겨울의 긴 밤 같은 저 달은 어디로 가는 걸까.

저녁달은 많이 보았다. 무더운 여름 더위를 식히려 마당으로 나가면 서쪽에 별과 함께 떠있었다. 반쪽짜리 달이지만 그 빛은 강렬했고 마음 깊숙한 곳으로 빛을 채워 주었다. '바람이 서늘도 하여 뜰 앞에 나섰더니' 하며 친구들과 노래를 불렀다. 달은 점점 우리와 같이 커서 둥글게 밤하늘을 밝히며 하늘 가운데로 멀리 올라갔다.

보름달이 뜨면 장독대가 생각난다. 사발에 물을 가득 담아 자식들의 안위를 빌던 엄마가 기억 속에 남아 달이란 말 못할 소원을 이루어주고 시골의 밤길을 밝혀주는 등불이 되었다. 겨울의 차가운 달빛을 기억한다. 고요한 시골의 지붕 위를 지나가는 밝고 얼음보다 차가운 빛이 집안에 스며들면 방문을 열고 달을 바라보았다. 그 처연하듯 차가운 달빛은 봄을 향하여 가는 봄바람 같은 것이었다. 봄이 되어 봄바람에 쌓이고 섞여 배꽃을 더욱 하얗게 밝혀준다는 이조년의 평시조, '이화에 월백하고 은한이 삼경인제'를 읊조리기도 했다.

달빛과 배꽃의 관계처럼 우리는 감정이 오르락내리락하며 산다. 오늘은

행복하고 내일은 그럭저럭 하루가 흘러가고 배꽃이 달빛을 타고 쏟아내려지는 밤은 신작로의 밤길이 다가온다. 시골 버스가 지나가면 먼지가 배밭으로 온통 들어와 배꽃 위에 뽀얗게 화장을 하고 수줍어하는 소녀의 모습이기도 했다. 배나무 꽃을 바라보던 친구들은 어디서 무엇을 할까.

투명한 저 푸른 하늘빛을 따라 속도를 알 수 없이 흘러가는 새벽달이 사라지지 않기를 바랐다. 엄마가 장독대에서 빌던 소원이 무엇이었을지 궁금하듯 반쪽도 채우지 못한 달을 보며 말 못할 내 속마음을 말하고 말았다. 어쩜 나도 엄마니까 가만히 바라보지 못하는 조급함이 후회와 미련이 밀려왔다. 차라리 오래된 기억들을 담고 사는 것이 나를 바로 세워주는 변화하는 세상의 소용돌이에서 조금씩 달라지는 자신을 위로하는 진정한 삶이라고 달빛에 묻는다.

새벽이 스스로 물러가고 곱고 따스한 햇살이 손등에 앉는다. 소음도 잠에서 깨어나 모두를 깨우며 활기차게 지나간다. 꽁꽁 얼었던 마음에 단비를 내려 온통 연둣빛이 온몸을 물들여주기를 기다린다.

새벽달도 빛을 감추고 멀리 가버린 지금 백목련은 단정히 꽃 피울 준비를 한다. 잎이 돋기도 전에 가느다란 가지에 꽃망울을 달고 꽃을 피울 시기를 기다리듯 오늘도 파란 하늘을 올려다보며 봄이 와있음을 숨을 쉬며 느낀다.

누구였을까

오래전 일이다. 친정 큰어머님이 돌아가셨다는 소식들 들었다. 마침 금요일이어서 다행이다 싶었다. 수원에 사시는 작은 오빠 친구인 동네 오빠와 통화가 되어 같이 가기로 했다. 그 오빠와는 어릴 때부터 우리 집에 많이 머물러 있어서 어른들께 야단을 맞아도 몰래 우리 집으로 와서는 작은 오빠와 그 또래들이 기타를 치면서 놀았었다. 그 후 소식을 모르다가 어찌 알았는지 연락을 해왔다. 우리 집안과 오빠 집안과는 멀리 떨어져 있어도 가깝게 지냈던 거로 기억한다.

차 안에서 옛날이야기를 하면서 오빠가 우리 집에 강아지를 옷 속에 숨겨 와서 오빠 할머니께서 찾아오셔서 강아지 오빠가 강아지 안 가져왔냐고 오신 거 생각나셔요. 강아지를 말도 없이 가져오면 어떡해요. 우리 큰언니가 강아지 숨겨놓고 안 가져왔다고 하면서 온몸이 떨렸다고 하던데요. 그 말에 웃음이 터져 나왔다. 강아지를 볏가마니 틈새에 놓아두고 낑낑거릴까 봐 언니가 식은땀을 흘렸는데 강아지가 가만히 있어서 할머니께서 의심을 거두지 않으시고 가셨대요. 내 기억에 오빠 할머니께서는 굉장히 어려운 분이셨다. 그 강아지는 잘 커서 누가 봐도 오빠 친구가 가져다 놨다고 말할 수 없을 만큼 변해서 컹컹 짖으며 우리 집 대문간을 잘 지켰다. 이런저런 옛날이야기를 하면서 큰댁에 도착하였다.

친척들께서 한두 분씩 오시고 동네 분들이 부산하게 움직이며 음식이며 장례절차로 수의를 짓고 계셨고 다음 날은 장례식 날이었다. 나도 집안의

큰 어르신의 장례인 만큼 애도하는 마음에 큰어머니의 옛 모습이 생각났다. 찾아가면 반갑게 맞이해주시고 종부인 만큼 당당하셨고 예의를 지키시는 분이셨다. 어린 조카라도 꼭 밥상을 따로 챙겨주시고 잠자리도 깔끔하게 챙겨주시고 자고 가라고 말씀하셨다. 저녁을 먹고 나면 조카들과 신나게 놀았다. 이불을 뒤집어쓰고 이리저리 온 방안을 헤매고 뛰어다녔다. 그게 왜 그리 재미있었는지 모르겠다.

밤은 소리 없이 가고 있는 마당에 앉아 있다가 동쪽 하늘이 서서히 밝아오는 것 같아 집안으로 돌아와 방으로 가려다가 부엌을 들여다보았다.

어두컴컴한 곳에 희미한 빛이 흘러드는 깊은 부엌 바닥에 누군가 있었다. 조심스럽게 내려가 마주 앉아 보니 사촌 언니였다. 나이가 들어 어두운 빛에 얼굴의 주름이 두드러지게 보였다. 작은 술상에 몇 가지 안주와 막걸리 주전가 올려져 있었다. 갑작스러운 반가움이 가슴에서 피어올랐다. 내가 어렸을 때 시집을 가셔서 보기가 힘들었는데 이렇게 만나게 되었다. 이미 술기운이 온몸에 퍼져 앉아 있는 것이 위태해 보였다. "누구냐" 물으셨다. 얼굴을 들어 나를 뚫어지게 바라보셨다. "영이"? "네, 언니.""네가 영이 맞냐"?."그럼요" 그 순간 내 얼굴을 두 손으로 감쌌다. 나는 너무 놀랐다. "내가 시집가서 니가 보고 싶어 얼마나 울었는지 아니?. 친정엄마보다 네가 더 보고 싶어서 늘 울었단다." 나는 어리둥절해서 물었다. 혀가 꼬부라진 사촌 언니의 말뜻을 잘 알아들을 수가 없었다. 그리고 믿어지지 않았다. 시집을 가면 친정엄마가 얼마나 보고 싶은지 알고 있었기에 사촌 동생이 보고 싶다는 말이 더욱 이해가 안 갔다. 아마도 친정어머니의 죽음 앞에서 많은 후회와 애절한 사연이 사촌 언니의 마음이 무너져 내가 가물가물 친정엄마로 보인 것이라고 흐릿한 눈을 바라보며 생각했다.

"시집을 갔는데 시어머니 시집살이가 얼마나 심했는지 안 운 날이 없었는데 그때마다 니가 생각났어."" 니가 아장아장 걷고 이쁜 짓이 얼마나 예뻤는지 너를 안아주고 너를 보러 니네 집에 자주 갔었어." 한참씩 띄엄띄엄 기억을 되살리듯 천천히 말씀하셨다. 나는 멍하니 사촌 언니의 말만 듣고 있었다. "니가 얼마나 이쁜지 너를 생각하면 시집살이도 잊었어." 삼 년이 되니 시어머님이 친정을 보내주시더구나. 얼마나 좋은지 새벽에 일어나서 친정을 갔지. 그때도 너는 너무 예뻤어. 처음 듣는 말에 정말 귀엽고 예뻤었나 하고 술김에 그러시는 것이겠지. 내가 아기니까 얼마나 예뻤을까 그 마음을 알 것 같았다.

"언니 정말 내가 그렇게 예뻤어요". 이리저리 몸을 흔들며 "그럼 그럼" 하셨다. 나는 이쁘다는 말을 들어본 적이 없어 기분이 좋아졌다. 사촌 언니가 따라주는 막걸리도 한잔 받아마셨다. 나도 취하고 사촌 언니도 취하고 못 마시는 술을 둘이서 많이 마셨다. 취중에도 옛날이야기를 많이도 하셨다.

서로는 취하여 시간이 가는 줄도 모르다 부엌 바닥에 쓰러져 잠이 들었나 보다. 사촌 언니는 게슴츠레한 눈을 뜨고는 "네가 누구냐, 왜 이리 못생겨

졌냐? 니가 영이 맞냐 하는 소리에 아침을 지으러 나온 친척들이 배를 잡고 웃었다. "맞아 누나" 사촌 오라버니가 말했다.

여자란 예쁘다는 말 한마디에 모든 것을 잊는 모양이다. 정말 사촌 언니는 내가 그리 예뻤을까 하는 생각을 하면 마음이 설렌다.

꽃은 다 좋아요

 깃털 같은 봄 빛깔 햇살이 봄소식을 품고 있다. 삼월의 바람이 벌써 살갗에 와닿는다. 나도 모르게 얼굴을 쓰다듬었다. 봄은 얼굴부터 오는지 얼굴빛이 연한 분홍빛이 도는 것 같고 스치는 손길에 부드러움이 묻어난다. 봄은 세상의 소식들을 여기저기 풀어내 주는 것 늘 그 자리에만 있을 것 같던 풍경이 살아나서 내게 오는 것이다.
 사라졌다고 잊혀졌다고 여겼던 일들이 소식처럼 반갑게 마음을 들뜨게 했다. 외손자의 초등학교 입학식이 봄소식으로 다가왔다. 선물을 사줘야 하고 철학적인 멋진 말을 해줘야 하는 건가 걱정 아닌 걱정을 했다. 책가방을 선물 해야겠다고 생각하고 딸에게 물어보니 그냥 오시기나 하셔 했다. 첫 외손자가 학생이 된다고 하니 뿌듯하고 대견스러웠다.
 8살 외손자 초등학교 입학식 전날 손자에게 꽃다발을 사러 가자고 했더니 할머니 마음에 드시는 거로 사 오란다. "네 맘에 들어야지 네 입학식인데" "할머니 저는 꽃은 다 좋아서 사주 시는 꽃은 다 이쁘고 좋아요" 꽃가게가 멀기도 해서 꽃다발을 못 사주고 입학식을 치렀다. 사돈댁에게서도 선물만 했다. 지금도 꽃다발을 못 해준 게 마음에 걸린다.
 집으로 돌아오는 차 안에서 아파트 담장에 노랗게 핀 개나리꽃을 보았다. 외손자와 보았으면 좋았을걸. 꽃을 좋아하는지 몰랐던 외할머니가 괜히 미안해서 멀어지는 개나리꽃을 오래도록 바라보았다.
 어린 마음에도 꽃은 꿈과 같은가보다. 어릴 적 빨리 자라서 어른이 되고

픈 꿈. 어른이 되면 하고 싶은 거 다 하고 싶은 꿈. 초등학교 입학해서 좋아하는 외손자가 어른거린다.

외손자와는 비밀이 참 많다. 몇 년을 함께 살다시피 해서인지 손가락 걸고 약속하고 프린트하면 서로 비밀이 되었다. 딸이 사주지 말라고 한 과자나 장난감. 숨겨 놓고 몰래 꺼내어 같이 먹고 놀았다. 단 것을 먹이지 말라 한 초콜릿도 손자와 같이 먹으며 놀이터에서 뛰어다니며 놀았고 서로 눈짓으로 비밀을 만들어 갔다. 딸한테 숨기는 것은 아니지만 어린 게 먹고 싶어 조르는데 어떻게 안 사줄 수가 있나. 길거리 음식도 "비밀"하고 손가락 걸면 무사통과였다.

외손자와 외할머니보다는 유치원 동창생 같았다. 이사가 가서 살면서도 외할머니 집에 가자고 떼쓰고 운다고 해 마음이 언짢았다. 조그만 게 공휴일이면 할머니 보러 가야 한다고 온 식구가 왔다가 간다. 같이 있는 동안 내 두 눈은 콩깍지가 두껍게 끼어서 오직 외손자만 보였다. 무조건 외손자한테는 "안돼"가 안됐다. 손잡고 문방구 가고 마트 가고 장바구니가 터지도록 사서 같이 들고 와서 숨기고 몰래 꺼내먹고 시치미 뚝 떼면 아무도 몰랐다. 컸다고 옛날 일 다 잊은 듯하다가도 생각난 듯 시내를 한 바퀴 돌면서 여기저기 구경도 시켜주고 저도 용돈 있다고 피자도 사준다.

"할머니 금방 4학년이 됐어요" 하며 어깨를 으쓱했다. 고흐의 그림에 항상 서 있는 사이프러스나무를 닮은 것 같다. 길쭉한 팔다리가 그렇다. "그럼 시간은 그렇게 훌쩍 가는 거란다. 조금 있으면 장가간다고 색싯감 데리고 올걸"했더니 저는 여자친구가 많다고 한술 더 떴다.

　새싹 꿈나무들의 초등학교 입학식이 얼마 안 남은 것 같다. 우리 외손자가 꽃을 좋아한다고 해서 오랜만에 예쁜 꽃다발을 선물하려고 한다. 밭에는 국화와 낮달맞이꽃을 심기로 했다.

적자생존

　가을이 안 올 줄 알았다. 영원히 바닷가 모래알이 바닷바람과 뜨거운 열기만을 내뿜는 이글거리는 태양에 빨갛게 익어 가을을 못 오게 하는 줄 알았다. 모래의 뜨거움에 발바닥이 춤을 추듯 달려나가고 바닷물에 몸을 식히는 그런 여름만이 존재할 줄 알았다. 강아지가 헐떡거리며 거리를 걷거나 주인의 가슴에 안겨 갈 때 흘리는 침 같은 비가 내려주기를, 여름을 무엇인가가 밀어내어주기를 바랐었다.

　온 집안의 창문을 열고 시원한 가을바람을 담는다. 긴 여름 닫혔던 문들. 시원하다. 아, 시원하다. 온 집안을 돌아다니며 중얼거렸다. 아침의 신선하고 선선한 기온이 마음을 온전히 가라앉히고 새로 태어남을 바람결에 늘어졌던 마음을 세운다. 더위에 오락가락했던 물결처럼 출렁였던 마음이 잔잔하게 가라앉기 시작하였다. 여름이라는 터널을 빠져나오니 빨리도 몸이 식어 제자리로 돌아오는 기억과 언어와 일치하면서 부딪히는 일이 생기기 시작하였다.

　나 자신을 지키는 경비원이 필요했다. 주제넘은 비서는 감당이 안 되니 집안 곳곳에 메모지를 두고 종이로 만든 멋진 경비원이란 내가 움직일 때마다 따라다니는 펜을 말한다. 조선 시대의 사관과 같은 존재는 아니더라도 사초를 쓰는 붓 같은 은밀하고 정확하고 치밀한 붓의 섬세하고 부드러워 깨져도 붙어버리는 물 같은 연함을 포함한 그런 경비원이 여럿 필요하게 된 것이다. 내가 돌아다니는 적절한 시간과 장소에 놓아두기만 하면 되는 것이다. 나는 그 멋진 펜을 이리저리 돌리면 왔다 갔다는 표시를 멋들어지게 해 놓는 것이다. 식탁 위에는 밥을 먹은 시간. 소파 위에는 티브이를 보았고 드라마를 보았다는 티브이를 그려놓는 것. 항상 나의 동선에는 펜이 있고 종이가 필요함을 살뜰히 챙기는 일이 여름이 가고 가을이 와서야 유성처럼 획하고 떠오른 것이다. 여름의 절규가 그림으로 그려지는 순간이 온 것이다.

음식물 쓰레기 카드가 없어졌다. 또 찾기 시작했다. 옷장의 옷 주머니부터 냉장고 안과 신발장 신발들을 한 짝씩 꺼내어 들여다보고 탁탁 털어보았다. 없었다. 다른 곳으로 가물가물 생각이 미치자 가방들을 뒤졌다. 책들도 책장을 넘겨보았다. 간혹 카드로 책갈피로 사용하기도 해서이다. 여름의 열에 들떠서 읽었던 책들 사이사이도 살펴보았다. 풀 먹인 홑청이 소나기에 젖은 꼴이 되었다. 땀이 흐르고 정신도 몽롱해졌다. 이 시점이 포기의 적절한 시간이다. 나중에 나오겠지. 이러다 안 찾으면 나오더라. 나중에 찾자. 잊어버리자. 아니면 버렸다고 생각하자. 내 마음 가는 대로 생각하고 포기를 한다.

관리사무실에서 카드를 다시 발급받아서 아직까지 사용하고 있다. 명찰표에 카드를 넣고 목에 걸었다가 방문에 잘 걸어 두고 쓰니 오래가는 모양이다. 이러다가 방문 손잡이에 주렁주렁 가을이 걸리고 마음의 한복판에 순응이라는 명패 하나 더 걸어 두어야 확인이라는 절차가 그리움이라는 체념으로 감정을 요구하지 않을 것이다. 아무리 잘 보이는 곳에 필요한 모든 것

을 놓아두어도 보이지 않는 것은 아무리 찾아도 보이지 않는다는 것도 살아가면서 터득한 무의미였다.

　멈추지 않는 인생의 통로를 쉬지 않고 걸으며 꼭 나의 인생만을 이해하고 세월이 갈수록 젊어지는 청춘을 간직해보는 것도 나쁘지는 않을 것이다. 기억이 완벽하지는 않더라도 기억을 바꾸어 행복해지는 순간을 맛볼 수도 있지 않을까. 잃어버리고 잊고 하면서 웃으며 울기도 하면서 내 의지에 의한 행동과 일치하는 마술과 같은 환상을 기다리고 있다.

　내가 살아가면서 나를 위한 유일한 꿈과 같은 것, 살아남는 것, 잘 살았다고 스스로 위로하는 것은 책갈피와 같은 역할을 한다. 언제나 꺼내어 볼 수 있는 것은 깜빡깜빡 나를 바라보며 망각의 행복을 누린다. '적어야 산다'. '적자생존'

먼 산

올해는 제법 눈이 많이 왔다. 새벽 눈발이 날리는 것을 희미한 가로등 불빛을 흐려놓는 그 잔잔한 풍경을 보았다. 발자국이 찍히지 않을 정도의 적은 눈이지만 마음의 눈은 푹푹 발이 빠지는 눈길이 선명했다. 온몸이 얼어붙을 것 같던 날씨도 눈이 내리면 포근해지고 차가운 바람이 불면 쌓인 눈 위를 지나가며 눈을 비질하듯 쓸어다가 울타리 아래에 쌓아놓곤 하던 그 새털 같은 눈이 바람을 타고 내리고 있다. 불빛에 반짝반짝 빛나는 달빛으로 뭉쳐진 아주 작은 덩어리로 온 동네를 하얗게 감싸고 있었다. 세상의 온갖 소리를 조용히 침묵으로 미끄러지게 하는 것 같기도 했다.

겨울 산에 눈이 쌓이면 더 추워 보이고 산등성이에 갈기처럼 서있는 나무들이 산 모양을 그려놓는다. 어두웠던 여름 산을 아주 속이 다 보이게 훤하게 솎아놓은 모습이다. 아련하게 마음으로 다가와 침묵과 함께하는 것이다. 추위를 못 참는 나도 먼 산을 바라보며 발을 동동 구르며 바라보곤 했다. 마음이 시원하고 몸속을 얼게 했던 뭔가가 빠져나가며 따뜻해짐을 느낀다.

눈 덮인 겨울 산이 갑자기 좋아진 것은 아니다. 나도 모르게 안개 피어오르는 아득한 시선 속에 보이는 휑한 산이 좋아져서 차창 밖으로 스쳐 지나가는 산을 바라보며 마음이 멍해져서 바람든 무처럼 되기도 한다. 여러 생각이 오락가락 드나든다. 수많은 추억과 옛이야기들이 빠져나오기도 하고 들어오기도 한다. 그 순간의 나를 산이 잡아준다고 여겨지기 때문이기도 해서다.

눈이 녹아내리며 골짜기를 향하여 흐르는 눈물을 보면 맑고 영롱하기까지 하다. 골짜기와 넓게 만나는 계곡의 많은 물을 겨울이 얼려 놓았다. 그래도 물은 소리를 내며 어디론가 가고 있다. 그 많은 잎을 떨구어내고 맨몸으로 산꼭대기에 서있는 나무의 뿌리를 생각해 본다. 바위틈 어디에나 실핏줄처럼 언 땅 아래에서 아기의 손처럼 촉촉한 힘을 심어놓고 있는 건 아닐까. 높고 험한 바위틈이나 흙속에서 생명을 저장해두고는 자신들을 지키고 있다.

누군가 바라보며 마음의 위안을 받기도 한다. 칼바람을 맞으며 견디어 내는 나목과 별빛과 달빛이 싸늘함을 더하지만 아침의 햇볕에 이어지는 석양의 따뜻한 긴 꼬리에 내일을 꿈꾸는 것이리라. 산이 잠들었다고 생각하기에는 이른 초저녁의 어둠 속에 묻혀가고 있다. 산 아래에서 들려오는 사람들의 소리를 제일 먼저 듣고는 묻어두는 것이리라.

때때로 겨울 같은 마음이 수시로 드나드는 차가운 바람을 거부할 수 없다는 걸 알아차리기란 어렵지만은 않다. 산을 지탱해주는 나무의 뿌리는 숲을 빠져나와 눈으로만 바라보는 헛헛 마음을 사방으로 흩트려 준다. 눈에 보이지 않아도 난 볼 수 있으니까.

밤하늘 수많은 별은 다 숨어버리고 새벽은 오는데 눈 덮인 산을 오르고 싶지만 그리움의 눈빛으로 바라보며 서있었다.

먼 산 먼 그리움에 오늘도 나는 계절을 잊고 꿈길을 걷고 있다. 바라보이는 저 산의 이름을 맨 먼저 지어주고 싶어서 오래도록 바라보고 있다. 백야와 오로라를 보고 싶어 안달했던 지난날처럼 얼어버린 까치밥을 올려다본다. 높은 저 산꼭대기를 하얗게 덮은 눈이 머릿속을 비워주었다.

여섯 번째

반짝반짝 빛나는 기다림

벚꽃 그녀

 올해의 벚꽃은 더 예쁘다. 가지마다 수많은 꽃송이를 달고 하늘하늘 바람을 맞이한다. 얇으면서도 연한 흰빛이 도는 분홍빛 꽃잎은 나비의 날개를 닮았다. 잎이 피기도 전에 꽃잎만 봉우리를 터뜨리며 온 동네를 환하게 밝혀준다. 출렁출렁 바람을 따라 춤을 추듯 나뭇가지들이 움직이면 연분홍 추억이 가만가만 쏟아져 내린다. 약속 한 적은 없어도 약속을 한 듯 이때쯤이면 벚꽃은 핀다. 꽃송이마다 가뭇가뭇 눈을 달고 눈인사로 모두를 반겨준다.

 재작년 이맘때쯤 벚꽃이 조용히 지고 있을 때다. 전철역을 가면서 벚꽃을 보려고 일부러 일찍 집에서 나왔다. 벚꽃 가로수 길을 천천히 걸었다. 따뜻한 바람이 스쳐 가고 분홍빛 꽃잎이 떨어지는 풍경이 그림 같았다. 마음이 설레고 가슴이 두근거리며 기분이 좋아졌다. 봄 소풍 온 듯한 착각에 빠진 것 같다.

 어느새 역 주변에 다다랐을 때 선생님 하는 누군가를 부르는 소리가 멀리서 들렸다. 그 목소리는 꽃잎이 떨어지는 속도보다 느렸다. 아주 작은 소리였지만 끊어졌다 이어지는 힘겨운 목소리였다. 벚꽃의 황홀감은 사라지고 누군가를 부르는 애절한 목소리에 정신이 쏠렸다. 전철이 도착하였는지 사람들이 역에서 밀려 나왔다. 그냥 가려다가 멈추어 서서 뒤를 돌아다보았다.

 건널목 저편 벚꽃 나무 아래에 두 손을 흔들고 있는 그녀를 보았다. 얼마

나 힘들게 나를 따라왔는지 보호자 분께서 "어쩌면 한 번도 뒤를 돌아보지 않으셔요" 하며 웃으신다. 휠체어에 앉아있는 그녀의 이마에 땀이 송골송골 맺혔다. 목소리 내기도 힘든 장애가 있는 그녀다. 온몸으로 자신을 표현하다보면 얼굴이 일그러지지만 그녀의 마음은 세상에서 제일 어여쁜 아기다.

처음에는 색연필도 잡을 수 없었지만 잠깐이라도 도화지에 동그라미, 선을 긋기도 하고 좋아하는 색을 선택하여 그림을 그리며 즐거워하였다. 책을 읽어주면 편안한 표정을 짓기도 했다.

선생님하고 그녀가 불렀다. 어디 가세요 하고 묻는 거 같았다. 보호자님 말씀이 선생님을 보고는 인사를 해야 한다고 따라왔단다. 나는 어찌해야 할지 몰랐다. 주변을 살피며 걸었다면 진작 만났을 텐데 말이다. 독서나눔이를 하면서 대화가 안 되어 힘들긴 하지만 고운 마음을 간직한 그분들이 하시는 짤막한 한마디가 힘을 주기도 한다.

그녀는 또 온몸으로 안녕하였고 나는 조심해서 가시라고 작별 인사를 하였다. 돌아서 가는 그녀의 뒷모습에 벚꽃이 나비처럼 날아올랐다.

오늘 저녁부터 봄비가 내린다고 한다. 얄궂게 봄비가 내리지만 꽃잎은 그냥 두고 미세먼지만 씻기었으면 한다. 세수를 한 듯 내일은 더 화사하게 봄꽃들이 피어났으면 좋겠다.

손목시계

　장마로 눅눅해진 집안 청소를 하다가 화장대 서랍에서 딸들의 시계를 보았다. 아주 작은 시계, 조금 큰 시계다. 시계에는 작은 다이아몬드 같은 보석이 잔잔하게 박혀있는 것, 단순하게 동그란 것, 네모난 것, 타원형 등 모양이 예뻤다. 이게 왜 여기에 있나 하고 생각하니 딸들이 유행이 지난 것을 은근히 엄마가 착용했으면 해서 넣어둔 것 같기도 하다. 물어보지는 않았지만 그런 이유가 아닐까 짚어본다.
　처음으로 손목시계를 선물 받았던 그날이 선명하게 떠오른다. 중학교 입학한지 얼마 안 되어 엄마가 학교 가는 나에게 나지막하게 말씀하셨다. 오늘 장날인데 학교 끝나면 시계방으로 오라고 하셨다.
　엄마는 비싸더라도 고장이 안 나는 것을, 나는 무조건 보기 좋고 이쁜 것을 골랐다. 결국 엄마 말씀대로 견고해서 오래 사용할 수 있는 손목시계를 샀다. 엄마와 함께 집으로 오면서 자꾸만 손목시계를 만지기도 하고 손목에서 풀어서 작고 반짝이는 시계를 바라보았다. 그러는 나에게 잃어버리지 말고 잘 써야 한다고 하셨다.
　시계를 손목에 차고 지켜야 할 것은 등교 시간, 수업시간이 끝나는 것을 지켜보다가 5분, 1분 하면서 끝날 때를 기다렸다가 집으로 곧장 가는 것이었다.
　어느 날 수업시간에 선생님께서 근대철학의 아버지 칸트에 대하여 수업 끝에 말씀을 해주셨다. 자신의 일과는 엄격해서 꼭 정해둔 시간에 일어나

서 집을 나와 산책을 했는데 동네 사람들이 걸어 다니는 시계라고 하였다고 한다. 시간의 소중함을 강조하셨던 기억이 난다.

　그때부터 문학작품을 읽었다. 어려운 철학책도 무슨 뜻인지도 모르면서 읽었다. 만화책과 달랐다. 책에 빠지면 오래도록 현실과 책 속을 오갔다. 집중력이 생기게 되고 생각이란 걸 하게 되었다. 시간을 지켜야 하는 이유를 알게 된 것 같다.

　오랫동안 내 손목에서 시계는 늘 있었다. 그동안 시계를 잃어버리기도 했고 유행에 맞는 시계로 바꾸기도 했다. 나와 떨어지지 않는 한 몸 같기도 해서 지금 핸드폰을 두고 나가면 불안해서 안절부절못하듯 손목시계를 두고 나가면 그때도 그랬다.

　많은 시간이 흘러 핸드폰을 손에 들고 다니면서 그 소중했던 손목시계는 내 손목에서 하얗게 바래진 시곗줄의 흔적을 남기고 사라졌다.

　시간이란 무엇일까. 나의 손목시계는 몇 시에 멈춰 있을까. 어딘가에 두고 온 듯한 시간은 미적미적 지금도 초침 소리를 흘리면서 가고 있을 것이다.

진달래꽃 술(酒)

우수가 지났는데 꽃샘추위가 숨어있다가 얼굴을 내밀었다. 한동안 포근하여 꽃봉오리가 물오른 가지에 앉아 있다가 깜짝 놀랐을 거다. 바람도 거세고 눈까지 왔다. 길도 얼어 미끄럽다,

어쩌나, 진달래꽃도 놀랐을 텐데. 잊지 않고 봄이면 찾아오는 진달래꽃이 떠올랐다. 봄을 화사하게 치장해주는 꽃들도 많지만 진달래꽃을 못 보면 봄이 아닌 거다. 나름대로 진달래꽃을 보는 규칙이 있는데 꼭 산에서 핀 꽃이어야 한다. 버들강아지가 피어나면 진달래꽃도 피는데 진분홍, 연분홍, 흰색이 섞인 흐린 분홍빛 꽃 빛깔이 마음을 사로잡았다.

한창 진달래꽃이 의례적으로 우리 엄마는 진달래 꽃술을 담그셨다. 꽃을 따오는 일은 천방지축인 내가 맡았다. 동네 친구와 큰 소쿠리를 들고 진달래꽃을 따러 갔다. 먼지를 일으키며 달려서 산에 올라 진달래꽃밭에 앉아 꽃을 따지만 시간이 지나면서 친구와 이리 뛰고 저리 뛰며 놀았다.

결국엔 엄마가 산에 올라 꽃을 따다가 술을 담그셨다. 꽃을 따오지 못한 미안한 마음에 잔심부름을 했다. 작은 항아리에 진달래꽃을 담고 소주를 부어넣고 밀봉을 해서 땅에 묻었다.

가을쯤 꺼내어 마시는데 엄마는 동네 사람이고 식구고 딱 한잔씩 밖에 안 주셨다. 유리잔에 담긴 발그스름한 술 빛은 참으로 고왔다. 오빠 친구들이 와서 마셨는데 한잔으로 취하지는 않았다. 진달래꽃 술은 독하다고 했다. 모두는 아쉬움에 돌아갔다,

술맛은 어떨까? 술을 마시면 온몸에서 진달래꽃이 피지 않을까? 의문이 생겼다. 항아리에 남아 있는 술을 잔에 따라서 마셨다, 소주 냄새가 났지만 술맛은 꽃향기도 없고 독하다더니 독하지도 않은 것 같았다, 꽃술을 마실 때 단번에 마시고 술잔을 바닥에 내려놓그는 맛있다고 했는데 뭐가 맛있다는 걸까. 아무리 맛을 알아보려 해도 알 수가 없었다. 두 잔을 마셔도 진달래꽃은 피어나지 않았다. 한잔을 더 마셨다.

올봄에는 진달래꽃을 보러 가야겠다. 진달래꽃 술맛이란 정이 아닐까. 어질어질 술 취한 듯 비틀거려 보며 지난봄보다 더 어여쁜 빛깔로 나를 맞이해주었으면 한다.

망초꽃밭

　너무나 좋았던 여름의 시간, 게으름이 선물한 망초 꽃밭에서 허 생원과 동이가 대화장 봉평장을 오가면서 부자간이 아닐까 생각하던 달밤의 메밀꽃이 우리 밭에 활짝 핀듯했다. 아니 피었다. 빈틈없이 빼곡한 망초꽃은 눈길 손길 한 번 준 적이 없는데 자기네끼리 잘 자라고 꽃까지 피웠다.

　목 빠지게 나를 기다리고 있었을 옥수수는 온데간데없고 생각지도 않았던 망초꽃이 밭 가득 환영하였다. 너무 놀라서 이게 우리 밭인가 둘러보았다. 밭이라기보다는 9월의 메밀꽃밭이었다. 이게 무슨 일인가. 세상에 이런 일이 있을까. 아무 말도 못하고 옥수수는 어디로 간 걸까. 이런저런 핑계로 자주 못 와서 소홀했다 하더라도 이렇게 망초꽃에 밀려 나도 안보고 어디로 갔는지 황당했다. 멍하니 바라보는 것도 잠시, 들고 있던 낫과 호미도 던져버리고 꽃밭으로 뛰어들었다.

　얼굴을 간지럽히는 하얀 꽃잎과 날아오르는 벌꿀들의 윙윙거리는 소리, 계곡의 물소리, 새들의 노랫소리는 산바람을 타고 내 마음으로 흘러들었다. 다들 꽃 속에서 사진도 찍고 환호성도 지르며 즐겁고 기뻐했다. 온 밭을 휘젓고 뛰어다니며 꼬맹이가 되어갔다. 철없던 어린 시절을 함께했다. 노래도 불렀다. 행복했다. 그리고 황홀하였다.

　계곡의 차가운 물로 벌겋게 달아오른 얼굴의 땀을 씻으며 이 황당한 일을 생각하며 큰소리로 웃었다. 언제 이런 환상의 꽃밭에서 뛰어놀 수 있을까. 나도 모르게 일어난 일이었지만 꽃말이 '가까이 있는 사람을 행복하게

해주고, 멀리 있는 사람은 가까이 다가오게 해준다'더니 맞나보다. 오랜만에 함께 즐거웠고 기뻤으니까.

 돌아오며 망초꽃들이 걱정되었다. 잘 있겠지. 일하러 갔다가 맞이한 망초꽃의 아름다움에 넋을 잃었으니 오래오래 가슴에 남을 것이다.

 그리워하는 데도 한 번 만나고는 못 만나게 되기도 하고, 일생을 못 잊으면서도 아니 만나고 살기도 한다는 피천득 님의 인연이 떠오른다. 아마 망초꽃과 인연이 있어 만난 것이라 믿는다.

 내년에는 망초꽃과 닮은 메밀을 심어야겠다. 벌써 '메밀꽃 필 무렵'의 허생원과 동이, 성 서방네 처녀, 충주집과 봉평장터가 생각나며 당나귀의 방울 소리가 들리는 듯하다.

송홧가루 날리면

　오래된 아파트 담장에 기대어 유월을 향하여 가는 넝쿨장미의 뜨거워지는 마음을 보았다. 호흡이 가빠지고 붉은 꽃잎은 뺨이 붉어졌다. 날마다 지나며 바라보는 나의 눈은 화려하다 못해 황홀해진다. 숨이 잠시 멈춰지고 내 사랑받아달라고 두 손을 펴서 장미꽃을 감쌌다.
　큐피트가 장미꽃이 너무 아름다워서 키스하려고 하자 꽃 속에 있던 벌이 놀라서 큐피드의 입술을 톡 쏘았는데 비너스가 벌을 잡아서 침을 빼내서 장미의 줄기에 꽂아두었다고 한다. 장미꽃을 덥석 잡으면 가시에 찔리고 쓰리고 아프다. 큐피트는 가시에 찔려도 장미를 사랑했다니 얼마나 아름다운 꽃인가.
　가시에 찔리지 않으려고 향기도 조심스럽게 맡아보고 한참을 바라보다가 그 붉고 화려한 꽃에 푹 빠져 집으로 오면서도 뒤돌아보고는 했다. 삶이 가시에 찔린다 해도 아프지 않을 것이다.
　오월의 맑고 깨끗한 시원한 바람과 어디를 보아도 연푸른 잎들이 마음을 사로잡으면서 들뜨게 한다. 어디든 가고 싶은 마음이 바람이 일듯 인다. 들뜬 마음으로 현관문을 여는 순간 노란 가루가 현관문 전체에 떡고물을 입힌 듯 살짝 틈새에 쌓여있다.
　어느 틈에 송홧가루가 날려 우리 집까지 와주었다. 이맘때구나. 송홧가루가 노랗게 산 위를 아지랑이처럼 흘러다니던 때구나. 해마다 보는 이 노란 가루가 나에게는 반갑고도 아련하게 내려앉는다. 송화가 꽃을 피우기 전에

송화를 따다가 멍석에 말리면 길쭉한 송화가 마르면서 노란 송홧가루가 빠져나온다. 송홧가루의 그 황금빛 색은 보드랍고 뽀송뽀송했다. 송화에서 가루가 다 빠져나오면 물에 담가 씻어 햇볕에 말렸다가 여름에 물에도 타먹고 송화다식을 명절 때 만들어 먹었다. 맛보다는 그 예쁜 색에 접시에 담아 놓고 조금씩 아껴서 먹었다.

가시처럼 뾰족한 잎에 열매를 맺고 노란 꽃가루가 오월의 바람을 타고 날려 꽃잎에 나뭇잎에 앉아 세상을 바라본다고 생각한다. 봄밤 한없이 맑고 깨끗한 밤하늘에 무수히 쏟아지는 별빛처럼 동화책과 등대고 누운 밤이 생각난다. 검고 투명한 밤하늘을 날고 있는 아라비안나이트의 카펫과 부풀어만 가는 동화 속의 공주와 왕자가 눈에 선하고 획 선을 그으며 사라지는 별똥이 내 마음을 더욱 설레게 한다.

송홧가루 날리는 오월이면 송홧가루를 맞이하며 멀리멀리 어디론가 가고 싶고 그 시절 나와 함께했던 친구가 보고 싶어진다.

윤사월(閏四月) 박목월 님의 눈 먼 처녀사를 이해 못하던 그 시절로 돌아갈 수 있을까.

숲속 소나무 향기와 오월의 훈풍에 피어오르며 우리 집까지 찾아온 걸 보면 아마도 나를 잊지 못한 것이 아닐지, 애써 그리움을 송홧가루에 실려 보낸다.

장명루(長命縷)

　4월의 하늘, 벚꽃이 지고 있다. 꽃잎을 품고 떠나는 4월의 바람을 물기 어린 눈으로 바라보았다. 구김 하나 없이 곱게 진 꽃잎은 여기저기 길가에 곱게 쌓여있기도 하고 어린이들의 예쁜 손에 올려지고 꽃잎이 진 자리에 연둣빛 잎들이 자리를 잡아가고 있다. 색이란 자연이 주는 경이로운 빛이다. 아무리 붓을 잘 써서 물감을 잘 풀어서 색을 만든다 해도 자연의 색을 따라가기 힘들다. 자연의 색을 만들어보자. 빗물에도 빠지지 않고 더욱 푸르며 마음을 시원하게 해주고 힘을 주는 물감이 있을까. 아마도 아무도 만들지 못하는 것이 자연의 색일 것이다.

　어느 해인가 생전 처음 장명루라는 것을 알게 되었다. 우리나라 고유의 색상인 오색실(빨강, 노랑, 파랑, 검정, 흰색), 동양에선 우주(宇宙)를 구성하고 있는 요소(要素)가 목화토금수(木火土金水)의 오행(五行)에 있다고 보아 왔으며 이 오행(五行)의 색이 木-청색, 火-적색, 土-황색, 金-백색, 水-흑색이다.

　장명루(長命縷)란 아이들이 건강하게 오래 살기를 바라는 마음에서 오색실로 만들어 아이에게 선물하는 팔찌를 말한다. 장명루 팔찌의 다섯 가지 색을 오방색 (빨, 노, 파, 흑, 백색)이라 하는데 민속에서 동서남북과 중앙의 5방위를 지키는 오방 신을 의미한다. 우리가 정월 대보름에 밥을 지어 먹을 때 오곡밥을 먹으며, 여인네들이 5색의 색동저고리를 입는 것도 유사한 의미일 것이다. 모두 하늘의 기운을 받아 인간 세상의 복(福)을 기원(祈願)하

고 건강과 평온을 기원하는 우리 문화의 한 표현이라고 본다.

　나도 어릴 때 오색실로 팔찌를 만들어 아기의 연약한 팔목에 끼워주는 것을 본 기억이 있다. 아기가 예뻐 보이라고 끼워주는 장신구로만 알았었다. 그때는 아기가 동네에 많아서 모두 석동 색 팔찌를 끼고 있었다고 생각한다. 요즘은 명주실에 오색을 물들여서 물도 빠지지 않고 바래지도 않아서 오랫동안 손목에 끼고 있어도 부작용이나 물 빠짐이 없어 오색이 오랫동안 유지가 되어 돋보이는 팔찌이다. 간혹 어른들도 착용하고 계신 분들을 뵙기도 한다.

　어린 아기가 건강하게 자라는 모습을 보는 즐거움을 나는 안다. 우리 손녀딸이 벌써 3살이 되었다. 정확히 2돌이 지났다. 앙증스럽게 놀고 있는 모습과 할머니에게 안겨들 때면 세상 부러울 것이 없다. 금상첨화로 장명루 팔찌를 손목에 껴서 예쁘고 건강하게 자란다면 기쁨이 몇 배가 될 것이다.

　오색 실로 된 팔찌는 보기에도 고전적이고 화려해서 우리 손녀에게 만들어 끼워주고 싶었다. 실을 준비하고 만드는 법을 배웠다. 처음에는 실을 엮는 것이 헷갈리고 엉켜서 애를 먹었다. 손재주가 없어서 느리고 울퉁불퉁하고 모양이 안 났다. 그래도 귀여운 우리 손녀를 생각하며 반복하다보니 그럴듯하게 되어갔다.

　완벽하지는 못하지만, 우리 손녀에게 선물하고 싶어서 완성된 장명루 팔찌를 가지고 딸네를 갔다. 어린이집에서 오자마자 "할머니"하고 뛰어와 안

겼다. "할머니가 선물 가져왔는데 볼까?" 하니 뭘까 하며 빨리 달라고 했다. 장명루를 꺼내어 "이 팔찌 끼고 있으면 더 이뻐진대" 하니 손을 내밀었다. 그래도 잘 맞았다. "이게 뭐야?" 하더니 안 낀다고 도망을 다녔다. 맘에 안 든 모양이다. 딸이 퇴근해서 "와 이쁘다. 너 한 번 끼어봐" 하니 자기가 끼운다고 야단법석을 떨었다. 팔찌를 끼고 잠든 손녀를 보니 어찌나 귀엽고 예쁜지 얼굴을 쓰다듬어 주었다.

옛것을 알고자 하는 마음만 있다면 물어도 보고 찾아도 보면 현대를 살아가는 우리에게 많은 도움을 주는 옛 물건들이 많다. 옛날에는 아기들이 많이 하늘나라로 갔고 아파도 약도 없던 시대에 오색실로 팔찌를 만들어 끼워주고 건강하게 오래 살기를 부모님은 마음속으로 빌었을 것이다.

자연의 빛과 색들이 모습을 나타내는 4월, 예전처럼 어린아이들의 노는 모습과 목소리를 듣기 쉽진 않지만 머지않아 동네에 아이들의 목소리가 파란 하늘을 가득 채우길 바라는 마음이다. 솜씨는 없지만, 장명루도 계속 만들어 자라나는 아기들에게 행복을 빌어주며 선물하고 아이들이 기뻐하는 모습을 보고 싶다.

안부(安否)

아침이면 햇볕은 나에게로 온다. 처음 너를 본 순간처럼 불덩이가 되어 온다. 밤새워 뒤척이며 생각한 어지러움도 햇볕은 모두 말려버린다. 아직은 가을이 초록 잎을 달고 있지만, 들의 벼들은 노랗게 물들이고 있다

몇 년 전 감나무 22개를 심었다. 2개는 원인도 모르게 죽었다. 어릴 때 우리 동네는 배나무밭이 많았고 감나무는 못 보았다. 바람에 약한 감나무는 죽거나 자라지를 못했다. 빈 밭에 뭔가를 길러야 했다. 생각하다가 동네 어르신들께서 감나무가 잘 자란다고 하여 심은 것이다.

문제는 거리가 너무 멀어 일 년에 한 번 가기도 힘든 형편이었다. 식구들이 첫째는 관심도 없고 나만 안절부절 감나무 생각만 했다. 가슴이 미어지는 것은 태풍이 분다던가 비가 많이 온다는 뉴스다.

간신히 가을에 감나무밭을 가면 풀 속에서 환한 감을 달고 아주 힘겹게 나를 바라보았다. 가는 가지에 커다란 감을 주렁주렁 달고 쓰러질 듯 서있다가 나를 보면 나뭇잎을 떨구었다. 미안한 마음이 감보다 더 무거웠다.

아, 날마다 내 귀가 가렵고 재채기가 나는 것은 감나무가 나에게 보내는 신호였다. 나 꽃을 피웠어요. 풀이 나를 칭칭 감아서 숨을 못 쉬겠어요. 감이 너무 커서 가지가 꺾어질 거 같아요. 목이 말라요하고 애절하게 나를 부르는 감나무의 숨결이었던 것이다. 안개가 끼고 벌레가 나뭇잎을 갉아먹고 까치가 맛있는 홍시를 파먹어도 나는 그걸 막지 못한다.

시간이 날 때란 말을 자주 한다. 그 말은 나의 신뢰와 믿음을 조금이라

도 감싸기 위한 위선의 말일지 모른다. 거절의 냉정함을 내비치기 싫고 혹시 시간이 나서 약속을 지킬 수 있는 나의 최소한의 방패이다. 하지만 시간 날 때는 나는 매번 핑계가 필요했고 스스로 걱정하면서도 어쩔 수 없다는 변명을 하였다.

아무리 멀어도 사랑하는 사람이었다면, 그 열정의 사랑이었다면 이렇게 나를 그리워하고 기다리는 감나무를 소홀하게 하지 않았을 것이다. 걸어서라도, 기차를 타고 택시를 비행기를 타고 가서 그리운 사랑하는 사람을 만났을 것이다.

아파트 담장 밖으로 가지를 뻗고 커다란 감을 주렁주렁 달고 지나가는 사람들과 바람에게 보란 듯 과시하는 감을 보면서 나는 외면을 하였다. 올해도 못 가는구나. 내 자식처럼 생각한다면서 감을 따러 못 간다는 건 나와 감나무와의 약속을 저버린, 열 손가락 깨물어 안 아픈 손가락이 없다는 아픈 손가락의 감나무였다는 걸 잊는 시간이 날 때였다.

늘 사람이 고픈 감나무들에게 언제 가서 가지도 치고 거름도 주고 풀을 잘라줄 수 있을까. 사랑을 많이 받고 햇볕 속에서 투명해져가는 아파트 감나무의 당당함 앞에서 나는 또 미안함과 속상함으로 안부를 전한다. 올여름 어떻게 지냈는지 태풍은 잘 피해 갔는지.

한 개의 감을 가지에 달고 나를 기다렸던 첫 감동을, 너의 모습을 오늘도 잊지 못하고 가슴만 끓어 올라 꿈속에서 거름을 주고 물길을 내주고 까치

밥을 남기고 네가 내게 준 감을 끌어안고 오는 꿈이라도 꾸고 싶다. 하얗게 감꽃이 핀 것을 보지 못했어도 산처럼 억새풀이 감나무를 가리고 있어도 가지 끝에 몇 개의 감을 달고 나를 기다릴 것이다.

  올해는 꼭 가서 풀을 잘라주고 돌아올 때 "또 보자" 하고 감나무를 끌어안아주고 오고 싶다.

풍경소리

나도 모르게 찾아온 나만의 소리는 내 몸을 허공에 매달았다. 대롱대롱 위대한 힘에 의해서 흔들릴 때 나는 그 소리를 들었다. 치켜 올라간 처마 끝 아슬아슬 떨어질 듯 달려있는 단단하고 견고한 자그마한 공명이 나를 사로잡고 허공을 흔들며 잔잔히 퍼져갔다.

잘게 부서진 먼지 같던 소리들은 결집을 하여 모양을 만들고 형체를 보여주기 시작하였다. 불당 지붕을 지탱하게 하는 대들보나 기둥보다도 더 힘찬 울림이 자유롭게 흔들렸다. 속세를 떠난 작은 종은 붕어가 되기도 하고 곡예사가 줄을 타듯 긴 줄로 이어져 퍼렇게 녹이 슨 풍경은 처마에서 맑은 소리로 사람들의 마음을 녹여주고 있는 것이다. 서로를 부딪쳐서 내는 소리는 어느 소리보다 맑은가보다. 어느 사찰을 가보더라도 거의 같은 모양의 풍경이 달려 있다. 어탁, 운무 등 새벽을 깨우고 불심을 깨우치라는 가르침 같은 거대한 동종을 볼 때와는 확연히 다른 정이 스며있다. 모진 바람과 계절의 풍파에도 변함없는 아름다운 소리를 널리 보내고 있다.

풍경이라고도 하고 첨령(檐鈴), 첨마(檐馬), 풍령(風鈴), 풍탁(風鐸) 여러 이름이 있다는 사실조차 몰랐다. 작은 종안에 쇳조각을 달고 붕어로 추를 달아 매달아놓은 것인데 사찰에 풍경이 없다면 가을이면 건조해져가는 마음에 쓸쓸하고 외로운 마음을 위로해줄 수 있을까 하는 생각도 해본다.

사찰의 대웅전을 돌아보면 여러 가지의 그림 불화가 그려져 있는데 그 의미조차 모르지만 탑이나 처마 끝에 달려있는 풍경이 눈에 들어오기에는 오

랜 세월이 흘렀다. 풍경이 있다는 존재부터도 몰랐었으니까.

 예전부터 사찰에 매달려있던 풍경이 가을 하늘에 가냘프고도 여리게 소리를 내는 것이 여름의 천둥과 번개와 같이 우렁차게 들리기 시작한 것도 내게는 조금의 불심이 자리 잡지 않았나 하는 생각이 들 때도 있다. 처마 밑에서 단청을 바라보며 청동의 푸른색이 멀리멀리 이리저리 붕어를 달고 흔들릴 때 비로소 마음의 안정이 슬그머니 내게 스며들었음을 느낀다. 가만히 귀 기울여야 들리는 청량한 소리가 가슴에 담겨 나를 따라온다는 느낌, 오랫동안 듣지 않아도 내 몸 어디에선가 가만히 조용히 침묵으로 나를 일깨워주는 것은 아닐까.

 어제 세차게 불어온 가을바람은 오늘을 정신 차리라는 듯 기온이 뚝 떨어졌다. 들창을 내리고 눈꼽재기창에 눈을 대고 밖을 내다보듯 푸른 잎들이 온 산을 꽃을 피우는 단풍이 눈 안으로 들어올 것이다. 좁은 마음이 넓은 세상을 볼 수 있는 눈꼽재기창 생각나고 가을이면 슬퍼지는 마음을 풍경의 가슴에 이는 소리를 기억하며 지나간 세월을 아름다웠다고 혼자 중얼거리는 것도 마음의 위안인 것이다. 여름내 단장했던 풍경이 겨울의 찬바람을 온몸으로 받아내며 더 멀리 더 멀리 투명한 소리를 밀어내면 내가 앉아있는 이곳까지도 와서 궁금했던 숲속의 이야기를 들려줄 것 같다.

 마음에서 떠나지 않는 풍경소리를 품고 가을을 맞이하며 슬픈 노래는 부르지 않기로 했다.

아름다운 마무리

"이제 곧 따스한 봄날이에요. 행복한 하루 되셔요." -사랑이 가득한 ㅇㅇ족발

딸네 가서 손녀를 보아주고 집에 오니 피곤이 밀려오고 잠이 쏟아졌다. 손녀가 열이 오르고, 밤이면 더 열이 올라 울고 투정부리고 하다보면 아침이 오곤 했다. 그러다 열이 안 내려 응급실 신세를 지고 병실이 없어 집에 데리고 와 간호를 하게 되어서다. 급하게 나가느라 집안은 어질러진 대로 정신이 없고 치우자니 몸이 말을 안 들었다.

한참을 자고 일어나 집안 정리를 하는데 냉장고에 붙여둔 음식점 전단지가 툭 하고 떨어졌다. 쓰레기통에 넣으려다 꼭 메모지 같은 느낌이 들어 자세히 보게 되었다.

몇 년 전 어느 날인가 가족 모임이 있었는데 족발을 시켜 먹은 생각이 스쳐갔다. 맛도 있고 양도 많아 아주 많이 먹었던 기억이 살아났다. 분명 족발 포장에 끼워진 것 같았다. 그 순간 마음이 울컥했다. 오랫동안 전염병으로 인하여 자영업자들과 가정도 위기에 가까워졌을 것이다. 위기에 처했을 땐 무기력이 찾아오고 시간의 급격한 흐름에 신경이 온통 쓰이고 그쪽으로 밀려가게 하는 무지막한 힘이 있다. 희망은 없다고 자책도 한다.

그러나 명함만한 백지에 정성들여 쓴 "이제 곧 따스한 봄날이에요. 행복한 하루 되셔요." -사랑이 가득한 ㅇㅇ족발-

그 글을 쓴 분보다 나에게 커다란 기쁨을 주었다. 본인도 무척 힘들었을

텐데 소비자에게 따뜻하고 봄날 같은 마음이 있다는 것은 희망이 있는 뜻으로 받아들여졌다. 아마 지금쯤은 어려움 없이 가게를 운영하고 있을 거라 믿는다.

 손녀 며칠 보살펴줬다는 것은 엄살에 불과했다는 후회가 밀려왔다. 자식들도 이러한 힘듦에 부딪혀가며 살얼음판을 걸었을 것이다. 불안과 싸우며 얼마나 힘들었을까. 조금 힘들었다고 아이들처럼 투정이나 부렸다는 자책감도 가슴에 남아있다. 자식에게 조금이라도 편안함을 주고 안정감을 주는 것이 나에게 철저한 이기주의로 살기였다. 시도 때도 없이 아이들 봐주는 일이 왜 철저한 이기주의가 되었을까. 지금 생각하니 면목이 없다.

 한 해가 가고 새해가 온다. 교차하는 세월의 끝자락에서 나는 또 무슨 그림을 그려야 할까. 12장을 달력에 열두 가지 크레용으로 지금부터라도 그림을 그려야겠다.

"인생의 고통은 지나가 버리지만, 아름다움은 영원히 남는다." - 르누아르

콩깍지

집으로 오는 길에 동네 분을 만났다. 고개를 숙여 인사를 건네고 바삐 오는데 뒤에서 급하게 따라오시면서 검정 봉투를 손에 쥐여주셨다 "집에 가서 열어봐" 하시면서 뒤돌아 가셨다.

식탁 위에 올려둔 검정 봉투를 열어보았다. 시골 고향 냄새가 코로 달려왔다. 풋풋하고 상큼한 풋콩이었다. 콩대와 콩잎도 싱싱했다. 아주 급하게 꺾어 담은 모양새가 엿보였다. 그렇지, 농사지으면서 차분히 일하시는 분이 얼마나 계실까 슬그머니 웃음이 나왔다.

감상적인 생각도 잠시, 고민이 밀려왔다. 나의 몸은 여름이 되면 만신창이가 된다. 가야 할 곳도 많아지고 농사일도 해야 하니 나의 손톱은 얇아지고 손톱 밑은 진한 포돗빛으로 가득 채워진다. 일에 묻혀 사는 것도 아닌데 엄살이라고 하겠지만 이젠 체력이 달려 손자녀 잠시 보아주는 것도 힘들고 집안일 하는 것도 벅차서 누에가 잠을 자듯 길게 누워 자고만 싶다. 몸도 마음도 약해져서 조금만 움직여도 힘들고 굼뜨다.

콩을 들여다보며 한숨을 쉬었다. 이걸 언제 까서 밥을 지어 먹을까. 나는 손가락 하나 움직이기 싫은데 어떡하면 좋을까. 콩 향기는 그새 온 집을 돌아다니고 있다. 내 마음은 콩밭에 와있지만 몸은 까딱할 수가 없었다. 그때 전화가 왔다. 콩을 주신 그분이셨다. 몸이 안 좋아 밭에 가면 안 되는데 그래도 밭이 궁금해서 갔더니 콩이 자라서 "영희 씨" 주려고 꺾어왔다고 하셨다. 그러셨구나. 아, 어떡하나. "영희 씨"에 정신이 번쩍 들었다.

온 힘을 다해서 콩을 까기 시작했다. 한 개의 콩을 깔 때마다 더욱 짙어지는 풋콩의 향기가 지친 내 몸을 일으켜 세우는 듯했다. 한 개 한 개 까다 보니 힘든 줄 모르게 다 깠다. 파랗고 동그란 콩들이 빤히 나를 바라보며 수고했다고 토닥여주었다. 콩 씨를 고를 때의 인내력이 내 몸 곳곳에서 살아있었나보다.

콩대와 콩잎과 콩깍지를 하염없이 바라보다 소가 생각나고 뜻밖의 인연이 떠올랐다. 어릴 때 나는 소를 무척 좋아했다. 온종일 우물우물 뭔가를 씹으며 침을 흘리고 서있는 소는 착하고 착한 나의 친구로 여겼다. 무엇이든 생기면 소한테 주었다. 어른들이 먹이로 주는 것을 살펴보고 그대로 소에게 주었다. 되새김질이 무엇인지 몰랐던 나는 배가 고파서 우물우물 뭔가를 먹고 있는 줄 알았다. 가엾기도 하고 같이 있고 싶어서 고구마 줄기나 지금 식탁 위에 놓여있는 파란 콩깍지를 갖다 주었다. 그러면 '음매' 하며 달려와 숨을 내쉬며 맛있게 먹었다. 그때 살짝 소를 쓰다듬어 주었다. 껄끄러운 소털이 내 손길이 닿으면 옆으로 누웠다. 다 먹을 때까지 바라보며 즐거워했다. 아마도 그때부터 콩깍지가 내 눈에 씌워지기 시작한 것 같다. 무엇이든 좋아지면 아무것도 보이지 않는 콩깍지가 현재까지 이어지고 있다.

몇 년 전 하루 세 시간씩 인문학 강의를 듣게 되었다. 나에게는 엄청난 행운이었다. 모든 일이 시들시들 의욕이 없었는데 인문학 강의는 생기를 불어넣어 주었다. 어렵고 긴 시간을 잘 버텼다. 그 많은 강의 도서목록은 나를 주눅 들게 했으며 새로운 세계로 뛰어들게 해주었다. 무심히 지나치며 읽었던 문장들이 눈에 들어오기 시작했고 많은 생각을 하게 해주셨던 역사, 철학, 문학, 과거 사람들이 살았던 나와의 다른 삶, 경험과 체험을 온전히 받아들이게 해주신 교수님과의 만남이다.

   영상에서만 보아왔던 교수님을 종강에서 직접 뵙게 되었다. 수강생 모두는 "와" 하고 손뼉을 치거나 일어나거나 "어머머"하고 입을 가렸다. 놀라웠다. 그렇게 강건해 보이고 철저하고 완벽한 수업을 하시던 교수님은 여리디여린 긴 머리의 귀엽고 예쁜 소녀였다. 드디어 마스크를 벗으시며 첫인사를 하셨다. 그동안 보아왔던 교수님의 모든 것이 반전되는 시간이었다. 두근거리는 마음을 잠재우며 수업은 끝을 맺었다.

   그 후로 우리 수강생들과의 안부와 만남이 이어지고 있다. 다정하고 어여쁘신 교수님에게 풋 콩밥을 맛있게 지어 드리고 싶은 마음은 내 두 눈에 두껍게 콩깍지가 씌었기 때문일 것이다.

미련(未練)

언제부터 내렸는지 모르지만, 아침에 집안이 어두워 거실 커튼을 여니 함박눈이 소리 없이 내려 쌓이고 있었다.

마음까지 고요해지고 차분해지면서 점점이 하늘을 가리고 함박눈으로 내리는 눈을 바라보았다. 올해 첫눈이라고 생각하면 첫눈이었다. 점점 날씨가 개이고 햇살이 고름 사이로 얼굴을 내비쳤다. 온 동네는 흰 눈이 소복하게 쌓였다. 눈이 부셨다.

언제나 작은 방을 들어가면 쌓여있는 물건들 때문에 어떻게 정리를 해야 할지 걱정을 했다. 시골 같으면 헛간이나 창고가 있어 아무리 많은 생활용품이라도 넣어두면 되는데 이 작은 방은 침대와 옷과 식품 등 외출했다가 사들인 물건들이 침대 위에 올려져 있어 천정까지 닿았고 바닥까지 점령하여 발로 밀어내면서 들어가게 된 것이다. 습관이 되어 무조건 문을 열고 휙 던져놓고는 '다음에 치우지 뭐'하며 쌓인 물건들이었다.

어느 날 무심히 티브이를 보는데 나와 같은 집이 나왔다. 전문가가 나오고 봉사자들이 집주인을 설득하고 하는 것이었는데 주인은 절대로 물건을 못 건드리게 하고 동네 분들은 악취에 시달린다고 호소를 하는 것이었다. 몇 번의 설득과 심리상담으로 물건을 치을 때는 멀리서 아쉬운 듯 바라보는 표정이 안 돼 보이기도 했다. 온 집안을 점령한 물건은 다양했고 벌레들도 보이고 썩은 곳도 많았다.

드디어 집주인께서 집안을 치우겠다고 했다. 봉사자들이 그 많은 물건을 정리하고 버릴 것은 버리고 집안 청소를 깨끗하게 치우고 벽지와 장판까지 깔아드리고 앞으로도 이대로 사실 것을 약속하면서 환한 웃음을 짓는 집주인을 보았다.

이렇게 물건을 쌓아두고 애착하는 것은 강박 장애가 본인이 모르는 사이 발병하는데 주로 인지 기능 저하가 주요 원인이라고 했다. 나도 여기에 속하는 것이라고 생각이 들면서 정신이 번쩍 들었다. 딸에게 전화를 걸어 이 물건들을 어떻게 하면 좋을지 말했다. "엄마 다 버려요."

다음날 다시 시작하였다. 그 좁은 방에 뭐가 그리 많은지 이게 병이 아니고 무엇인가 자책했다. 열심히 쓸고 닦고 창틀까지 문풍지를 붙이고 물건을 거실로 다 끌어내고 버리러가는 순간 침대 위에서 시집간 딸이 애지중지하던 하얗고 통통한 곰순이가 까만 눈을 하고는 나를 바라보았다. 반짝반짝 눈이 빛이 났다. 너를 어찌 버리겠니. 같이 살자 하고는 꾀죄죄한 곰순이를 세탁기에 넣었다.

얼마 후 물이 넘쳐흘러 베란다 바닥에 흘렀다. 곰순이가 물에 둥둥 떠서 물이 넘치는 것이었다. 세탁기를 끄고 마음이 변하기 시작했다. 버리자. 탈수를 하고 쓰레기봉투에 넣는데 눈과 마주치면 마음 아파 꺼내놓고, 다시 넣다가 또 꺼내고 하다가 눈을 감고 꾹꾹 눌러서 간신히 쓰레기봉투에 넣어 묶어서 한쪽에 세워놓았다.

커다랗고 하얀 곰순이를 사들고 행복하게 들어오던 딸이 생각나고 손자

가 태어나 손자도 곰순이를 좋아해서 같이 잘 놀았다. 냉정하게 곰순이를 들고 나가면서 다시 들고 오고 싶은 마음과 그냥 둬야지 하는 마음이 충돌하였다. 쓰레기 함 속으로 가만히 내려놓으며 "잘 가 곰순아, 미안해."

다음날 눈이 부슬부슬 내리는데 쓰레기 함을 바라보며 찾아보았다. 그런데 누군가 곰순이를 쓰레기 함 맨 꼭대기 위에 올려놓았다. 아, 나는 두 손으로 눈을 가리고 뒤돌아 뛰어왔다. 감기몸살이 왔다. 며칠을 앓았다.

나비야 나비야

　이리 날아오너라 노랑나비 흰나비 춤을 추며 오너라. 나비야 나비야 이리 날아 오너라. 노랑나비 흰 나비 춤을 추며 오너라. 봄바람에 꽃잎도 방긋방긋 웃으며 참새도 짹짹짹 노래하며 춤춘다. // 나비야 나비야 이리 날아 오너라. 호랑나비 흰 나비 춤을 추며 오너라. 봄바람에 꽃잎도 방긋방긋 웃으며 참새도 짹짹짹 노래하며 춤춘다.[출처] 나비야 - 동요 가사

　우리 외손녀 예빈이가 어린이집 수료식 날 부른 노래이다. 몇 명 안 되는 아파트 어린이집이라 가족 같은 분위기에서 치러진 수료식 및 졸업식이었다. 두 명의 언니들은 초등학교 입학을 하게 되었고 우리 예빈이는 졸업하려면 아직 멀었다. 두 명의 언니들이 졸업하니 원생이 더 많이 등원하여야 하지만 그렇지 못한 모양이다.
　어린이집 선생님께서 "노래할 어린이 손드세요" 하니까 아무도 손을 안 들었는데 우리 예빈이가 손을 들고 나가서 "안녕하세요"하고 배꼽 인사를 하니 모두 손뼉을 치고 웃음바다가 되었다.
　반주가 나오자 두 손을 모아 잡고는 '나비야'를 끝까지 예쁘게 불렀다. 14개월부터 다닌 어린이집이고 지금은 우리나라 나이로 네 살이 되었다. 소곤소곤 얌전하게 말도 잘하고 율동도 잘하는데 노래까지 잘 불러서 기쁘고 대견했다.
　집에 오면 씻고 그림책 보고 간식 먹고 조용해서 보면 비스듬히 누워서

잠을 잔다. 어린 것이 어린이집 다니는 그것이 고단한가보다. 이불을 덮어주고 편하게 뉘어서 잠을 재운다. 벌써 이렇게 커서 할 말 하고 뛰어다니며 노는 모습을 보면 눈에 넣어도 아프지 않다. 잘 웃고 잘 놀고 잘 먹는다. 살이 통통 오른 얼굴을 들여다보았다. 자는 모습이 너무 귀엽다.

나도 어릴 때 '나비야'를 친구들과 부르며 동네를 돌아다니며 놀았다. 봄이 오면 두엄자리에서 아지랑이 같은 김이 피어오르고 그 옆에 장다리꽃이 하늘하늘 봄바람에 흔들리면 노랑나비, 흰나비가 모여들어 꽃 위에 앉아 있었다. 우리들은 나비를 잡는다고 장다리꽃밭을 엉망으로 만들기도 했다. 장다리꽃이 지고 씨앗 꼬투리가 자라면 씨앗을 받아 그늘에 말려서 봉지에 넣어두었다. 여름에 콩밭에 씨를 뿌리면 열무가 되어 한여름 반찬이 되곤 했다.

활짝 핀 장다리꽃은 옅은 보라색이 섞인 분홍빛이 나는 꽃이었는데 나는 마당 끝 텃밭의 장다리꽃을 매일 보러 갔다. 넋이 빠진 듯 바라보았다. 온 세상이 봄이고 꽃밭인 아름다운 마당에서 친구들과 모여 앉아 공기놀이할 때 따끈한 머리에 땀 흐르면 손으로 쓱 닦고는 놀이에 빠져 시간이 가는 줄 몰랐다. 어스름하게 저녁이 내려오면 친구들은 집으로 돌아가고 나는 집으로 들어가서 저녁을 먹고 예빈이처럼 쓰러져 갔다.

처음 노랑나비를 보면 어떻고 하얀 나비를 보면 어떻고 하면서 재깔재깔거렸다. 맞는다는 등 안 맞는다는 등 야단법석을 떨면서 나비를 찾아다니고 노랑나비를 보아서 올해는 좋은 일만 있을 거라며 신이 났기도 했고 못 본 친구들은 시무룩해져 고개를 떨구었다. 나비는 꿈이고 희망이었던 시절이어서 꽃이 피면 항상 나비가 맴돌며 날아다녔다. 장다리꽃 씨앗이 터지면서 씨앗이 여기저기로 튀듯 우리도 그렇게 힘차게 날아다니듯 자라났다.

　바람이 많이 부는 어느 날 노랑나비가 제비꽃에 앉았다가 바람에 날려가듯 날아갔다. 날아가는 나비를 바라보며 유년의 화려한 날개를 보았다.

꽃잎 날리는 거리

사월의 사나운 바람이 봄을 멀리 밀어내는 날. 나는 무엇에 세게 맞아 휘청이는 나무를 본다. 한꺼번에 많은 꽃잎이 떨어진다. 어지러운 듯 수많은 손을 흔들며 벚꽃 잎이 바람을 따라가다 여기저기 앉는다. 나는 꽃잎을 밟지 않으려고 가만히 서있었다.

저 고운 꽃잎들, 바람에 순응하는 풀잎처럼 나무에서 떨어져도 아무렇지도 않게 내 얼굴을 스쳐간다. 언젠가는 스스로 떨어질 운명을 알아서 소리 없이 더욱 활짝 웃음으로 날아서 갈 길을 찾아가는 것으로 보인다. 거기가 어디일까. 억지로 떠밀려가는 눈부셨던 스무 살처럼. 꽃들이 쉼 없이 피는데 기다려줄 줄도 알아야 하지 않나. 4월에는 바람이 왜 많이 불까. 떠나가는 꽃잎의 슬픔을 받쳐주는 바람일까.

그냥 다 걱정된다. 꽃잎은 어디로 가나. 어디서 무얼 할 건가. 바람을 따라가다가 꽃잎이 다치지는 않을까. 잠을 자다가도 한가하게 차를 마시다가도 무성하게 꽃 달린 꽃나무를 보면 흥분되고 마음이 뜬다. 높이높이 날아올라 꽃잎이 된다.

항상 붙어 다닐 수 있는 것이 없듯이 바람 같은 보이지 않는 바람의 길을 본다. 투명하고 맑아서 안 보이는 벽이 있다. 그 벽에 부딪혀 숨결이 거세어져 꽃잎을 모두 데리고 떠난다.

꽃을 보면 언제든지 거기 그곳에 있을 거라 믿는다. 보고 싶을 때 가서 보면 되는. 그러나 꽃은 없고 나뭇잎이 자리를 잡고 있다. 갑자기 꽃이질 때 내 맘 다 가져가 버렸는데 그 맘이 아직 남아있다니. 외상 지은 마음이 든다. 언제든 갚아야 하는 마음의 빚이 고운 꽃잎이 갚아주나 보다.

바람에 날려서 하늘 높이 사라지는 꽃잎들. 함께 떠나고 싶은 마음. 물결이 치듯 부는 4월의 바람은 아무리 거세어도 따뜻함을 품고 나뭇가지에서 꽃잎을 가져가는 그 모습은 눈물이 나도록 아름답다. 멀리멀리 살기 좋은 곳에 내려주기를, 내가 걱정 안 하는 곳에 사뿐히 내려놓기를 아쉬운 눈빛으로 작별의 손을 흔든다.

가서 친구들과 즐겁고 아름답게 살아라. 누군가가 너를 다시 데려오는 봄이 오면 다시 만나 너의 아름다움을 떠올리며 웃어주길. 파도치는 소리가 기억에 들리면 그때의 바다는 다정했었지 하고 나를 기억해주고 보고 싶어 지금의 자리로 와주겠지.

검은 아스팔트 길 위를 연분홍 꽃잎이 하나둘씩 둘러 않는다. 서로에게 묻는다. 너는 어디로 갈거니 혹은 여기 그대로 있을 거니 하고. 나뭇가지를 떠난 꽃잎은 모든 것이 달라진 세상 속을 날아가며 눈이 빛나고 꽃잎은 더 붉어진다.

내일이면 휑해진 벚나무가 나뭇잎을 피우기 위해 또 열심히 휴식도 잊은 채 뿌리는 시간을 끌어올릴 것이다. 시간은 또 과거를 잊게 하고 꿈같은 고운 길을 만들어 사람들의 지치고 힘든 마음의 휴식을 줄 것만 같다.

어제의 비바람을 온전히 받아들여 홀쭉해진 길가의 벚나무를 보면 내 모

습을 보는 것 같다. 무언가에 떠밀려 여기까지 왔고 높이 날기를 오랫동안 머무르기 아니면 떠나기를 바랐다. 초조하고 핼쑥해져 움츠려있는 사이를 날아가는 것은 저 꽃잎일 것이다.

  화려하고 빛나는 봄을 잠깐 만나고 떠나가는 꽃잎을 나뭇가지는 붙잡지 못하는 안타까움을 슬퍼하는 것일까. 봄이 오면 나뭇가지 끝까지 물을 끌어 올려 피워낸 꽃을 얼마나 그리워할까.

  이러한 사실을 알고 나면 소음 가득한 거리를 날아가는 분홍빛 꽃잎은 봄이다. 아무리 잡으려 해도 잡히지 않는 사람이 살아가는 흔적이다.

나에게 속다

성철스님께서는 삼천 배를 올려야 만나주셨다고 한다. 삼천 배에 막혀 만나지 못하고 그냥 가버린 중생들도 많았다고 한다. 스님께서 삼천 배를 해야 한다고 하신 것은 만나러 오시는 신도님들이 너무 많았고 삼천 배를 해도 복 받아 가는 것이 아니니 자신들부터 낮추라는 것이고 마음을 내려놓으라는 뜻에서 삼천 배를 하시라고 하신 것이 아닌가 감히 생각해본다.

성철스님이 떠오른 것은 나도 착각을 잘하고 위급한 일이 일어나면 대처를 못 하고 갈팡질팡하기 때문이다. 순간의 선택이나 행동이 평생을 좌우한다는 것을 절실히 느꼈기 때문이다.

손녀 봐주고 밭일하고 이일 저일 갈 곳도 많고 날짜와 요일을 헷갈리거나 모르는 날이 많은 나로서는 바쁘게 돌아가는 하루가 정신이 없을 때가 많았다. 그래서인지 피곤이 밀려왔다. 외손녀를 봐주고 점심때쯤 돌아와 쓰러지듯 잠을 잤다.

얼마나 잤는지 모르겠지만 탁상용 시계가 여섯 시를 넘어서고 있었다. 그때부터 나의 정신력은 얽히고설켰다. 잠을 깜짝 놀라서 깼는데 저녁이라고 생각한 것이다. 창문에서 어렴풋이 커튼 사이로 밝은 빛이 들어오고 있었고 아주 조용했다. 문득 약속이 생각났다. 오전 9시쯤에 만나는 선약을 했던 시간이 떠올랐다. 그렇다면 저녁 6시라면 약속을 지키지 못한 것인데 기다리다가 모두 가버린 것이 된 것이다. 너무 황당하고 정신이 없어 지인께 문자를 보냈다. 아무 생각 없이 오늘은 시간이 안 되어 내일 가겠으니 그

리 아시라고. 친절하시게도 그렇게 하겠다고 답장이 왔다. 그때야 안심을 하고 침대에서 창문을 보니 어렴풋이 저녁이 오고 있는 것 같았다. 그런데 점점 날이 밝아지는 게 아닌가. 벌떡 일어나서 나와보니 아침인 것이다. 새벽 여섯 시. 아 이걸 어쩌나 새벽에 못 간다고 문자를 보내고 난리를 친 것이다. 핸드폰 날짜와 시간을 보니 정말 저녁이 아니고 아침이었다. 그렇다면 몇 시간을 잔 것인가. 전날 점심부터 밤새 한 번도 깨지 않고 새벽까지 죽은 듯 잠을 잔 것이 아닌가.

멍하니 길에 서서 어디로 가는 것인지 한참을 생각한다. 특히 갑자기 가야 할 곳이 떠올랐을 때 이리저리 집안을 돌아다니며 바람을 일으킬 듯 화장을 하고 옷을 입고 가방을 챙기고 수도 없이 시계를 보면서 현관문을 나설 때가 문제가 된다.

그 순간은 다 잊어버리고 집에서 나가야 한다고만 생각해서 현관문을 열고 뛰듯 나오면서 머릿속이 하얗게 된다. 엘리베이터가 서고 문이 열리면 아무 생각 없이 훌쩍 사람들을 따라 내리기도 한다. 한 곳만이 생각났기 때문에 또 무엇인가를 두고 나온다. 손과 합체가 되는 핸드폰이다. 또다시 뛰어서 집으로 가면 식탁 위에 있거나 탁자 위에 있다. 아무리 찾아도 없을 때는 가방 안에서 벨 소리가 난다. 누군가 전화를 한 것이다. 요란스럽고 정신없는 외출의 시작을 누구에게 말한다는 것은 너무 창피해서 비밀로 해두고 있다.

슬픈 마음이 밀려와 목사로 계시는 지인께 실례를 무릅쓰고 전화를 걸었다. 요즘 왜 이러는지 모르겠으며 댓바람에 문자를 받으신 분은 얼마나 놀랐을까 등 상담하듯 하소연을 하였다. 미안해서 그분을 어찌 볼 수 있느냐고 마음이 떨려서 안정이 안 된다고 했다. 웃으시며 지금은 아침이고 약속을 다시 하고 만나면 되고 사람의 뇌는 착각을 잘한다고 하셨다. 걱정하지 말라고 다독여 주셨다.

　성인들께선 정신력이 강하고 하고자 하는 일에 믿음을 가지고 자신감 있게 사시다가 좋은 말씀, 언행의 일치로 우리 필부들을 편안한 세상에 머물게 해주시는가 보다.

　"내 말에 속지 말란 말이야. 내 말 하는데 속지 마라. 나는 그짓말만 하는 사람이니, 자기 말에 속는 것이 아니고 내 말에 속지 마라" 인터뷰를 잘 안 하시는 성철스님께서 하신 말씀이 생각나는 것은 왜일까.

노영희 수필집

처음 보았을 때 너는

2025년 6월 20일 초판 1쇄 발행

지은이	노영희
펴낸이	최영선
펴낸곳	글방과 책방
디자인	최훈석

출판등록	제 2019-000064호(2019. 05. 19.)
주소	서울특별시 종로구 인사동길 24, 3층
전화	02)332-0365

ISBN 979-11-968226-7-5

· 잘못된 책은 구입하신 서점에서 바꿔 드립니다.
· 가격은 뒤표지에 있습니다.